Korean-Chinese Legal Glossary

상용(常用)계약서로 익히는

한중법률용어집

상계약(商契約) 편

서울지방변호사회
Seoul Bar Association

박영사

발간사

Korean-Chinese Legal Glossary

안녕하십니까.
서울지방변호사회 회장 김정욱 변호사입니다.

　중국은 한국의 최대 무역국으로서 관련 분쟁이 적지 않은 상황임에도, 시중에 법률용어집이 거의 전무한 상황이어서 중국소위원회에서는 실무에서 가장 많이 사용되는 한중계약서를 토대로 <상용(常用)계약서로 익히는 한중법률용어집: 상계약(商契約) 편>을 출간하게 되었습니다.

　본서에는 한중 상거래 중 가장 많이 사용하는 계약서인 물품공급계약서, 신주인주계약서 및 합작투자계약서 등 12개의 계약서에 대한 한중 양국의 계약서 양식을 선별하고, 각 계약서 양식을 중국어와 한국어로 번역하였습니다.

　발간을 준비하면서 한중 양국에서 사용하는 계약서 양식이 상이하고, 양국의 법률용어도 그 용법이나 의미가 미묘하게 다를 수 있어, 실무가의 관점에서 계약서 체결 및 분쟁 해결 초기 단계에 참고할 수 있을 만한 용어집으로 편찬하고자 하였습니다.

　특히 계약서 작성 시 실무적으로 참고해야 할 주의사항을 기재하여 실무담당자들의 이해를 돕고자 하였습니다. 전체적으로 위 12개 계약서의 한글법률용어들을 정리해 관련 국내 법령과 함께 해설하고, 중국어 단어를 대응시켜 비교할 수 있도록 편집하여 참고가 용이하도록 하였습니다.

이러한 작업을 위해 노고를 아끼지 않은 서울지방변호사회 국제위원회 중국소위원회 위원 및 한중법률용어집 TF 위원, 감수 및 자문으로 힘을 실어주신 외부 위원들에게도 감사의 말씀을 전합니다.

본서 발간의 중심이 된 국제위원회 산하 중국소위원회는 중국 업무를 담당하고 있거나 중국에 관심이 있는 변호사들이 위원으로 위촉되어 있습니다. 우리 회 산하의 국제위원회는 1980년도부터 운영되어 현재 중국뿐만 아니라 일본, 아시아 · 중동 · 아프리카, 유럽 · 오세아니아, 미주 등 5개 지역을 중심으로 소위원회를 구성하여 약 100명 내외의 위원이 활동하고 있습니다.

금번에 출간된 '상계약편'을 시작으로 향후 각 법률 분야의 한중법률용어집을 시리즈로 출간하여 우리 회 회원분들뿐만 아니라 기업에서 중국 관련 실무를 담당하고 있는 분들에게도 도움이 될 수 있기를 희망해봅니다.

2022년 12월
서울지방변호사회 회장 **김 정 욱**

발간사

Korean-Chinese Legal Glossary

· 김태은 위원 ·

서울지방변호사회 국제위원회 산하 중국소위원회는 중국에 애정을 가지고 있는 변호사들로 매 2년마다 구성되고 있습니다.

생업이 바쁘신 중에도 용어집 집필을 자원해주신 중국소위원회 '한중법률용어집 TF' 위원님들 덕분에 출간까지 올 수 있었습니다. 부족한 초고를 감수하느라 고생해주신 김성수 경찰대 교수님, 류윤교 현대모비스 변호사님, 장진보 충북대 법학전문대학원 교수님과 한영호 리팡 외국법자문법률사무소 대표변호사님께도 깊은 감사의 말씀을 전합니다.

· 김영선 위원 ·

매번 위원회에서 약속한 작업 완료 날짜를 맞추느라 힘들었던 기억뿐인데 어느새 책 발간을 앞두고 있다니 감개무량 하고, 작업에 참여할 수 있어서 영광이라고 생각됩니다.

혼자서는 생각도 하지 못할 작업인데, 여러 동료 위원들 및 외부 위원들께서 잘 이끌어 주신 결과로 여기까지 올 수 있었던 것 같습니다.

이렇게 결과물을 마주할 때가 되니, 여러 가지로 아쉬운 점도 많습니다.

앞으로 개정 작업을 통해 더욱 완성도 높고, 실무에 도움이 되는 책으로 거듭나길 바랍니다.

· 류승호 위원 ·

처음에는 '한중법률용어집' 책자를 만들어보자는 취지로 집필이 시작되었던 것으로 기억합니다. 어느덧 TF 위원님들 및 감수위원님들 도움으로 무사히 '한중법률용어집' 출간까지 이르게 되었습니다. 부족했던 시간만큼 모자

람이 많은 초간이지만, 앞으로 중국소위원회가 중국 관련 업무를 처리하는 실무자분들께 도움을 줄 수 있는 다양하고 완성도 높은 도서를 집필하는 발판이 되었으면 합니다.

· 송미나 위원 ·

8년 전, 중국 내 로펌에서 실무수습을 한 적이 있습니다. 중학교 때부터 중국어를 공부했지만, 판결문과 계약서상의 중국어가 많이 생소해서 고생을 했던 기억이 납니다.

미흡한 점이 많은 초판이지만 8년 전 저처럼 고생하고 계실 분들께 작은 도움이라도 되길 바라는 마음에 세상에 선보입니다. 마지막으로 고생하신 TF 팀원분들께 고마움을 전합니다.

· 엄정현 위원 ·

한중 수교 30주년을 맞아 양국의 법률 분야 교류에 작은 기여라도 해보자고 의기투합한 위원들이 각자 생업에 쫓기면서도 틈틈이 작업한 원고가 이렇게 예쁜 모습으로 세상에 나오게 되었습니다.

작업에 참여한 일원으로서 한 편으로는 너무나 기쁘지만 다른 한 편으로는 두려움도 앞섭니다. 분명 부족한 부분도 있지만, 계속 공부하고 보완하여 이 작은 책자가 한중 양국의 실무자들이 상거래를 함에 있어 서로의 계약서와 법률용어를 이해하여 상호협력과 공동발전을 이룩하는데 도움이 되는 강력한 무기가 될 수 있도록 노력하겠습니다.

· 이민우 위원 ·

저를 포함한 6명의 변호사들이 머리를 맞대고 약 1년 6개월 동안 없는 시간을 쪼개어 틈틈이 작업을 해온 결과물이 드디어 세상에 나오게 되었습니다. 부족한 초고를 감수해주신 여러 교수님들과 변호사님들께도 감사의 말씀을 드리고, 부디 본 책자가 한국과 중국기업의 실무담당자들에게 필수 도서가 되기를 기원합니다.

일러두기

Korean-Chinese Legal Glossary

01 이 책은 한중 양국의 비즈니스 실무에서 가장 많이 접하는 양국의 상용계약서 12개를 추려 각 국문/중문 상용계약서를 중문/국문으로 번역하고, 상용계약서 작성시 주의사항을 소개하고 있습니다.

02 또한 12개의 상용계약서에의 자주 사용되는 법률용어에 대한 국문, 중문 번역을 소개하였습니다.

03 구체적으로 이 책은 다음과 같이 구성되어 있습니다.

제1부 한중 법률용어집

1. 국문 용어 설명

K2
가분성
급부의 성질상 급부의 본질을 훼손하지 않고 여러 개의 급부로 나눌 수 있는 것을 말한다. 분할가능성이라고도 한다.

C162
可分性
kěfēnxìng

K3
가압류
채권자가 명백하게 금전채권을 가지고 있더라도 특정된 담보가 없는 한 채무자가 재산을 처분하거나 은닉하거나 도주할 수 있는 등의 이유로 채무자의 일반 재산에 대한 장래의 집행은 불안전한 상태에 있게 된다. 가압류는 금전채권이나 금전으로 환산할 수 있는 채권에 대하여 장래에 실시할 강제집행이 어렵게 되거나 현저히 곤란할 염려가 있는 경우에 미리 채무자의 현재 재산을 압류하여 확보함으로써 강제집행을 할 수 있는 상태를 유지하도록 함을 목적으로

C173
临时扣押
línshí kòuyā

하는 집행 보전 절차를 말한다. 가압류가 된 재산에 대하여 채무자는 처분권을 상실한다. 가압류는 채권자가 법원에 신청함으로써 법원의 명령으로 발할 수 있다. 가압류는 원래 장래의 강제집행을 보전하기 위한 조치이지만, 현실에서는 채무자에게 심리적 압박을 가하여 채무변제를 촉진하기 위한 수단으로 활용되기도 한다.

> 민사집행법 제277조(보전의 필요) 가압류는 이를 하지 아니하면 판결을 집행할 수 없거나 판결을 집행하는 것이 매우 곤란할 염려가 있을 경우에 할 수 있다.
> 제278조(가압류법원) 가압류는 가압류할 물건이 있는 곳을 관할하는 지방법원이나 본안의 관할법원이 관할한다.
> 제279조(가압류신청)
> ① 가압류신청에는 다음 각호의 사항을 적어야 한다.
> 1. 청구채권의 표시, 그 청구채권이 일정한 금액이 아닌 때에는 금전으로 환산한 금액
> 2. 제277조의 규정에 따라 가압류의 이유가 될 사실의 표시
> ② 청구채권과 가압류의 이유는 소명하여야 한다.

cf. 가처분: 금전채권 이외의 채권에 관하여 집행 보전을 목적으로 하는 절차

상용계약서에 나오는 용어와 그에 대한 설명을 기재하고 관련 법령 및 참고사항(cf.)이 있는 경우 이를 추가하였으며, 국문 용어에 대응하는 중문 용어를 소개하였습니다.

2. 국문 용어 색인

K1	2기의 차임액	C169	两期租金	liǎngqī zūjīn
K2	가분성	C162	可分性	kěfēnxìng
K3	가압류	C173	临时扣押	línshí kòuyā
K4	가족관계증명서	C201	亲属关系证明书	qīnshǔ guānxì zhèngmíngshū
K5	가처분	C171	临时处分	línshí chǔfèn
K6	감사	C134	监查	jiānchá

3. 중문 용어 색인

C1	保密	bǎomì	K130	비밀유지
C2	保密义务	bǎomì yìwù	K58	기밀보장의무
			K131	비밀유지의무
C3	保全处分	bǎoquán chǔfèn	K116	보전처분
C4	保证	bǎozhèng	K67	담보
			K117	보증
C5	保证金	bǎozhèngjīn	K118	보증금
C6	保证人	bǎozhèngrén	K119	보증인
C7	本息	běnxī	K202	원리금

국문 용어의 순서에 맞추어 중문 용어를 찾아보기 쉽게 정리하고, 중문 용어의 병음 순서에 맞춰 제1부 1.의 국문 용어를 찾아보기 쉽게 정리하였습니다.

제 2 부 상용 계약서

1. 국문 상용계약서 및 중문 번역

한국에서 가장 널리 사용되는 양식을 일부 변형하여 국문 상용계약서로 소개하였고, 계약서 작성시 주의사항을 계약서별, 조항별로 소개하였습니다.

왼쪽 페이지에는 국문 상용계약서를, 오른쪽 페이지에는 그에 상응하는 중문 번역을 실어 조항 별로 비교 대조할 수 있게 하였습니다.

국문 상용계약서 각 조항에 제1부에 있는 국문 용어들을 하이라이트 처리하고 용어 번호를 표기하여 용어 설명을 찾아보기 쉽게 하였습니다.

2. 중문 상용계약서 및 국문 번역

중국에서 가장 널리 사용되는 양식을 일부 변형하여 중문 상용계약서로 소개하였습니다.

왼쪽 페이지에는 중문 상용계약서를, 오른쪽 페이지에는 그에 상응하는 국문 번역을 실어 한눈에 비교 대조할 수 있게 하였습니다.

*상용계약서에 [ ] 표시된 부분은 계약 당사자간의 합의로 결정되는 부분이며, 일부 계약서 조항에 기재되어 있는 기간, 가격, 체크 표시 등은 예시용이며, 쌍방 합의로 변경할 수 있습니다.

Korean-Chinese Legal Glossary

차 례

CONTENTS

상용(常用)계약서로 익히는 한중법률용어집: 상계약(商契約) 편

제1부

한중 법률용어집

Korean-Chinese Legal Glossary

1

국문 용어 설명

국문용어순번 / 국문용어 / 용어설명	중문용어순번 / 중문용어 / 병음

K1

2기의 차임액

월 단위로 자임을 지급하는 경우, 2개월문의 자임액을 말한다. 민법 제640조에서 차임연체액이 2기의 차임액에 달하는 때란 차임이 2번 연속으로 지급되지 않는 것을 의미하는 것이 아니라, 미지급된 차임의 합계액이 2개월분의 차임액에 달하는 때를 의미한다.

> 민법 제640조(차임연체와 해지) 건물 기타 공작물의 임대차에는 임차인의 차임연체액이 2기의 차임액에 달하는 때에는 임대인은 계약을 해지할 수 있다.

C169

两期租金

liǎngqī zūjīn

ㄱ

K2

가분성

급부의 성질상 급부의 본질을 훼손하지 않고 여러 개의 급부로 나눌 수 있는 것을 말한다. 분할가능성이라고도 한다.

C162

可分性

kěfēnxìng

K3

가압류

채권자가 명백하게 금전채권을 가지고 있더라도 특정된 담보가

C173

临时扣押

línshí kòuyā

없는 한 채무자가 재산을 처분하거나 은닉하거나 도주할 수 있는 등의 이유로 채무자의 일반 재산에 대한 장래의 집행은 불안전한 상태에 있게 된다. 가압류는 금전채권이나 금전으로 환산할 수 있는 채권에 대하여 장래에 실시할 강제집행이 어렵게 되거나 현저히 곤란할 염려가 있는 경우에 미리 채무자의 현재 재산을 압류하여 확보함으로써 강제집행을 할 수 있는 상태를 유지하도록 함을 목적으로 하는 집행 보전 절차를 말한다. 가압류가 된 재산에 대하여 채무자는 처분권을 상실한다. 가압류는 채권자가 법원에 신청함으로써 법원의 명령으로 발할 수 있다. 가압류는 원래 장래의 강제집행을 보전하기 위한 조치이지만, 현실에서는 채무자에게 심리적 압박을 가하여 채무변제를 촉진하기 위한 수단으로 활용되기도 한다.

> 민사집행법 제277조(보전의 필요) 가압류는 이를 하지 아니하면 판결을 집행할 수 없거나 판결을 집행하는 것이 매우 곤란할 염려가 있을 경우에 할 수 있다.
> 제278조(가압류법원) 가압류는 가압류할 물건이 있는 곳을 관할하는 지방법원이나 본안의 관할법원이 관할한다.
> 제279조(가압류신청)
> ① 가압류신청에는 다음 각호의 사항을 적어야 한다.
> 1. 청구채권의 표시, 그 청구채권이 일정한 금액이 아닌 때에는 금전으로 환산한 금액
> 2. 제277조의 규정에 따라 가압류의 이유가 될 사실의 표시
> ② 청구채권과 가압류의 이유는 소명하여야 한다.

cf. **가처분**: 금전채권 이외의 채권에 관하여 집행 보전을 목적으로 하는 절차

K4

가족관계증명서

가족관계의 등록 등에 관한 법률에 따라 작성된 국민의 출생·혼인·사망 등 가족관계의 발생 및 변동사항을 증명하는 서류이다.

> 가족관계의 등록 등에 관한 법률 제1조 이 법은 국민의 출생·혼인·사망 등 가족관계의 발생 및 변동사항에 관한 등록과 그

C201
亲属关系证明书
qīnshǔ guānxì
zhèngmíngshū

증명에 관한 사항을 규정함을 목적으로 한다.

제14조(증명서의 교부 등) ① 본인 또는 배우자, 직계혈족(이하 "본인등"이라 한다)은 제15조에 규정된 등록부 등의 기록사항에 관하여 발급할 수 있는 증명서(이하 "등록사항별증명서"라 한다)의 교부를 청구할 수 있고, 본인 등의 대리인이 청구하는 경우에는 본인 등의 위임을 받아야 한다. 다만, 다음 각호의 어느 하나에 해당하는 경우에는 본인 등이 아닌 경우에도 교부를 신청할 수 있다.

1. 국가 또는 지방자치단체가 직무상 필요에 따라 문서로 신청하는 경우
2. 소송·비송·민사집행의 각 절차에서 필요한 경우
3. 다른 법령에서 본인 등에 관한 증명서를 제출하도록 요구하는 경우
4. 그 밖에 대법원규칙으로 정하는 정당한 이해관계가 있는 사람이 신청하는 경우

K5

가처분

가처분은 판결이 확정되고 그것의 강제집행 시까지 많은 시간이 소요되어 그 기간 동안 피해가 커질 우려가 있는 경우, 재판을 청구하기 전이나 청구와 동시에 권리자의 신청에 의하여 법원이 정하는 일시적 명령으로 크게 두 종류로 나뉜다. 첫째는 금전 이외의 채권 또는 특정물에 대한 집행의 보전을 위하여 위 채권 또는 특정물을 처분하지 못하도록 하는 **다툼의 대상에 관한 가처분**이다. 둘째는 권리관계의 다툼에 대해 임시적인 지위를 정하기 위한 **임시의 지위를 정하기 위한 가처분**이다. **다툼의 대상에 관한 가처분**의 예로는 처분금지가처분이 있고, **임시의 지위를 정하기 위한 가처분**의 예로는 출입금지가처분, 이사직무집행정지가처분, 건축공사방해금지가처분, 친권행사정지 및 대행자선임 가처분 등이 있다. 권리자의 신청에 의하여 가처분 절차가 개시되면, 법원이 가압류절차에 준하여 가처분명령을 할 것인가를 심리하는 절차가 있고 그 후에 법원의 결정으로 가처분명령이 발령된다.

C171

臨时处分

línshí chǔfèn

민사집행법 제300조(가처분의 목적) ① 다툼의 대상에 관한 가처분은 현상이 바뀌면 당사자가 권리를 실행하지 못하거나 이를 실행하는 것이 매우 곤란할 염려가 있을 경우에 한다.
② 가처분은 다툼이 있는 권리관계에 대하여 임시의 지위를 정하기 위하여도 할 수 있다. 이 경우 가처분은 특히 계속하는 권리관계에 끼칠 현저한 손해를 피하거나 급박한 위험을 막기 위하여, 또는 그 밖의 필요한 이유가 있을 경우에 하여야 한다.
제304조(임시의 지위를 정하기 위한 가처분) 제300조 제2항의 규정에 의한 가처분의 재판에는 변론기일 또는 채무자가 참석할 수 있는 심문기일을 열어야 한다. 다만, 그 기일을 열어 심리하면 가처분의 목적을 달성할 수 없는 사정이 있는 때에는 그러하지 아니하다.

cf. *가압류: 금전채권 또는 금전으로 환산할 수 있는 채권에 관하여 집행보전을 목적으로 하는 절차*

K6
감사
사무나 업무의 집행 또는 재산의 상황·회계의 진실성을 검사하여, 그 정당성 여부를 조사하는 일을 의미한다. 경영 감사, 업무 감사, 회계 감사 등이 있다.

C134
监查
jiānchá

K7
감사보고서
감사인이 감사의 실행 또는 결과에 대해 보고하는 문서를 말한다.

C223
审计报告
shěnjì bàogào

K8
감자
주식회사가 법정절차를 거쳐 자본금을 감소시키는 자본감소를 말하는 것으로, 자본금은 주식소각이나 주식병합과 같이 주식의 수를 줄이거나 주식의 금액을 감소시킴으로써 감소시킬 수 있다. 감자의 예로는 유상감자 및 무상감자가 있는데, **유상감자(실질적 감자)**는 회사의 자본금을 감소시킨만큼 생긴 돈을 주주에게 지분 비율에 따라 지급하는 것이고, **무상감자(형식적 감자)**는 명목으로만 자본금이 줄어들 뿐, 회사의 실제 자산 총액이 변하지 않으

C135
减资
jiǎnzī

므로 주주들에게 아무런 보상을 하지 않는다.

> **상법 제438조(자본금 감소의 결의)** ① 자본금의 감소에는 제434조에 따른 결의가 있어야 한다.
> ② 제1항에도 불구하고 결손의 보전(補塡)을 위한 자본금의 감소는 제368조 제1항의 결의에 의한다.
> ③ 자본금의 감소에 관한 의안의 주요내용은 제363조에 따른 통지에 적어야 한다.
> **제439조(자본금 감소의 방법, 절차)** ① 자본금 감소의 결의에서는 그 감소의 방법을 정하여야 한다.
> ② 자본금 감소의 경우에는 제232조를 준용한다. 다만, 결손의 보전을 위하여 자본금을 감소하는 경우에는 그러하지 아니하다.
> ③ 사채권자가 이의를 제기하려면 사채권자집회의 결의가 있어야 한다. 이 경우에는 법원은 이해관계인의 청구에 의하여 사채권자를 위하여 이의제기기간을 연장할 수 있다.

K9

개업공인중개사

공인중개사란 한국산업인력공단에서 시행하는 공인중개사시험에 합격하여 그 자격을 취득한 자를 말한다. 개업공인중개사란, 공인중개사 자격을 취득한 자 중, 중개사무소를 개설하고자 하는 지역을 관할하는 시장, 군수, 구청장에게 중개사무소의 개설등록을 한 자를 의미한다.

C335
执业注册中介师
zhíyè zhùcè
zhōngjièshī

> **공인중개사법 제9조(중개사무소의 개설등록)** ① 중개업을 영위하려는 자는 국토교통부령으로 정하는 바에 따라 중개사무소(법인의 경우에는 주된 중개사무소를 말한다)를 두려는 지역을 관할하는 시장(구가 설치되지 아니한 시의 시장과 특별자치도 행정시의 시장을 말한다. 이하 같다)·군수 또는 구청장(이하 "등록관청"이라 한다)에게 중개사무소의 개설등록을 하여야 한다.
> ② 공인중개사(소속공인중개사는 제외한다) 또는 법인이 아닌 자는 제1항에 따라 중개사무소의 개설등록을 신청할 수 없다.
> ③ 제1항에 따라 중개사무소 개설등록의 기준은 대통령령으로 정한다.

K10
거래종결일(Closing Date)
기례기 종결된 일자를 말한다. 통상 M&A, 거래계약에서는 계약
체결일(Execution Date)과 거래종결일 사이에 비교적 장기간의
간극이 존재한다.

C140
交易终结日
jiāoyì zhōngjiérì

K11
건강보험
질병, 상해, 사망, 해산 등의 경우에 의료를 위하여 든 비용이나
그로 인한 수입 감소를 보상하는 보험들을 말한다. 질병이나 부
상으로 인해 발생한 고액의 진료비로 가계에 과도한 부담이 되
는 것을 방지하기 위하여, 국민들이 평소에 보험료를 내고 보험
자인 국민건강보험공단이 이를 관리·운영하다가 필요시 보험급
여를 제공함으로써 국민 상호간 위험을 분담하고 필요한 의료서
비스를 받을 수 있도록 하는 국민건강보험이 대표적이다.

C133
健康保险
jiànkāng bǎoxiǎn

K12
검수
검사하여 수령하는 것을 말한다. 물품의 거래에 있어서 검수는
화물을 적재 또는 내릴 때 그 화물의 규격, 수량, 품질 따위를 검
사하여 사고유무의 점검을 증명하는 것을 말한다.

C295
验收
yànshōu

K13
검수기준
물건의 규격, 수량, 품질 따위를 검사하여 사고유무가 있는지를
점검하여 수령하는 기준을 말한다.

C296
验收标准
yànshōu biāozhǔn

K14
결산서
특정한 지출 분야의 일정 기간 동안 발생한 수입과 지출을 마감
하여 계산한 문서를 말한다.

C147
结算书
jiésuànshū

K15
경매
경쟁체결방식에 의한 매매 즉, 사고자 하는 사람들의 경쟁에 의
하여 대상의 값이 정해지는 매매를 말한다.

C184
拍卖
pāimài

가등기담보 등에 관한 법률 제12조(경매의 청구) ① 담보가등기
권리자는 그 선택에 따라 제3조에 따른 담보권을 실행하거나
담보목적부동산의 경매를 청구할 수 있다. 이 경우 경매에 관하
여는 담보가등기권리를 저당권으로 본다.
② 후순위권리자는 청산기간에 한정하여 그 피담보채권의 변제
기 도래 전이라도 담보목적부동산의 경매를 청구할 수 있다.

K16
경영권
사용자가 기업경영에 필요한 기업시설의 관리·운영 및 인사 등
에 관하여 가지는 권리로, 근로자가 관여할 수 없는 배타적인 권
리를 말한다.

C151
经营权
jīngyíngquán

K17
계약
서로 대립하는 2개 이상의 의사표시의 합치로 성립하는, 채권의
발생을 목적으로 하는 법률행위를 말한다.

C121
合同
hé·tong

K18
계약 위반
계약의 내용을 이행하지 않는 것을 말한다. 민법에서는 채무불이
행이라고 한다. 이러한 경우 계약의 상대방은 강제이행 또는 계
약해제를 청구하는 권리를 가진다.

*cf. **채무불이행**: 채무불이행(債務不履行)이란 민법에서 채무자
의 귀책사유(고의 또는 과실)로 인하여 이행기까지 채무의 내
용에 따른 이행을 하지 않는 것을 말한다. 대륙법적 체계에서
보면, 채무불이행은 채무자의 귀책사유가 없는 경우까지를 포
함한 개념인 급부장애에 속한다.*

C267
违约
wéiyuē

K19
계약 종료
계약 관계가 계약을 체결할 때 정한 기간이 만료되거나 그 밖의
사유로 종료하는 것을 말한다.

C125
合同终止
hétóng zhōngzhǐ

K20

계약 해제

C142

解除合同

jiěchú hétong

계약해제는 유효하게 성립한 계약의 효력을 소급적으로 소멸시켜 계약이 처음부터 없었던 것과 같은 법률효과를 발생시키는 법률행위를 말한다. 계약해제는 해제권이 있는 당사자 일방의 의사표시에 의하여 효력이 발생한다. 해제권은 당사자가 정한 계약의 내용에 의하여 당사자 일방 또는 쌍방에게 발생하거나(약정해제권), 채무불이행 등과 같이 법률이 정하는 경우에 해당 당사자에게 발생할 수 있다(법정해제권). 계약이 해제되면 양당사자 모두 아직 이행하지 않은 채무는 이행할 필요가 없고, 이미 이행한 채무에 대해서는 원상회복을 청구할 수 있다.

민법 제543조(해지, 해제권) ① 계약 또는 법률의 규정에 의하여 당사자의 일방이나 쌍방이 해지 또는 해제의 권리가 있는 때에는 그 해지 또는 해제는 상대방에 대한 의사표시로 한다.
② 전항의 의사표시는 철회하지 못한다.
제547조(해지, 해제권의 불가분성) ① 당사자의 일방 또는 쌍방이 수인인 경우에는 계약의 해지나 해제는 그 전원으로부터 또는 전원에 대하여 하여야 한다.
② 전항의 경우에 해지나 해제의 권리가 당사자 1인에 대하여 소멸한 때에는 다른 당사자에 대하여도 소멸한다.
제548조(해제의 효과, 원상회복의무) ① 당사자 일방이 계약을 해제한 때에는 각 당사자는 그 상대방에 대하여 원상회복의 의무가 있다. 그러나 제삼자의 권리를 해하지 못한다.
② 전항의 경우에 반환할 금전에는 그 받은 날로부터 이자를 가하여야 한다.
제551조(해지, 해제와 손해배상) 계약의 해지 또는 해제는 손해배상의 청구에 영향을 미치지 아니한다.

cf. 계약 해지: 계약의 효력을 장래에 대하여 소멸시키는 법률행위로 계속적인 급부를 내용으로 하는 계약에서 인정되며 소급효가 있는 해제와 구별된다.

K21

계약 해지

계약 해지는 유효하게 성립한 계약의 효력을 장래에 대하여 소멸시키는 법률행위를 말한다. 계약 해지는 해지권이 있는 당사자 일방의 의사표시에 의하여 효력이 발생한다. 해지권은 당사자들이 정한 계약의 내용에 의하여 당사자 일방이나 쌍방에게 발생하거나(약정해지권), 법률이 정한 경우에 해당 당사자에게 발생할 수 있다(법정해지권). 단, 기간을 정하지 않은 계속적 채권관계에서는 해지권 유보약정이나 법률의 규정이 없더라도 언제든지 해지를 통고할 수 있다. 해지는 해지의 의사표시가 상대방에게 도달한 때부터 일정한 기간이 경과하면 효력이 발생한다. 계약이 해지되면 양 당사자 쌍방이 모두 이행하지 않은 채무는 이행할 필요가 없으나, 해지 효과가 발생하기 전에 이미 이행한 계약의 내용은 그대로 유효하다. 중국어로는 해제와 해지를 동일하게 "解除"라는 용어를 사용하므로 이에 대한 주의가 필요하다. 그 외에 중국어 合同终止는 계약의 종료를 말한다.

C142

解除合同

jiěchú hétong

> 민법 제543조(해지, 해제권) ① 계약 또는 법률의 규정에 의하여 당사자의 일방이나 쌍방이 해지 또는 해제의 권리가 있는 때에는 그 해지 또는 해제는 상대방에 대한 의사표시로 한다.
> ② 전항의 의사표시는 철회하지 못한다.
> 제547조(해지, 해제권의 불가분성) ① 당사자의 일방 또는 쌍방이 수인인 경우에는 계약의 해지나 해제는 그 전원으로부터 또는 전원에 대하여 하여야 한다.
> ② 전항의 경우에 해지나 해제의 권리가 당사자 1인에 대하여 소멸한 때에는 다른 당사자에 대하여도 소멸한다.
> 제550조(해지의 효과) 당사자 일방이 계약을 해지한 때에는 계약은 장래에 대하여 그 효력을 잃는다.
> 제551조(해지, 해제와 손해배상) 계약의 해지 또는 해제는 손해배상의 청구에 영향을 미치지 아니한다.

cf. **계약 해제**: 계약의 효력을 소급적으로 소멸시키는 법률행위

K22

계약갱신청구권

계약기간의 만료가 다가오는 경우, 새로운 계약이 체결을 청구할 수 있는 권리로 상대방은 정당한 사유가 없는 한 이를 거절할 수 없다. 새로운 계약의 조건은 원래의 계약과 동일하거나, 합의 또는 법률이 정한 범위 내에서 변경될 수 있다. 대표적인 예로 상가임대차계약갱신요구권, 주택임대차계약갱신청구권 등이 있다.

> 민법 제643조(임차인의 갱신청구권, 매수청구권) 건물 기타 공작물의 소유 또는 식목, 채염, 목축을 목적으로 한 토지임대차의 기간이 만료한 경우에 건물, 수목 기타 지상시설이 현존한 때에는 제283조의 규정을 준용한다.
>
> 주택임대차보호법 제6조(계약의 갱신) ① 임대인이 임대차 기간이 끝나기 6개월 전부터 2개월 전까지의 기간에 임차인에게 갱신거절(更新拒絶)의 통지를 하지 아니하거나 계약조건을 변경하지 아니하면 갱신하지 아니한다는 뜻의 통지를 하지 아니한 경우에는 그 기간이 끝난 때에 전 임대차와 동일한 조건으로 다시 임대차한 것으로 본다. 임차인이 임대차기간이 끝나기 2개월 전까지 통지하지 아니한 경우에도 또한 같다.
>
> 제6조의3(계약갱신 요구 등) ① 제6조에도 불구하고 임대인은 임차인이 제6조 제1항 전단의 기간 이내에 계약갱신을 요구할 경우 정당한 사유 없이 거절하지 못한다. 다만, 다음 각 호의 어느 하나에 해당하는 경우에는 그러하지 아니하다.
> 1. 임차인이 2기의 차임액에 해당하는 금액에 이르도록 차임을 연체한 사실이 있는 경우
> 2. 임차인이 거짓이나 그 밖의 부정한 방법으로 임차한 경우
> 3. 서로 합의하여 임대인이 임차인에게 상당한 보상을 제공한 경우
> 4. 임차인이 임대인의 동의 없이 목적 주택의 전부 또는 일부를 전대(轉貸)한 경우
> 5. 임차인이 임차한 주택의 전부 또는 일부를 고의나 중대한 과실로 파손한 경우

C122
合同更新请求权
hétóng gēngxīn
qǐngqiúquán

6. 임차한 주택의 전부 또는 일부가 멸실되어 임대차의 목적을 달성하지 못할 경우

7. 임대인이 다음 각 목의 어느 하나에 해당하는 사유로 목적 주택의 전부 또는 대부분을 철거하거나 재건축하기 위하여 목적 주택의 점유를 회복할 필요가 있는 경우

　　가. 임대차계약 체결 당시 공사시기 및 소요기간 등을 포함한 철거 또는 재건축 계획을 임차인에게 구체적으로 고지하고 그 계획에 따르는 경우

　　나. 건물이 노후·훼손 또는 일부 멸실되는 등 안전사고의 우려가 있는 경우

　　다. 다른 법령에 따라 철거 또는 재건축이 이루어지는 경우

8. 임대인(임대인의 직계존속·직계비속을 포함한다)이 목적 주택에 실제 거주하려는 경우

9. 그 밖에 임차인이 임차인으로서의 의무를 현저히 위반하거나 임대차를 계속하기 어려운 중대한 사유가 있는 경우

② 임차인은 제1항에 따른 계약갱신요구권을 1회에 한하여 행사할 수 있다. 이 경우 갱신되는 임대차의 존속기간은 2년으로 본다.

③ 갱신되는 임대차는 전 임대차와 동일한 조건으로 다시 계약된 것으로 본다. 다만, 차임과 보증금은 제7조의 범위에서 증감할 수 있다.

④ 제1항에 따라 갱신되는 임대차의 해지에 관하여는 제6조의2를 준용한다.

⑤ 임대인이 제1항 제8호의 사유로 갱신을 거절하였음에도 불구하고 갱신요구가 거절되지 아니하였더라면 갱신되었을 기간이 만료되기 전에 정당한 사유 없이 제3자에게 목적 주택을 임대한 경우 임대인은 갱신거절로 인하여 임차인이 입은 손해를 배상하여야 한다.

⑥ 제5항에 따른 손해배상액은 거절 당시 당사자 간에 손해배상액의 예정에 관한 합의가 이루어지지 않는 한 다음 각 호의 금액 중 큰 금액으로 한다.

1. 갱신거절 당시 월차임(차임 외에 보증금이 있는 경우에는 그

보증금을 제7조의2 각 호 중 낮은 비율에 따라 월 단위의 차임
으로 전환한 금액을 포함한다. 이하 "환산월차임"이라 한다)의
3개월분에 해당하는 금액
2. 임대인이 제3자에게 임대하여 얻은 환산월차임과 갱신거절
   당시 환산월차임 간 차액의 2년분에 해당하는 금액
3. 제1항 제8호의 사유로 인한 갱신거절로 인하여 임차인이 입
   은 손해액

상가건물임대차보호법 제10조(계약갱신요구 등) ① 임대인은 임차
인이 임대차기간이 만료되기 6개월 전부터 1개월 전까지 사이에
계약갱신을 요구할 경우 정당한 사유 없이 거절하지 못한다. 다
만, 다음 각호의 어느 하나의 경우에는 그러하지 아니하다.
1. 임차인이 3기의 차임액에 해당하는 금액에 이르도록 차임을
   연체한 사실이 있는 경우
2. 임차인이 거짓이나 그 밖의 부정한 방법으로 임차한 경우
3. 서로 합의하여 임대인이 임차인에게 상당한 보상을 제공한
   경우
4. 임차인이 임대인의 동의 없이 목적 건물의 전부 또는 일부를
   전대(轉貸)한 경우
5. 임차인이 임차한 건물의 전부 또는 일부를 고의나 중대한 과
   실로 파손한 경우
6. 임차한 건물의 전부 또는 일부가 멸실되어 임대차의 목적을
   달성하지 못할 경우
7. 임대인이 다음 각목의 어느 하나에 해당하는 사유로 목적 건
   물의 전부 또는 대부분을 철거하거나 재건축하기 위하여 목
   적 건물의 점유를 회복할 필요가 있는 경우
   가. 임대차계약 체결 당시 공사시기 및 소요기간 등을 포함
       한 철거 또는 재건축계획을 임차인에게 구체적으로 고
       지하고 그 계획에 따르는 경우
   나. 건물이 노후·훼손 또는 일부 멸실되는 등 안전사고의
       우려가 있는 경우
   다. 다른 법령에 따라 철거 또는 재건축이 이루어지는 경우
8. 그 밖에 임차인이 임차인으로서의 의무를 현저히 위반하거

나 임대차를 계속하기 어려운 중대한 사유가 있는 경우
② 임차인의 계약갱신요구권은 최초의 임대차기간을 포함한 전체 임대차기간이 10년을 초과하지 아니하는 범위에서만 행사할 수 있다.
③ 갱신되는 임대차는 전 임대차와 동일한 조건으로 다시 계약된 것으로 본다. 다만, 차임과 보증금은 제11조에 따른 범위에서 증감할 수 있다.

K23
계약금
일반적인 계약의 이행을 담보하기 위하여 계약을 체결할 때 당사자 일방이 상대방에게 교부하는 금전으로 계약보증금이라고도 한다. 국가가 당사자가 되는 계약에서는 각 중앙관서의 장 또는 계약담당공무원은 국가와 계약을 체결하고자 하는 자로 하여금 계약을 보증하기 위하여 보증금을 납부하게 한다. 다만, 대통령령으로 정하는 경우에는 계약보증금의 전부 또는 일부의 납부를 면제할 수 있다.

C60
定金
dìngjīn

> 민법 제565조(해약금) ① 매매의 당사자 일방이 계약 당시에 금전 기타 물건을 계약금, 보증금 등의 명목으로 상대방에게 교부한 때에는 당사자 간에 다른 약정이 없는 한 당사자의 일방이 이행에 착수할 때까지 교부자는 이를 포기하고 수령자는 그 배액을 상환하여 매매계약을 해제할 수 있다.

K24
계약기간
계약으로 정한 계약의 개시시에서 종료시까지의 시간적 간격을 말한다.

C124
合同期限
hétóng qīxiàn

> 민법 제156조(기간의 기산점) 기간을 시, 분, 초로 정한 때에는 즉시로부터 기산한다.

K25
계약만료
계약만료는 계약에서 정한 기간이 다 차서 끝나는 것을 말한다.

C123
合同期满
hétong qīmǎn

K26

계약불이행

계약의 당사자가 계약의 내용에 좇은 이행을 하지 아니한 것을 말한다.

cf. **채무불이행**: *채무불이행은 계약불이행을 포함하는 급부장애를 말한다.*

C14

不履行合同

bùlǚxíng hétong

K27

고용보험

실업의 예방, 고용의 촉진 및 근로자의 직업능력의 개발·향상을 도모하고, 국가의 직업지도·직업소개기능을 강화하며, 근로자가 실업한 경우에 생활에 필요한 급여를 실시함으로써 근로자의 생활의 안정과 구직활동을 촉진하기 위한 사회보험의 일종을 말한다. 감원 등으로 직장을 잃은 실업자에게 실업보험금을 주고, 직업훈련 등을 위한 장려금을 기업에 지원하는 제도를 말한다.

> 고용보험법 제1조(목적) 이 법은 고용보험의 시행을 통하여 실업의 예방, 고용의 촉진 및 근로자의 직업능력의 개발과 향상을 꾀하고, 국가의 직업지도와 직업소개 기능을 강화하며, 근로자가 실업한 경우에 생활에 필요한 급여를 실시하여 근로자의 생활안정과 구직활동을 촉진함으로써 경제·사회 발전에 이바지하는 것을 목적으로 한다.

C117

雇用保險

gùyòng bǎoxiǎn

K28

고의

자기의 행위로부터 일정한 결과가 생길 것을 알면서 감히 그 행위를 하는 것, 즉 일정한 결과의 발생을 의욕하거나 또는 그것이 발생할 것을 인식 또는 예견하고 이를 용인하여 행동하는 주관적·심리적 의식의 상태를 말한다. 이것은 일정한 결과의 발생을 알았어야 함에도 불구하고 부주의로 인해서 알지 못하는 것을 말하는 과실과는 구별되는 개념이다. 형법에서는 원칙적으로 고의로 인한 범죄만을 처벌하고 과실로 인한 범죄는 처벌하지 않기 때문에 고의와 과실의 구별이 중요하지만, 사법(私法)에서는 양자를 구별하지 않고, 책임의 경중의 차이도 인정하지 않는 것

C116

故意

gùyì

이 원칙이다. 즉, 고의나 과실의 양자 모두가 요건으로서 동일하게 평가된다.

> 민법 제401조(채권자지체와 채무자의 책임) 채권자지체 중에는 채무자는 고의 또는 중대한 과실이 없으면 불이행으로 인한 모든 책임이 없다.

K29
고지

상대방에 일정한 사실을 알리는 것을 말한다. 행정법 관계에서는 결정 또는 명령은 고지에 의하여 성립하거나 그 효력이 발생된다.

C86
告知
gàozhī

> 민법 제578조(경매와 매도인의 담보책임) ③ 전2항의 경우에 채무자가 물건 또는 권리의 흠결을 알고 고지하지 아니하거나 채권자가 이를 알고 경매를 청구한 때에는 경락인은 그 흠결을 안 채무자나 채권자에 대하여 손해배상을 청구할 수 있다

> 행정절차법 제26조(고지) 행정청이 처분을 할 때에는 당사자에게 그 처분에 관하여 행정심판 및 행정소송을 제기할 수 있는지 여부, 그 밖에 불복을 할 수 있는지 여부, 청구절차 및 청구기간, 그 밖에 필요한 사항을 알려야 한다.

K30
공과금

공과금은 조세 이외의 분담금, 부담금, 공공조합비 및 공법상의 사용료, 수수료 등을 말한다. 따라서 국세징수법에서 규정하는 체납처분의 예에 의하여 징수할 수 있는 채권 중 국세, 관세, 임시수입부가세 및 지방세와 이에 관계되는 가산금 및 체납처분비 이외의 것을 말한다. 이러한 공과금은 사업비의 공평한 부담 또는 이용자의 공평분담원칙에 따라 부과된다. 지방자치단체는 과세에서 일반적으로 비과세 또는 면세대상이 되나 일반사인(一般私人)과 같이 공과금을 부담하는 경우도 있다.

C87
公共费用
gōnggòng fèiyòng

상속세 및 증여세법 제14조(상속재산의 가액에서 빼는 공과금 등) ① 거주자의 사망으로 인하여 상속이 개시되는 경우에는 상속개시일 현재 피상속인이나 상속재산에 관련된 다음 각 호의 가액 또는 비용은 상속재산의 가액에서 뺀다.
1. 공과금
2. 장례비용
3. 채무(상속개시일 전 10년 이내에 피상속인이 상속인에게 진 증여채무와 상속개시일 전 5년 이내에 피상속인이 상속인이 아닌 자에게 진 증여채무는 제외한다. 이하 이 조에서 같다)

K31

공시재무제표

공시재무제표는 공중에 알리기 위하여 공표된 상태의 재무제표를 말한다. 재무제표는 주식회사와 유한회사의 회계기간 동안의 경영성과와 재산상황을 밝히기 위한 회계보고서를 말한다. 재무제표는 기본적으로 회계실체(기업)의 경영자 또는 그 지배를 받는 사람에 의하여 작성되며 그 정보는 회계실체의 경영자를 포함한 여러 이해관계자의 이해관계에 직접·간접으로 영향을 준다. 따라서 경영자는 자신에게 유리한 방향으로 재무제표를 작성·보고할 가능성이 있다. 그러므로 이러한 문제점을 방지하기 위하여 오늘날의 경제사회에서는 회계실체(기업)와 직접적 이해관계가 없는 독립적인 전문가에 의하여 그 정보의 타당성에 관한 감사를 받고, 감사인의 감사의견을 첨부하여 보고하는 경우가 있다.

C90
公示财务报表
gōngshì
cáiwùbàobiǎo

상법 제447조(재무제표의 작성) ① 이사는 결산기마다 다음 각 호의 서류와 그 부속명세서를 작성하여 이사회의 승인을 받아야 한다.
1. 대차대조표
2. 손익계산서
3. 그 밖에 회사의 재무상태와 경영성과를 표시하는 것으로서 대통령령으로 정하는 서류
② 대통령령으로 정하는 회사의 이사는 연결재무제표(聯結財務諸表)를 작성하여 이사회의 승인을 받아야 한다.

K32
공제

사전적 의미로는 뺀다는 뜻인데 법령에서 공제라 함은 예를 들어 과세에서 중복과세 등의 부담이나 부담의 불공평을 피하기 위하여 중복부분 등을 계산하여 차액을 빼는 것을 말한다.

> 민법 제1113조(유류분의 산정) ① 유류분은 피상속인의 상속개시시에 있어서 가진 재산의 가액에 증여재산의 가액을 가산하고 채무의 전액을 공제하여 이를 산정한다.

C59
抵減
dǐjiǎn

C164
扣除
kòuchú

K33
(부동산)공제증서

공인중개사를 통해 부동산을 계약했을 때 계약서 등과 함께 제공받는 것으로, 공인중개사의 고의 또는 과실로 계약자에게 손해가 발생하였을 경우 한국공인중개사협회나 보증보험회사에서 해당 공인중개사 대신 손해금액을 보상해준다는 증명서이다. 증서에는 중개소명, 공제번호, 소재지, 공제보험가입기간이 기재되어 있다.

C88
共济证书
gòngjì zhèngshū

K34
과실

부주의로 인하여 어떤 사실이나 결과의 발생을 인식하지 못하거나 예견하지 못한 심리상태를 말하며, 고의(故意)와 더불어 법률상의 책임조건(責任條件)이 된다.
이때 부주의의 정도는 보통인의 정상적 주의력을 기준으로 하여 일반적·객관적으로 판단되어야 한다. 과실로 인한 범죄는 법률에 특별한 규정이 있는 경우를 제외하고는 처벌되지 않는다.
과실은 주의태만의 정도에 따라서 경과실(輕過失)과 중과실(重過失)로 구분할 수 있는데 중과실은 구체적으로 사회통념상 주의의무의 중대한 태만을 의미한다.

> 민법 제750조(불법행위의 내용) 고의 또는 과실로 인한 위법행위로 타인에게 손해를 가한 자는 그 손해를 배상할 책임이 있다.

*cf. **형사상 과실과의 차이점**: 민사책임은 고의로 인한 행위뿐만 아니라 과실로 인해 피해를 입힌 모든 경우까지 그 책임을*

C110
过失
guòshī

인정하므로 형사소송의 대상이 되는 범위보다 민사소송의 대
상이 되는 범위가 넓다.

K35
관리비

일반적으로 관리에 드는 비용을 말한다. 예를 들어 아파트 관리
비는 관리주체가 쾌적한 주거환경을 조성하고 입주민들의 편익
을 늘리기 위해 필요한 모든 비용을 입주자에게 부과해 관리, 사
용하는 금액이다.

C97
管理費
guǎnlǐfèi

K36
관습

어떤 사회에서 오랫동안 지켜 내려와 그 사회성원들이 널리 인
정하는 질서나 풍습을 말한다. 이와 관련하여 관습법이란 사회의
거듭된 관행으로 생성한 사회생활규범이 사회의 법적확신과 인
식에 의하여 법적 규범으로 승인·강행되기에 이른 것을 말하고,
사실인 관습은 사회의 관행에 의하여 발생한 사회생활규범인 점
에서 관습법과 같으나 사회의 법적 확신이나 인식에 의하여 법
적 규범으로서 승인된 정도에 이르지 않은 것을 말한다.

C96
惯例
guànlì

C281
习惯
xíguàn

> 민법 제106조(사실인 관습) 법령 중의 선량한 풍속 기타 사회질
> 서에 관계없는 규정과 다른 관습이 있는 경우에 당사자의 의사
> 가 명확하지 아니한 때에는 그 관습에 의한다.

K37
관할

국가 또는 지방자치단체 등의 기관이 그 권한을 행사할 수 있는
범위를 말한다. 특히 민사, 형사 소송에 있어서 '법원'의 관할이
중요하다. 관할에는 그 기관의 권한이 미치는 구역의 범위를 의
미하는 토지관할과 사건의 종류나 내용에 상응하여 그 기관의
권한이 미치는 범위를 말하는 사물관할이 있다. 행정기관, 사법
기관 등의 토지관할이 미치는 지역적 범위를 별도의 관점에서,
즉 지역을 주로 보는 경우에는 이를 관할구역이라 한다.

C98
管辖
guǎnxiá

> 민사소송법 제28조(관할의 지정) ① 다음 각호 가운데 어느 하

나에 해당하면 관계된 법원과 공통되는 바로 위의 상급법원이
그 관계된 법원 또는 당사자의 신청에 따라 결정으로 관할법원
을 정한다.
1. 관할법원이 재판권을 법률상 또는 사실상 행사할 수 없는 때
2. 법원의 관할구역이 분명하지 아니한 때
② 제1항의 결정에 대하여는 불복할 수 없다.

K38

관할 법원

제기된 소송에 대하여 재판권을 행사하는 법원을 말한다. 현행법
상 당해 사건에 대한 재판권을 어느 법원이 행사하도록 할 것인
가를 정하는 방법으로는 법률이 직접 정하고 있는 경우, 관할이
불명하여 관계법원의 직근상급법원이 결정하는 경우 및 당사자
의 합의나 피고의 응소에 의하여 결정되는 경우가 있다.

C99
管辖法院
guǎnxiá fǎyuàn

K39

교부

물건을 타인에게 인도하는 것, 즉 물건의 소지를 타인에게 이전
하는 것을 말한다. 법령상 이 용어는 허가증, 증명서 등의 서류
를 본인에게 넘겨주는 경우에 널리 사용된다. 또한 어음(수표)을
교부하는 경우는 일반적으로 기존채무를 변제하는 수단으로 사
용되는데, 그 유형으로는 기존채무의 '지급에 갈음하여 교부하는
경우'와 '지급을 위하여 교부하는 경우', '지급의 담보로서 교부하
는 경우'로 나눌 수 있다. 어음(수표)가 그 가운데 어느 목적으로
교부되었는가에 따라 원인관계에 미치는 영향이 다르므로 당사
자 사이에 명시적인 합의가 없는 때에 당사자의 의사를 어떻게
해석할 것인가 문제된다. 당사자 사이에 특별한 의사표시가 없으
면 어음의 교부가 있다고 하더라도 이는 기존 원인채무는 여전
히 존속하고 단지 그 '지급을 위하여' 또는 그 '담보를 위하여' 교
부된 것으로 추정한다.

C137
交付
jiāofù

K40

교환

당사자가 금전 이외의 재산권을 서로 이전할 것을 약정함으로써
성립하는 계약을 말한다. 교환의 목적물이 금전 이외의 재산권에

C138
交換
jiāohuàn

한한다는 점에서 매매와는 구별된다. 역사적으로는 매매에 앞섰고 화폐경제의 발달 이전에는 중요한 기능을 담당하고 있었으나 오늘날에는 그 작용은 크지 않다. 당사자 일방이 금전을 지급하는 경우에는 매매가 되나 당사자 쌍방이 금전 이외의 재산권을 서로 이전할 것을 약정하는 개념으로 민법에 따르면 교환이다. 이때 지급되는 금전을 보충금이라 한다. 보충금에 대하여는 매매대금에 관한 규정이 준용된다. 교환계약은 일종의 유상·쌍무계약이며, 일반으로 매매에 관한 규정이 준용된다.

> 민법 제596조(교환의 의의) 교환은 당사자 쌍방이 금전 이외의 재산권을 상호 이전할 것을 약정함으로써 그 효력이 생긴다.

K41
구두통지
어떤 일정한 사실, 처분 또는 의사를 특정한 상대방에게 서면이 아닌 구두, 즉 말로써 알리는 것을 말한다.

C165
口头通知
kǒutóu tōngzhī

K42
구상 비용
변제를 한 자가 타인에 대하여 그 반환 또는 변제를 요구하는 비용을 말한다. 타인을 위하여 채무를 변제한 자가 그 타인에게 반환을 청구하는 경우, 타인의 행위로 손해배상의 의무를 부담하는 자가 그 타인에 대하여 변제를 요구하는 경우, 착오로 타인의 채무를 변제한 자가 그 타인에 대하여 변제를 청구하는 경우 등에 구상을 청구할 수 있다.

C203
求偿款
qiúchángkuǎn

> 민법 제745조(타인의 채무의 변제) ① 채무자 아닌 자가 착오로 인하여 타인의 채무를 변제한 경우에 채권자가 선의로 증서를 훼멸하거나 담보를 포기하거나 시효로 인하여 그 채권을 잃은 때에는 변제자는 그 반환을 청구하지 못한다.
> ② 전항의 경우에 변제자는 채무자에 대하여 구상권을 행사할 수 있다.

K43
구속력
일반적으로 법률·규칙·조약 등에 의하여 자유로운 행동을 속박

C313
约束力
yuēshùlì

하는 효력을 말한다.

법적 구속력(Legally binding) 또는 법적 효력이라고도 한다.

> 민법 제527조(계약의 청약의 구속력) 계약의 청약은 이를 철회하지 못한다.
>
> 상법 제51조(대화자간의 청약의 구속력) 대화자간의 계약의 청약은 상대방이 즉시 승낙하지 아니한 때에는 그 효력을 잃는다.

K44

구제조치

위법 또는 부당한 처분을 받거나 필요한 처분을 받지 못함으로써 권리 또는 이익의 침해를 받은 자가 원상회복 또는 그에 대한 보상을 받기 위하여 취하는 조치를 말한다.

C154

救济措施

jiùjì cuòshī

K45

국민연금

국민연금(國民年金)은 대한민국에서 보험의 원리를 도입하여 만든 사회보험의 일종이다. 가입자, 사용자 및 국가로부터 일정액의 보험료를 받고 노령연금, 유족연금, 장애연금 등을 지급함으로써 국가의 안정성을 보장하는 사회보장제도의 하나이다. 쉽게 말해 더 이상 일할 수 없는 나이가 되었을 때 연금을 지원하는 제도이다. 대한민국에서는 국민연금공단이 국민연금을 관리한다.

C109

国民年金

guómín niánjīn

> 국민연금법 제6조(가입대상) 국내에 거주하는 국민으로서 18세 이상 60세 미만인 자는 국민연금 가입 대상이 된다. 다만, 「공무원연금법」, 「군인연금법」 및 「사립학교교직원 연금법」을 적용받는 공무원, 군인 및 사립학교 교직원, 그 밖에 대통령령으로 정하는 자는 제외한다.

K46

국세

국가가 부과, 징수하는 조세를 말하며, 지방자치단체가 부과, 징수하는 지방세에 대응하는 관념이다. 국세는 통관절차를 거치는 물품을 대상으로 하는 관세(關稅)와 관세를 제외한 조세인 내국세로 구분된다. 내국세에는 소득세, 법인세, 상속세와 증여세, 종

C111

国税

guóshuì

합부동산세, 부가가치세, 개별소비세, 교통·에너지·환경세, 주세(酒稅), 인지세, 증권거래세, 교육세, 농어촌특별세 등이 있다. 내국세는 다시 조세부담의 전가가 이루어지는가에 따라 직접세와 간접세로 나눌 수 있다. 국세에 대한 일반법으로는 국세기본법과 국세징수법이 있으며, 관세와 내국세의 각 세목에 대한 단행법이 마련되어 있고, 그 밖에 조세특례제한법·국제조세조정에 관한 법률·조세범처벌법 및 조세범처벌절차법 등이 국세와 관련된다.

> **국세기본법 제1조(목적)** 이 법은 국세에 관한 기본적이고 공통적인 사항과 위법 또는 부당한 국세처분에 대한 불복절차를 규정함으로써 국세에 관한 법률관계를 명확하게 하고, 과세(課稅)를 공정하게 하며, 국민의 납세의무의 원활한 이행에 이바지함을 목적으로 한다.

K47
권리자
권리를 가진 사람을 말하고 이는 의무자에 대응한다.

C206
权利人
quánlirén

K48
권리질권
재산권을 목적으로 하는 질권을 말한다. 질권이란 채권자가 채권의 담보로서 채무자 또는 제3자로부터 받은 담보물권을 말한다. 권리질권의 목적은 양도성이 있는 재산권에 한정되며 재산권 중에서도 부동산의 사용·수익을 목적으로 하는 권리와 소유권, 지역권, 광업권, 어업권 등을 제외한 채권, 주식, 무체재산권이 권리질권의 목적이 된다. 채권에 대한 권리질권의 설정은 당사자의 합의 이외에 그 권리의 양도방법을 갖추어야 한다. 당사자 사이에 질권설정금지의 특약이 있는 경우에도 그 위반은 선의의 제3자에 대항할 수 없을 뿐이다. 권리질권의 설정방식은 재산권의 종류에 따라 다르다.

C205
权利质权
quánlì zhìquán

> **민법 제345조(권리질권의 목적)** 질권은 재산권을 그 목적으로 할 수 있다. 그러나 부동산의 사용, 수익을 목적으로 하는 권리는 그러하지 아니하다.

K49
권리행사의 포기

자기가 가지고 있는 권리를 행사하지 않을 것을 표시하는 행위를 말한다. 포기한다는 취지의 적극적 의사표시에 의한다는 점에서, 다만 그것을 행사하지 않고 있는 소극적 불행사와는 구별된다. 권리 행사의 포기여부는 원칙적으로 권리자의 자유이지만, 공권이나 신분권과 같은 것은 그 성질상 포기할 수 없으며, 재산권이라도 타인의 이익을 해하는 경우에는 이를 포기할 수 없다.

C70
放弃行使权利
fàngqì xíngshǐ
quánlì

K50
귀책사유

"책임을 부담하여야 하는 사유"라는 법률상의 개념으로 법률상 불이익을 수기 위하여 필요한 수관적 요건을 말한다. 따라서 천재지변과 같은 불가항력적 사유는 귀책사유가 없다. 또한 귀책사유의 요소로 과실이란 채무자가 자신의 행위로 인하여 채무불이행의 결과가 발생한다는 사실을 인식 또는 예견하고 나아가 그 결과를 회피하였어야 함에도 불구하고 거래관계에서 일반적으로 요구되는 주의의무를 다하지 못하여 채무불이행의 결과가 발생한 경우를 말한다. '유책사유'라고도 한다.

> 민법 제538조(채권자귀책사유로 인한 이행불능) ① 쌍무계약의 당사자 일방의 채무가 채권자의 책임있는 사유로 이행할 수 없게 된 때에는 채무자는 상대방의 이행을 청구할 수 있다. 채권자의 수령지체 중에 당사자쌍방의 책임없는 사유로 이행할 수 없게 된 때에도 같다.
> ② 전항의 경우에 채무자는 자기의 채무를 면함으로써 이익을 얻은 때에는 이를 채권자에게 상환하여야 한다.

C83
负有责任
fùyǒu zérèn

K51
근로개시일

근로 계약에 따라 근로를 시작하는 일자를 말한다.

C95
工作开始日
gōngzuò kāishǐrì

K52
근로기준법

헌법에 따라 근로조긴의 기준을 정함으로써 근로지의 기본적 생활을 보장, 향상시키며 균형 있는 국민경제의 발전을 꾀하는 것을 목적으로 하여 제정된 법률을 말한다.

> 근로기준법 제1조(목적) 이 법은 헌법에 따라 근로조건의 기준을 정함으로써 근로자의 기본적 생활을 보장, 향상시키며 균형 있는 국민경제의 발전을 꾀하는 것을 목적으로 한다.

C166
韩国劳动基准法
hánguó láodòng jīzhǔnfǎ

K53
근로자

타인에게 정신적, 육체적 노무를 제공함으로써 임금, 보수 등 급여를 받아 생활하는 자를 말한다. 근로기준법상에서 근로자는 근로계약관계를 전제로 하므로 타인에 의하여 결정되는 근로를 제공하지 아니하는 자는 근로자라 할 수 없고, 따라서 근로기준법의 적용대상도 되지 않는다. 하지만, 계약상 명칭에 상관없이 근로자가 사용자의 지휘·감독하에서 노무를 제공하여 실질적인 사용종속관계가 있는 경우에는 근로기준법상의 근로자라 할 수 있다. 즉, 계약상으로 도급 또는 개인 사업주로 되어 있는 사람도 특정 사용자에 대한 실질적인 종속노동관계에 놓여 있다면 노동자로 본다. 다만, 근로기준법의 적용은 근로계약관계에 있는 노동자의 근로조건을 확보하려는 것이므로 실업 중인 근로자는 근로기준법상의 근로자 개념에 포함되지 않는다.

> 근로복지기본법 제2조(정의) 이 법에서 사용하는 용어의 뜻은 다음과 같다.
> 1. "근로자"란 직업의 종류와 관계없이 임금을 목적으로 사업이나 사업장에 근로를 제공하는 자를 말한다.
> 2. "사용자"란 사업주 또는 사업경영담당자, 그 밖에 근로자에 관한 사항에 대하여 사업주를 위하여 행위하는 자를 말한다.

C167
劳动者
láodòngzhě

K54
금전소비대차

소비대차는 당사자의 일방(貸主)이 금전 기타 대체물(代替物)의

C360
资金借贷
zījīn jièdài

소유권을 상대방(借主)에게 이전할 것을 약정하고 상대방은 이전받은 물건을 전량 소비한 뒤, 이후 동종·동질·동량(同量)의 물건으로 대신 갚을 것을 약정함으로써 성립하는 계약으로, 금전을 대상으로 하면 금전소비대차계약이 된다. 예를 들어, 은행에서 대출을 받는 것은 금전소비대차계약이다. 금전소비대차계약이 성립하기 위하여 반드시 계약서를 작성해야 하는 것은 아니고, 당사자 사이에 합의가 있으면 되므로 구두상으로 합의하더라도 계약은 성립된다. 다만, 구두상으로만 합의한 경우, 다툼이 발생하면 증명이 쉽지 않을 수 있다.

> 민법 제598조(소비대차의 의의) 소비대차는 당사자 일방이 금전 기타 대체물의 소유권을 상대방에게 이전할 것을 약정하고 상대방은 그와 같은 종류, 품질 및 수량으로 반환할 것을 약정함으로써 그 효력이 생긴다.
> 제599조(파산과 소비대차의 실효) 대주가 목적물을 차주에게 인도하기 전에 당사자 일방이 파산선고를 받은 때에는 소비대차는 그 효력을 잃는다.

K55

기각

소송 절차에서 당사자의 청구를 받아들이지 않고 배척하는 판결이나 결정을 하는 것으로, 예를 들어, 원고 청구 기각, 항소 기각, 신청 기각, 재심 기각 등이 있다.

C10
驳回
bóhuí

K56

기명날인

성명을 기재한다는 의미의 "기명"과 인장을 찍는다는 의미의 "날인"이 합쳐진 말로, 성명을 기재하고, 인장을 찍는 행위를 말한다. 기명은 자서, 타이프, 인쇄, 서명인 등 방법을 묻지 않고, 반드시 본명을 기재해야만 하는 것은 아니며, 별명, 예명 등을 기재해도 무방하다. 또한, 날인의 인장은 반드시 등록된 인감도장을 말하는 것은 아니다. 기명날인은 행위자가 함으로써 책임 관계를 명확하게 하기 위한 것이나, 반드시 행위자 본인이 해야 하는 것은 아니고, 타인이 대행할 수도 있다.

C149
记名盖章
jìmíng gàizhāng

C194
签名捺印
qiānmíng nàyìn

> 민법 제510조(배서의 방식) ① 배서는 증서 또는 그 보충지에 그 뜻을 기재하고 배서인이 서명 또는 기명날인함으로써 이를 한다.
> ② 배서는 피배서인을 지정하지 아니하고 할 수 있으며 또 배서인의 서명 또는 기명날인만으로 할 수 있다.

cf. 서명은 자기 고유의 필체로 자기의 이름을 제3자가 알아볼 수 있도록 쓰는 것을 말하는데, 민법 제1066조에 규정된 성명의 자서는 스스로 이름을 적는다는 의미로서 서명과 같은 것으로 볼 수 있다. 따라서 서명은 타인이 대신 이름을 쓰는 것은 허용되지 않는다는 점에서 기명날인과 구별된다.

K57

기명식 보통주식

기명식주식은 주주의 성명을 주권에 기재·날인·배서를 하고 주주명부에 명의개서를 해야만 양도될 수 있는 주식을 의미한다. 우리나라에서 사용되는 주식은 한국증권결제원, 국민은행 등을 명의개서 대행기관으로 하는 기명식주식이 대부분이다.

보통주식은 일반회사에서 발행하는 일반적인 주식을 말하는 것으로, 우선주나 후배주와 같이 특별한 권리내용이 정해지지 않은 주식이다.

기명식 보통주식은 기명식주식과 보통주식이 합쳐진 것으로, 우리나라에서 발행되는 대부분의 주식은 대부분 이에 해당한다.

*cf. **무기명 주식**: 주권에 성명을 기재하는 행위나 주주명부 명의개서를 하는 행위 없이 주권의 교부만으로 권리 양도가 가능한 주식*

C150
记名式普通股份
jìmíngshì pǔtōng
gǔfèn

K58

기밀보장의무

비밀유지의무(K131)와 동일한 의미

> 산업기술의 유출방지 및 보호에 관한 법률 제34조(비밀유지의무)
> 다음 각호의 어느 하나에 해당하거나 해당하였던 자는 그 직무상 알게 된 비밀을 누설하거나 도용하여서는 아니 된다.

C2
保密义务
bǎomìyìwù

1. 대상기관의 임·직원(교수·연구원·학생을 포함한다)
2. 제9조의 규정에 따라 국가핵심기술의 지정·변경 및 해제업무를 수행하는 자 또는 제16조에 따라 국가핵심기술의 보호·관리 등에 관한 지원업무를 수행하는 자
3. 제11조 및 제11조의2에 따라 국가핵심기술의 수출 및 해외인수·합병 등에 관한 사항을 검토하거나 사전검토, 조사업무를 수행하는 자
3의2. 제11조의2 제3항 및 제6항에 따른 해외인수·합병 등을 진행하려는 외국인 및 외국인의 임·직원
4. 제15조의 규정에 따라 침해행위의 접수 및 방지 등의 업무를 수행하는 자
5. 제16조 제4항 제3호의 규정에 따라 상담업무 또는 실태조사에 종사하는 자
6. 제17조 제1항의 규정에 따라 산업기술의 보호 및 관리현황에 대한 실태조사업무를 수행하는 자
7. 제20조 제2항의 규정에 따라 산업보안기술개발사업자에게 고용되어 산업보안기술연구개발업무를 수행하는 자
8. 제23조의 규정에 따라 산업기술분쟁조정업무를 수행하는 자
9. 제33조의 규정에 따라 산업통상자원부장관의 권한의 일부를 위임·위탁받아 업무를 수행하는 자
10. 「공공기관의 정보공개에 관한 법률」에 따른 정보공개청구, 산업기술 관련 소송업무 등 대통령령으로 정하는 업무를 수행하면서 산업기술에 관한 정보를 알게 된 자

K59
기재 보증
기재된 사실이 틀림이 없음을 증명하는 것을 말한다.

C158
记载保证
jìzǎi bǎozhèng

K60
기한의 이익
기한부 법률행위에서 기한이 존재함으로써, 즉 시기 또는 종기가 도래하지 않음으로써 당사자가 받는 이익을 말한다. 기한의 이익은 채무자가 가지는 경우가 가장 많으며, 「민법」은 기한은 채무자의 이익을 위한 것으로 추정한다고 하고 있다. 기한의 이익은

C204
期限利益
qīxiàn lìyì

포기할 수 있으나 이자가 붙은 차용금을 기한 전에 변제할 경우
는 대주의 손해를 배상하여야 한다. 즉 기한의 이익이 상대방에
게도 있는 경우에는 일방적으로 포기함으로써 상대방의 이익을
해하지 못한다. 한편 채무자가 담보를 손상, 감소 또는 멸실하게
한 때 또는 채무자가 담보제공의 의무를 이행하지 아니한 때에
는 채무자는 기한의 이익을 주장하지 못한다.

> 민법 제153조(기한의 이익과 그 포기) ① 기한은 채무자의 이익
> 을 위한 것으로 추정한다.
> ② 기한의 이익은 이를 포기할 수 있다. 그러나 상대방의 이익
> 을 해하지 못한다.

ㄴ

K61
납입영수증
공과금, 보험료, 적금 등을 낸 사실을 증명하는 문서를 말한다.

C139
缴款收据
jiǎokuǎn shōujù

C328
支付凭证
zhīfù píngzhèng

K62
납입자본
사업 경영에 쓰는 납입을 끝낸 자본. 회사의 실질적 자본으로서
주주가 실제로 납입한 자본금이다. 주식인수인은 설립시에는 지
체 없이, 신주발행시에는 납입기일에 인수한 주식의 발행가액의
전액을 납입해야 하는데, 이때의 자본금을 납입자본금이라고 한
다. 주식을 액면초과 또는 액면 미만 가액으로 발행하는 경우에
는 자본금과 납입자본금과는 일치하지 않을 수 있으며, 청산소득
계산을 할 때에는 사실상 납입자본금이 아닌 잉여금의 자본전입
액도 납입자본금에 포함시키고 있다.

C225
实缴资本
shíjiǎo zīběn

> 상법 제451조(자본금) ① 회사의 자본금은 이 법에서 달리 규정한 경우 외에는 발행주식의 액면총액으로 한다.
> ② 회사가 무액면주식을 발행하는 경우 회사의 자본금은 주식 발행가액의 2분의 1 이상의 금액으로서 이사회(제416조 단서에서 정한 주식발행의 경우에는 주주총회를 말한다)에서 자본금으로 계상하기로 한 금액의 총액으로 한다. 이 경우 주식의 발행가액 중 자본금으로 계상하지 아니하는 금액은 자본준비금으로 계상하여야 한다.
> ③ 회사의 자본금은 액면주식을 무액면주식으로 전환하거나 무액면주식을 액면주식으로 전환함으로써 변경할 수 없다.

K63

납품

계약한 곳에 주문받은 물품을 가져다주는 행위를 말한다.

C136

交货

jiāohuò

K64

누설

사전적 의미로는 밖으로 새어나간다는 말로써, 예를 들어 비밀누설은 다른 사람들에게 알려서는 안 되는 비밀을 멋대로 알리는 것을 말한다.

C280

泄露

xièlù

> 산업기술의 유출방지 및 보호에 관한 법률 제34조(비밀유지의무) 다음 각호의 어느 하나에 해당하거나 해당하였던 자는 그 직무상 알게 된 비밀을 누설하거나 도용하여서는 아니 된다.
>
> 개인정보보호법 제59조(금지행위) 개인정보를 처리하거나 처리하였던 자는 다음 각호의 어느 하나에 해당하는 행위를 하여서는 아니 된다.
> 2. 업무상 알게 된 개인정보를 누설하거나 권한 없이 다른 사람이 이용하도록 제공하는 행위

ㄷ

K65
단순 이용허락

단순 이용허락은 저작재산권자가 여러 사람에게 중첩적으로 이용을 허락해 주는 경우로서 이에 따라 이용허락을 받은 자는 허락받은 이용방법 및 조건의 범위에서 그 저작물을 자유롭게 이용할 수는 있지만 이를 독점적·배타적으로 이용할 권한은 없다.

> 저작권법 제46조(저작물의 이용허락) ① 저작재산권자는 다른 사람에게 그 저작물의 이용을 허락할 수 있다.
> ② 제1항의 규정에 따라 허락을 받은 자는 허락받은 이용방법 및 조건의 범위 안에서 그 저작물을 이용할 수 있다.
> ③ 제1항의 규정에 따른 허락에 의하여 저작물을 이용할 수 있는 권리는 저작재산권자의 동의 없이 제3자에게 이를 양도할 수 없다

cf. 독점적 이용허락: 독점적 이용허락은 저작재산권자와 이용자 사이에 일정한 범위 내에서 저작물을 독점적으로 이용하도록 계약을 체결한 경우를 말한다.

C192
普通使用许可
pǔtōng shǐyòng xǔkě

K66
단체협약

노동조합과 사용자가 임금, 근로시간 기타의 사항에 대하여 단체교섭 과정을 거쳐 합의한 사항을 말한다. 근로조건 등에 대하여 노사간에 합의한 사항이지만 그것에 규범적 효력이 인정되어 노사관계에 미치는 영향이 크다. 단체협약은 사법(私法)상 개별적 고용계약을 대신하여 등장한 노사간의 집단적인 계약관계의 성질을 가지는 것으로 사법(私法)상 계약원리를 부정 대체하는 것이 아니라 이를 수정 보완하는 것이다.

> 노동조합 및 노동관계 조정법 제31조(단체협약의 작성) ① 단체협약은 서면으로 작성하여 당사자 쌍방이 서명 또는 날인하여야 한다.
> ② 단체협약의 당사자는 단체협약의 체결일부터 15일 이내에

C153
集体合同
jítǐ hétong

이를 행정관청에게 신고하여야 한다.
③ 행정관청은 단체협약 중 위법한 내용이 있는 경우에는 노동위원회의 의결을 얻어 그 시정을 명할 수 있다.

K67

담보

채무를 일정기한 안에 확실히 갚도록 보장하는 법적 수단을 말한다. 담보는 크게 인적담보와 물적담보로 구분하는데, 민법에서는 인적담보는 보증의 방식으로 이루어지고 물적담보에는 담보물권인 유치권, 질권, 저당권 등이 있다.

cf. **담보설정계약**: *일반적으로 담보설정계약이라 함은 채권에 대한 담보물권을 설정하기 위한 채권자와 담보물권 설정자와의 계약을 말한다(예: 근저당설정계약). 그러나 담보가등기에 대한 담보계약은 <가등기 등 담보에 관한 법률>에서는 민법의 담보물권 설정계약과 다른 특수한 뜻을 부여하고 있다. 이 법률에서는 담보계약은 환매·양도담보 기타 명목 여하를 불문하고 차주가 금전에 갈음하여 유가증권 기타 물건의 인도를 받기로 하거나 차용물에 갈음하여 다른 재산권을 이전할 것을 예약하는, 즉 대물대차(代物貸借), 대물반환의 예약을 할 때 여기에 포함되거나 병존하는 채권담보의 계약을 말한다.*

C4
保证
bǎozhèng

C52
担保
dānbǎo

K68

담보 제공

담보의 제공이란 질권·저당권 또는 양도담보의 목적으로 동산·부동산 및 부동산상의 권리를 제공하는 것을 말한다.

민사집행법 제19조(담보제공·공탁법원) ① 이 법의 규정에 의한 담보의 제공이나 공탁은 채권자나 채무자의 보통재판적(普通裁判籍)이 있는 곳의 지방법원 또는 집행법원에 할 수 있다.
② 당사자가 담보를 제공하거나 공탁을 한 때에는, 법원은 그의 신청에 따라 증명서를 주어야 한다.
③ 이 법에 규정된 담보에는 특별한 규정이 있는 경우를 제외하고는 민사소송법 제122조·제123조·제125조 및 제126조의 규정을 준용한다.

C251
提供担保
tígōng dānbǎo

K69

당사자

민사소송에서 소송의 주체가 되는 사람. 판결절차의 제1심에서는 원고·피고, 제2심에서는 항소인·피항소인, 제3심에서는 상고인·피상고인이며, 강제집행절차 등에서는 채권자·채무자이다.

C53
当事人
dāngshìrén

> 민사소송법 제51조(당사자능력·소송능력 등에 대한 원칙) 당사자능력(當事者能力), 소송능력(訴訟能力), 소송무능력자(訴訟無能力者)의 법정대리와 소송행위에 필요한 권한의 수여는 이 법에 특별한 규정이 없으면 민법, 그 밖의 법률에 따른다.

K70

대금

매매계약 등에서 물건의 값으로 치르는 돈을 말한다.

C130
货款
huòkuǎn

*cf. **구매대금**: 구매기업이 당해 기업의 사업목적에 부합하는 정상적 영업활동과 관련하여 판매기업으로부터 재화를 공급받거나 용역을 제공받고 그 대가로 지급하는 금액을 말한다.*

K71

대금지급

물건의 값인 돈을 정하여진 몫만큼 내준다는 것으로 법적으로는 '매매대금의 변제'를 말한다.

C327
支付货款
zhīfù huòkuǎn

> 민법 제586조(대금지급장소) 매매의 목적물의 인도와 동시에 대금을 지급할 경우에는 그 인도장소에서 이를 지급하여야 한다.
> 제588조(권리주장자가 있는 경우와 대금지급거절권) 매매의 목적물에 대하여 권리를 주장하는 자가 있는 경우에 매수인이 매수한 권리의 전부나 일부를 잃을 염려가 있는 때에는 매수인은 그 위험의 한도에서 대금의 전부나 일부의 지급을 거절할 수 있다. 그러나 매도인이 상당한 담보를 제공한 때에는 그러하지 아니하다.

K72

대여

물건이나 돈을 나중에 도로 돌려받기로 하고 얼마 동안 빌려주

C41
出租
chūzū

는 것을 말한다.

> 민법 제598조(소비대차의 의의) 소비대차는 당사자 일방이 금전 기타 대체물의 소유권을 상대방에게 이전할 것을 약정하고 상대방은 그와 같은 종류, 품질 및 수량으로 반환할 것을 약정함으로써 그 효력이 생긴다.

K73

대여금계약

대여금계약이란 어떤 사람이 자신의 돈을 다른 사람에게 빌려줄 것을 약속하고 그 상대방은 빌린 돈을 일정한 기일에 반환할 것을 약속함으로써 체결되는 채권계약이다.

> 상법 제55조(법정이자청구권) ① 상인이 그 영업에 관하여 금전을 대여한 경우에는 법정이자를 청구할 수 있다

cf. 대차계약: 어떤 사람이 다른 사람의 소유물을 사용·수익하기 위하여 체결하는 계약을 민법에서는 대차계약이라고 하며, 빌려 주는 자를 대주(貸主), 빌려 받는 자를 차주(借主)라고 한다. 이러한 대차계약의 목적물의 성질이 사용에 의해 소모되는 경우를 소비대차(消費貸借)라 하며, 그 목적물이 소모되지 않는 경우는 다시 그 대가가 없는 무상의 경우와 그 대가가 있는 유상의 경우로 구별하여 전자를 사용대차(使用貸借)라고 하고 후자를 임대차(賃貸借)라고 한다. 사용대차나 임대차의 경우에는 차주가 빌린 목적물을 사용 후 그대로 대주에게 반환해야 하지만, 소비대차의 경우에는 그 목적물이 소비되어 없어지므로 차주는 그 목적물과 동종·동량·동질의 대체물을 대주에게 반환해야 한다. 이러한 소비대차의 목적물이 금전인 경우를 금전소비대차라고 하며, 이는 다시 대가의 약정이 있는 이자부 소비대차와 대가의 약정이 없는 무이자부 소비대차로 구분된다.

K74

대한법률구조공단

대한법률구조공단은 경제적으로 어렵거나 법을 모르기 때문에

C49
贷给
dàigěi

C50
贷款合同
dàikuǎn hétóng

C47
大韩法律救助公团
dàhán fǎlǜ jiùzhù gōngtuán

법의 보호를 충분히 받지 못하는 사람들에게 법률상담, 변호사 또는 공익법무관에 의한 소송대리 및 형사변호 기타 법률사무에 관한 각종 지원을 하는 공공기관이다.

> 법률구조법 제8조(대한법률구조공단의 설립) 법률구조를 효율적으로 추진하기 위하여 대한법률구조공단(이하 "공단"이라 한다)을 설립한다.
> 제9조(법인격) 공단은 법인으로 한다.
> 제33조(준용) 공단에 관하여는 이 법으로 규정한 것 외에는 「민법」 중 재단법인에 관한 규정을 준용한다.

K75
대한상사중재원
대한상사중재원은 중재법에 의거하여 1966. 3. 22. 설립된 상설 법정 중재기관으로 국내외 상거래에서 발생하는 분쟁을 사전에 예방하고, 발생된 분쟁을 중재, 조정, 알선을 통하여 신속하고 공정하게 해결하는 업무를 수행하고 있다.

C48
大韩商事仲裁院
dàhán shāngshì zhòngcáiyuàn

K76
독점적 이용허락
독점적 이용허락은 저작재산권자와 이용자 사이에 일정한 범위에서 저작물을 독점적으로 이용하도록 계약을 체결한 경우로서 저작재산권자가 이용자 이외의 다른 사람에게 저작물을 이용하도록 허락해 준 경우 저작재산권자를 상대로 독점적 이용허락 계약 위반에 따른 손해배상을 청구할 수 있다는 점에서 단순 이용허락과 차이가 있다.

C68
独占使用许可
dúzhàn shǐyòng xǔkě

> 저작권법 제46조(저작물의 이용허락) ① 저작재산권자는 다른 사람에게 그 저작물의 이용을 허락할 수 있다.
> ② 제1항의 규정에 따라 허락을 받은 자는 허락받은 이용방법 및 조건의 범위 안에서 그 저작물을 이용할 수 있다.
> ③ 제1항의 규정에 따른 허락에 의하여 저작물을 이용할 수 있는 권리는 저작재산권자의 동의 없이 제3자에게 이를 양도할 수 없다.

cf. ***단순이용허락****:* 저작물의 이용허락은 '단순이용허락'과 '독
점적 이용허락'으로 나눌 수 있다. 단순이용허락은 저작재산권
자가 여러 사람에 대하여 중첩적으로 이용을 허락해주는 경우
로서 이에 따라 이용허락을 받은 자들은 허락받은 이용방법
및 조건의 범위에서 그 저작물을 자유롭게 이용할 수는 있지
만 이를 독점적·배타적으로 이용할 권한은 없다.

K77

동산

부동산 이외의 물건을 말하며, 토지에 부착하는 물건도 정착물이
아닌 물건은 동산이다. 토지에 정착되지 않은 기계 등은 물론,
전기 기타 관리할 수 있는 자연력도 동산에 속한다. 사과·뽕잎
·벼 등의 분리되지 않은 과실은 본래 나무 또는 토지의 일부이
지만, 그것이 성숙되어 독립된 경제적 가치를 가지게 되면 '수목
(樹木)'의 경우와 마찬가지로 이른바 명인방법(明認方法)을 통해
거래의 객체로서의 동산이 된다. 한편, 선박·자동차·항공기, 특
정한 중기 등은 성질상 모두 동산이지만, 등기나 등록이라는 공
시방법을 갖춤으로써 권리의 이전이나 저당권의 설정 등에서 부
동산과 같이 다루어진다.

C65
动产
dòngchǎn

> 민법 제99조(부동산, 동산) ① 토지 및 그 정착물은 부동산이다.
> ② 부동산 이외의 물건은 동산이다.

K78
동종
같은 종류의 것을 말한다.

C254
同类
tónglèi

K79
등기
일정한 사항을 널리 일반에게 공시(公示)하기 위해서 공개된 공
부(公簿)에 기재하는 행위 또는 그 기재 자체를 말한다. 등기제
도는 부동산의 특정, 권리내용의 명시, 물권변동의 사실과 내용
을 등기부에 기재함으로써 거래관계에 서게 되는 제3자에 대해
그 권리의 내용을 명백히 알도록 하여 거래의 안전을 보호하기
위한 제도이다.

C54
登记
dēngjì

> **부동산등기법 제3조(등기할 수 있는 권리 등)** 등기는 부동산의 표시(表示)와 다음 각호의 어느 하나에 해당하는 권리의 보존, 이전, 설정, 변경, 처분의 제한 또는 소멸에 대하여 한다.
> 1. 소유권(所有權)
> 2. 지상권(地上權)
> 3. 지역권(地役權)
> 4. 전세권(傳貰權)
> 5. 저당권(抵當權)
> 6. 권리질권(權利質權)
> 7. 채권담보권(債權擔保權)
> 8. 임차권(賃借權)

K80

등기이사

주주총회를 거쳐 선임된 상법상 이사를 말한다.

C56

登记董事

dēngjì dǒngshì

> **상법 제317조(설립의 등기)** ② 제1항의 설립등기에 있어서는 다음의 사항을 등기하여야 한다.
> 8. 사내이사, 사외이사, 그 밖에 상무에 종사하지 아니하는 이사, 감사 및 집행임원의 성명과 주민등록번호
> 9. 회사를 대표할 이사 또는 집행임원의 성명·주민등록번호 및 주소

cf. 등기이사와 비등기이사의 차이: 등기이사는 이사회 구성원으로서 회의에 참여하고 결정할 투표권이 있지만, 비등기이사는 이사회에 참여할 수 없다. 또한 등기이사는 주주총회결의를 통해 선임한 것과 마찬가지로, 해임할 때에도 주주총회결의를 거쳐야만 하지만, 비등기이사는 대표이사가 이런 절차 없이 해임할 수 있고, 해임되더라도 상법 제385조 제1항이 정하는 손해배상청구도 할 수 없다.

K81

등록원부

일정한 법률 사실이나 법률관계를 적음으로써 그 사실 또는 관

C55

登记簿

dēngjìbù

계의 존재를 공시하며 증명하는 원래의 서류를 말한다.

cf. **특허등록원부**: 특허등록원부란 특허권을 취득한 후 특허권에 대한 정보를 확인할 수 있도록 특허청에서 제공하고 있는 공적인 문서로서, 출원번호 또는 등록번호, 특허출원인과 특허 연차료 지급현황, 전용실시권과 통상실시권 등재 현황 등 다양한 특허의 요소들을 확인할 수 있다.

K82

디자인

건축·공업 제품·복식(服飾)·상업 미술·산업 미술 등 실용적인 목적을 가진 조형 작품의 설계나 도안을 말하고, 순화어는 '설계', '도안', '의장' 등이 있다.

> 디자인보호법 제2조(정의) 이 법에서 사용하는 용어의 뜻은 다음과 같다.
> 1. "디자인"이란 물품(물품의 부분, 글자체 및 화상(畵像)을 포함한다. 이하 같다)의 형상·모양·색채 또는 이들을 결합한 것으로서 시각을 통하여 미감(美感)을 일으키게 하는 것을 말한다.

C257
外观设计
wàiguān shèjì

K83

디자인권

디자인권자가 업(業)으로서 등록디자인 또는 이와 유사한 디자인을 실시할 권리를 독점할 수 있는 권리를 말한다.

> 디자인보호법 제92조(디자인권의 효력) 디자인권자는 업으로서 등록디자인 또는 이와 유사한 디자인을 실시할 권리를 독점한다. 다만, 그 디자인권에 관하여 전용실시권을 설정하였을 때에는 제97조 제2항에 따라 전용실시권자가 그 등록디자인 또는 이와 유사한 디자인을 실시할 권리를 독점하는 범위에서는 그러하지 아니하다.

C258
外观设计权
wàiguān shèjìquán

C259
外观设计专利权
wàiguān shèjì
zhuānlìquán

ㄹ

K84
라이선스(License)
외국에서 개발된 제품이나 그 제조 기술의 특허권 또는 노하우
의 사용 허가를 말한다.

C291
许可
xŭkě

K85
라이선스 계약
라이선스계약(License Agreement)이란 특허권, 저작권, 상표권
등을 가지고 있는 지적소유권자가 저작물에 대해서 일정한 계약
기간 동안 타인에게 그 권리를 사용할 것을 허락하고, 라이선스
사용권을 받은 자는 그 대가로 사용료(Royalty)를 지급할 것을
약정하는 계약을 말한다.
라이선스계약은 일반적으로 개인이나 다른 기업에서 먼저 개발
한 사용권을 허가를 통해 사용하는 계약으로 새로운 제품이나
기술개발, 기존의 기술을 개선한 신기술, 신제조공정, 노하우, 상
표, 로고, 마크 등 다양한 부분이 포함된다.

C292
许可合同
xŭkě hétóng

K86
라이선스권자
라이선스허락자 또는 라이센스이용자를 말한다.

C293
许可权人
xŭkěquánrén

K87
로열티
남의 특허권, 상표권 따위의 공업소유권이나 저작권 따위를 사용
하고 지불하는 사용료를 말한다.

C231
使用费
shǐyòngfèi

ㅁ

K88
만료
기한이나 기간이 다 차서 끝난 것을 말한다.

C144
届满
jièmǎn

> 민법 제159조(기간의 만료점) 기간을 일, 주, 월 또는 연으로 정한 때에는 기간 말일의 종료로 기간이 만료한다.

K89

말소

기록되어 있는 사실을 지워 없애는 것으로, 특히 등기사항에서는 말소등기라고 한다.

*cf. **근저당권 말소등기**: 근저당권등기가 등기 전부터 또는 그 후에 어떠한 사유로 실체관계와 들어맞지 않게 된 경우 그 등기를 법률적으로 소멸시킬 목적으로 하는 등기를 말한다.*

C340

注销

zhùxiāo

K90

매도인

물건을 파는 사람, 매매계약에서 목적물을 파는 쪽 당사자를 매도인이라고 한다. 상대방(매수인)에 대하여 대금의 지급을 청구할 수 있으며 그 자신은 목적물의 재산권을 이전할 의무가 있다.

> 민법 제568조(매매의 효력) ① 매도인은 매수인에 대하여 매매의 목적이 된 권리를 이전하여야 하며 매수인은 매도인에게 그 대금을 지급하여야 한다.
> ② 전항의 쌍방의무는 특별한 약정이나 관습이 없으면 동시에 이행하여야 한다.

C178

卖方

màifāng

K91

매수인

물건을 사는 사람, 매매계약에서는 사는 쪽의 당사자를 말한다. 상대방인 매도인에 대하여 재산권 이전청구권을 가지며 스스로는 대금지급의무를 부담한다.

C177

买方

mǎifāng

K92

매출실적

제품을 얼마만큼 팔았는지 판매금액을 나타내는 수치를 말한다.

C279

销售业绩

xiāoshòuyèjì

K93

면제

어떤 주어진 책임이나 의무를 면해주는 것을 말한다. 면제가 되

C179

免除

miǎnchú

면 그 책임이나 의무를 조금도 받지 않는다.

K94

면책

민법, 상법상에서는 채무자가 개별 채무를 면하거나 채무를 부담하지 않게 하는 것을 말한다. 파산법 상에서는 파산절차에 의한 배당으로 변제되지 않는 잔여채무에 관하여 파산자가 변제의 책임을 면하는 것을 말한다. 형사책임을 면한다는 뜻으로도 사용된다.

> **상법 제659조(보험자의 면책사유)** ① 보험사고가 보험계약자 또는 피보험자나 보험수익자의 고의 또는 중대한 과실로 인하여 생긴 때에는 보험자는 보험금액을 지급할 책임이 없다.

C180

免责

miǎnzé

K95

멸실

물건이 물건으로서의 물리적 존재를 상실하는 것을 말하며, 그것이 재해에 의하거나 사람의 행위에 의한 것인가를 묻지 아니한다. 어떤 권리가 법률상의 존재를 상실하는 것을 나타내는 경우에는 소멸이라고 한다. 법인세법에 따르면 고정자산으로서 천재지변·화재 등의 사유로 파손되거나 멸실된 것은 자산의 장부가액을 감액하거나 즉시상각의제로 손금에 산입할 수 있다. 부가가치세법에서는 공급받는 자에게 도달하기 전에 파손되거나 훼손되거나 멸실한 재화의 가액은 공급가액에 포함하지 않는다. 멸실은 법으로 정해진 자산 감액 사유이다.

> **민법 제574조(수량부족, 일부멸실의 경우와 매도인의 담보책임)**
> 전 2조의 규정은 수량을 지정한 매매의 목적물이 부족되는 경우와 매매목적물의 일부가 계약당시에 이미 멸실된 경우에 매수인이 그 부족 또는 멸실을 알지 못한 때에 준용한다.

> **상법 제675조(사고발생 후의 목적멸실과 보상책임)** 보험의 목적에 관하여 보험자가 부담할 손해가 생긴 경우에는 그 후 그 목적이 보험자가 부담하지 아니하는 보험사고의 발생으로 인하여 멸실된 때에도 보험자는 이미 생긴 손해를 보상할 책임을 면하지 못한다.

C181

灭失

mièshī

K96

무상증자

돈을 받지 않고 주식을 발행하여 회사의 자본금을 증가시키는 것을 말한다. 무상증자는 회사의 이익이 상당히 축적되었을 경우, 이익금 일부를 신규 주식으로 발행해서 기존 주주에게 무상으로 배정하는 것이다.

> 상법 제461조(준비금의 자본금 전입) ① 회사는 이사회의 결의에 의하여 준비금의 전부 또는 일부를 자본금에 전입할 수 있다. 그러나 정관으로 주주총회에서 결정하기로 정한 경우에는 그러하지 아니하다.
> ② 제1항의 경우에는 주주에 대하여 그가 가진 주식의 수에 따라 주식을 발행하여야 한다. 이 경우 1주에 미달하는 단수에 대하여는 제443조 제1항의 규정을 준용한다.
> ③ 제1항의 이사회의 결의가 있은 때에는 회사는 일정한 날을 정하여 그날에 주주명부에 기재된 주주가 제2항의 신주의 주주가 된다는 뜻을 그날의 2주간 전에 공고하여야 한다. 그러나 그날이 제354조 제1항의 기간 중인 때에는 그 기간의 초일의 2주간 전에 이를 공고하여야 한다.
> ④ 제1항 단서의 경우에 주주는 주주총회의 결의가 있은 때로부터 제2항의 신주의 주주가 된다.
> ⑤ 제3항 또는 제4항의 규정에 의하여 신주의 주주가 된 때에는 이사는 지체없이 신주를 받은 주주와 주주명부에 기재된 질권자에 대하여 그 주주가 받은 주식의 종류와 수를 통지하여야 한다.
> ⑥ 제339조의 규정은 제2항의 규정에 의하여 주식의 발행이 있는 경우에 이를 준용한다.

cf. ***유상증자****: 기업이 새로 주식을 발행해 기존 주주나 새로운 주주에게 돈을 받고 파는 것을 말한다.*

C268

无偿增资

wúcháng zēngzī

C352

转增股本

zhuǎnzēng gǔběn

K97

무자력

무자력(無資力)이란 채무초과라는 의미로 채무자가 부담하는 채무(소극재산)의 합계가 현재 가지고 있는 적극재산의 합계를 넘

C357

资不抵债

zībùdǐzhài

는 경우를 말한다.

> 민법 제427조(상환무자력자의 부담부분) ① 연대채무자 중에 상
> 환할 자력이 없는 자가 있는 때에는 그 채무자의 부담부분은
> 구상권자 및 다른 자력이 있는 채무자가 그 부담부분에 비례하
> 여 분담한다. 그러나 구상권자에게 과실이 있는 때에는 다른 연
> 대채무자에 대하여 분담을 청구하지 못한다.
> ② 전항의 경우에 상환할 자력이 없는 채무자의 부담부분을 분
> 담할 다른 채무자가 채권자로부터 연대의 면제를 받은 때에는
> 그 채무자의 분담할 부분은 채권자의 부담으로 한다.

K98

무체재산권

무형의 재산적 이익을 배타적으로 지배할 수 있는 권리를 말한다.
사람의 정신적인 산출물을 대상으로 하는 권리의 총칭으로 지적
재산권 또는 지식재산권이라고도 하며, 특허권, 실용신안권, 의
장권, 상표권 등 발명·상표 등 아이디어와 기술 자체를 보호함
으로써 산업발전을 도모하고자 하는 산업재산권과 문예·학술·
음악 등에 관한 창작을 대상으로 문화창달을 목적으로 하는 저
작권이 대표적이다.

*cf. 유체재산권은 유체재산을 배타적으로 지배할 수 있는 권리
를 말한다. 유체재산은 동산, 부동산이 대표적이지만 이에 국
한되지 않고, 전기, 열, 바람 등 관리할 수 있는 자연력이나 배
서가 금지된 유가증권 등 채권도 유체재산에 포함된다.*

C271

无形财产权

wúxíng cáichǎnquán

K99

무효

어떠한 원인에 의해 법률행위로부터 당사자가 목적으로 한 법률
상의 효과가 당연히 생기지 않는 것을 말한다.

C270

无效

wúxiào

> 민법 제137조(법률행위의 일부무효) 법률행위의 일부분이 무효
> 인 때에는 그 전부를 무효로 한다. 그러나 그 무효부분이 없더
> 라도 법률행위를 하였을 것이라고 인정될 때에는 나머지 부분
> 은 무효가 되지 아니한다.

K100
물상담보
채권의 경제적 가치를 물건으로 보장하는 담보를 말하며, 유치권, 저당권, 질권 등이 있다.

> 민법 제341조(물상보증인의 구상권) 타인의 채무를 담보하기 위한 질권설정자가 그 채무를 변제하거나 질권의 실행으로 인하여 질물의 소유권을 잃은 때에는 보증채무에 관한 규정에 의하여 채무자에 대한 구상권이 있다.

K101
민법
일반인의 사적 생활관계인 재산관계와 가족관계를 규율하는 법

C226
实物抵押
shíwù dǐyā

C182
民法
mínfǎ

ㅂ

K102
발기인
발기인이란 주식회사를 설립하기 위하여 회사의 정관에 발기인으로 서명한 사람을 말하며 사실상 회사의 설립에 참가했느냐의 여부는 묻지 않는다.

> 상법 제288조(발기인) 주식회사를 설립함에는 발기인이 정관을 작성하여야 한다.

K103
발행주식
주식회사가 설립시 또는 성립 후 발행한 주식을 말하는데, 기발행주식 또는 발행필주식이라고도 하며, 이는 법정자본금을 구성한다. 미발행주식에 대응한다. 이것은 설립할 때에 발행된 주식 및 신주발행에 의하여 발행된 주식으로 구분할 수 있으며, 발행주식의 수가 증가하면 그만큼 미발행주식수는 감소된다. 또 주식소각·주식합병 등에 의하여 발행주식은 감소된다.

C74
发起人
fāqǐrén

C79
发行股份
fāxíng gǔfèn

C300
已发行的证券
yǐfāxíngde
zhèngquàn

상법 제329조(자본금의 구성) ① 회사는 정관으로 정한 경우에는 주식의 전부를 무액면주식으로 발행할 수 있다. 다만, 무액면주식을 발행하는 경우에는 액면주식을 발행할 수 없다.
② 액면주식의 금액은 균일하여야 한다.
③ 액면주식 1주의 금액은 100원 이상으로 하여야 한다.
④ 회사는 정관으로 정하는 바에 따라 발행된 액면주식을 무액면주식으로 전환하거나 무액면주식을 액면주식으로 전환할 수 있다.
⑤ 제4항의 경우에는 제440조, 제441조 본문 및 제442조를 준용한다.

K104

발행회사

주식을 발행한 회사를 말한다.

C78

发行公司

fāxíng gōngsī

K105

발효일

조약, 법, 공문서 따위의 효력이 발생하는 날을 말한다.

C222

生效日

shēngxiàorì

K106

배달증명

등기취급을 전제로 우편물의 배달일자 및 수취인을 배달우체국에서 증명하여 발송인에게 통지하는 특수취급제도를 말한다.

C246

送达证明

sòngdá zhèngmíng

우편법 제15조(선택적 우편역무의 제공) ③ 선택적 우편역무의 종류와 그 이용조건은 과학기술정보통신부령으로 정한다.
우편법 시행규칙 제25조(선택적 우편역무의 종류 및 이용조건 등) 제1항 제4호 다목
다. 배달증명: 등기취급을 전제로 우편물의 배달일자 및 수취인을 배달우체국에서 증명하여 발송인에게 통지하는 특수취급제도

K107

배당금

주식회사의 주주들에게 배당되는 소득을 말한다.

C115

股息

gǔxī

상법 제464조의2(이익배당의 지급시기) ① 회사는 제464조에 따른 이익배당을 제462조 제2항의 주주총회나 이사회의 결의 또는 제462조의3 제1항의 결의를 한 날부터 1개월 내에 하여야 한다. 다만, 주주총회 또는 이사회에서 배당금의 지급시기를 따로 정한 경우에는 그러하지 아니하다.
② 제1항의 배당금의 지급청구권은 5년간 이를 행사하지 아니하면 소멸시효가 완성한다.

K108

배타적인 권한
어떠한 권한을 타인의 방해 없이 독점적으로 행사할 수 있는 권한을 말한다.

C185
排他性权利
páitāxìng quánlì

저작권법 제57조(배타적 발행권의 설정) ① 저작물을 발행하거나 복제·전송(이하 "발행등"이라 한다)할 권리를 가진 자는 그 저작물을 발행 등에 이용하고자 하는 자에 대하여 배타적 권리(이하 "배타적 발행권"이라 하며, 제63조에 따른 출판권은 제외한다. 이하 같다)를 설정할 수 있다.
② 저작재산권자는 그 저작물에 대하여 발행 등의 방법 및 조건이 중첩되지 않는 범위 내에서 새로운 배타적 발행권을 설정할 수 있다.
③ 제1항에 따라 배타적 발행권을 설정받은 자(이하 "배타적 발행권자"라 한다)는 그 설정행위에서 정하는 바에 따라 그 배타적 발행권의 목적인 저작물을 발행 등의 방법으로 이용할 권리를 가진다.
④ 저작재산권자는 그 저작물의 복제권·배포권·전송권을 목적으로 하는 질권이 설정되어 있는 경우에는 그 질권자의 허락이 있어야 배타적 발행권을 설정할 수 있다.

cf. 저작권의 배타적발행권: 저작물을 발행하거나 복제하거나 전송할 수 있는 권리를 가진 자가 그 저작물을 발행 등에 이용하려는 자에게 설정할 수 있는 독점적 권리

K109

법률실사

인수합병과정 등 회사에 어떤 법률적인 문제가 없는지 검토하는 과정으로, 대상회사의 지배구조, 인허가 및 규제, 계약상 문제점, 지적재산권 등 각종 재산의 권리관계 등을 확인한다.

C69

法律尽职调查

fǎlǜ jìnzhí diàochá

K110

법인

법인은 자연인 이외에 법인격(권리능력)이 인정된 것, 즉 권리·의무의 주체가 되는 것을 말한다. 법인에는 일정한 목적을 위하여 결합한 사람들의 단체인 사단법인과 특정한 목적에 바쳐진 재산으로 이루어진 재단법인이 있다. 법인은 권리능력을 인정받아 그 구성원이나 관리자와는 별도로 권리를 취득하고 의무를 부담할 수 있다.

C75

法人

fǎrén

K111

법인세법

법인의 소득 금액 등에 과세 표준대로 부과되는 세금을 규정하는 법률을 말한다.

> **법인세법 제1조(목적)** 이 법은 법인세의 과세요건과 절차를 규정함으로써 법인세를 공정하게 과세하고, 납세의무의 적절한 이행을 확보하며, 재정수입의 원활한 조달에 이바지함을 목적으로 한다.

C76

(韩国)法人税法

(=中国企业所得税法)

fǎrénshuìfǎ

(=zhōgguó qǐyè suǒdeshuìfǎ)

K112

변제

채무자가 채무의 내용을 실행하는 행위를 말하며, 금전소비대차계약에서의 채무의 변제는 채무자가 채권자에게 빌린 돈을 갚는 것을 말한다.

> **민법 제460조(변제제공의 방법)** 변제는 채무내용에 좇은 현실제공으로 이를 하여야 한다. 그러나 채권자가 미리 변제받기를 거절하거나 채무의 이행에 채권자의 행위를 요하는 경우에는 변제준비의 완료를 통지하고 그 수령을 최고하면 된다.

C20

偿还

chánghuán

K113
변제기

채무자가 자신의 채무를 이행하여야 할 일자를 말한다.

> 민법 제468조(변제기 전의 변제) 당사자의 특별한 의사표시가 없으면 변제기 전이라도 채무자는 변제할 수 있다. 그러나 상대방의 손해는 배상하여야 한다.

C22
偿还期
chánghuánqī

K114
변제 기일

위의 변제기와 같다. 변제기일과 변제는 구분된다.

C23
偿还日期
chánghuán rìqī

K115
변제 장소

채무자가 자신의 채무를 이행하여야 하는 장소를 말한다.

C21
偿还地点
chánghuán didiǎn

> 민법 제467조(변제의 장소) ① 채무의 성질 또는 당사자의 의사표시로 변제장소를 정하지 아니한 때에는 특정물의 인도는 채권성립 당시에 그 물건이 있던 장소에서 하여야 한다.
> ② 전항의 경우에 특정물인도 이외의 채무변제는 채권자의 현주소에서 하여야 한다. 그러나 영업에 관한 채무의 변제는 채권자의 현영업소에서 하여야 한다.

K116
보전처분

"보전처분(保全處分)"이란 소송의 확정 또는 집행 전까지 법원이 명하는 잠정적인 처분으로, 가압류·가처분이 있다.

C3
保全处分
bǎoquán chǔfèn

> 민사집행법 제276조(가압류의 목적) ① 가압류는 금전채권이나 금전으로 환산할 수 있는 채권에 대하여 동산 또는 부동산에 대한 강제집행을 보전하기 위하여 할 수 있다.
> ② 제1항의 채권이 조건이 붙어 있는 것이거나 기한이 차지 아니한 것인 경우에도 가압류를 할 수 있다.
> 제277조(보전의 필요) 가압류는 이를 하지 아니하면 판결을 집행할 수 없거나 판결을 집행하는 것이 매우 곤란할 염려가 있을 경우에 할 수 있다.

K117

보증

주채무자 이외에 동일한 내용의 채무를 부담하는 종된 채무자를 두어, 주채무자의 주채무에 대한 채권을 담보하는 것을 말한다. 일반보증의 종류는 그 구체적 법률관계의 내용에 따라 단순보증, 연대보증, 공동보증, 근보증, 신원보증으로 구분할 수 있다.

> 민법 제428조(보증채무의 내용) ① 보증인은 주채무자가 이행하지 아니하는 채무를 이행할 의무가 있다.
> ② 보증은 장래의 채무에 대하여도 할 수 있다.

C4

保证

bǎozhèng

K118

보증금

일정한 채무의 담보로서 미리 채권자에게 주는 금전 또는 입찰 또는 계약을 맺을 때 계약 이행의 담보로서 납입하는 금전을 말한다.

C5

保证金

bǎozhèngjīn

K119

보증인

주채무자가 주채무를 이행하지 않는 경우에 그 주채무를 대신 이행할 종된 채무를 부담하는 사람을 말한다.

C6

保证人

bǎozhèngrén

> 보증인 보호를 위한 특별법 제2조(정의) 이 법에서 사용하는 용어의 뜻은 다음과 같다.
> 1. "보증인"이란 「민법」 제429조 제1항에 따른 보증채무(이하 "보증채무"라 한다)를 부담하는 자로서 다음 각목에서 정하는 경우를 제외한 자를 말한다.
>   가. 「신용보증기금법」 제2조 제1호에 따른 기업(이하 "기업"이라 한다)이 영위하는 사업과 관련된 타인의 채무에 대하여 보증채무를 부담하는 경우
>   나. 기업의 대표자, 이사, 무한책임사원, 「국세기본법」 제39조 제2항에 따른 과점주주(寡占株主) 또는 기업의 경영을 사실상 지배하는 자가 그 기업의 채무에 대하여 보증채무를 부담하는 경우
>   다. 기업의 대표자, 이사, 무한책임사원, 「국세기본법」 제39

조 제2항에 따른 과점주주 또는 기업의 경영을 사실상
지배하는 자의 배우자, 직계존속·비속 등 특수한 관계
에 있는 자가 기업과 경제적 이익을 공유하거나 기업의
경영에 직접·간접적으로 영향을 미치면서 그 기업의
채무에 대하여 보증채무를 부담하는 경우
라. 채무자와 동업관계에 있는 자가 동업과 관련한 동업자
의 채무를 부담하는 경우
마. 나목부터 라목까지의 어느 하나에 해당하는 경우로서
기업의 채무에 대하여 그 기업의 채무를 인수한 다른 기
업을 위하여 보증채무를 부담하는 경우
바. 기업 또는 개인의 신용을 보증하기 위하여 법률에 따라
설치된 기금 또는 그 관리기관이 보증채무를 부담하는
경우

K120
보통주식

이익배당이나 잔여재산 분배 등의 재산적 내용에 관하여 다른
여러 종류의 주식들의 우선적 지위 또는 후배적 지위를 결정하
는 기준이 되는 주식으로서 이익배당이나 잔여재산분배에서 어
떠한 제한이나 우선권도 주어지지 않는 주식을 말한다.

> 상법 제344조(종류주식) ① 회사는 이익의 배당, 잔여재산의 분
> 배, 주주총회에서의 의결권의 행사, 상환 및 전환 등에 관하여
> 내용이 다른 종류의 주식(이하 "종류주식"이라 한다)을 발행할
> 수 있다.

C191
普通股
pǔtōnggǔ

K121
부가가치세

재화 또는 용역이 생산·제공되거나 유통되는 모든 거래단계에
서 사업자가 창출한 부가가치를 과세표준으로 하여 부과하는 국
세의 일종이다. 조세의 부담은 거래의 상대방에게 전가되어 종국
적으로는 최종소비자가 이를 부담하게 된다.

C81
附加价值税
fùjiā jiàzhíshuì

C315
增值税
zēngzhíshuì

부가가치세법 제4조(과세대상) 부가가치세는 다음 각호의 거래
에 대하여 과세한다.
1. 사업자가 행하는 재화 또는 용역의 공급
2. 재화의 수입

K122
부도
부도(不渡)는 수표나 어음을 가진 사람이 지급기한이 되어도 수
표나 어음에 적힌 돈을 지불받지 못하는 것을 말한다.

자본시장과 금융투자업에 관한 법률 제161조(주요사항 보고서의
제출) ① 사업보고서 제출대상법인은 다음 각호의 어느 하나에
해당하는 사실이 발생한 경우에는 그 발생한 날의 다음날까지
그 내용을 기재한 보고서(이하 "주요사항보고서"라 한다)를 금융
위원회에 제출하여야 한다. 이 경우 제159조 제6항 및 제7항을
준용한다.
1. 발행한 어음 또는 수표가 부도로 되거나 은행과의 당좌거래
   가 정지 또는 금지된 때

C161
拒付事由
jùfù shìyóu

C314
逾期兑付状态
yúqī duìfù zhuàngtài

K123
부속계약
본계약에 부속하여 본계약의 내용을 보충, 구체화하기 위해 체결
하는 계약을 말한다.

C82
附属合同
fùshǔ hétong

K124
부외채무
실제로는 기업이 장래 상환(償還)하여야 할 부채(負債)가 있는
데도 불구하고 대차대조표상 부채에 표시되고 있지 않은 장부
외의 채무를 말한다.

C322
账外债务
zhàngwài zhàiwù

K125
부채
재화나 용역의 차입을 전제로 부담한 금전상의 상환의무를 말한
다. 일반용어인 채무와 같은 말이다. 그러나 회계학상으로는 개
념구성이 채무라는 성격보다 훨씬 넓어 타인자본·소극재산·채

C84
负债
fùzhài

권자지분 등으로도 해석된다. 구체적으로는 대차대조표의 대변에 기재되는 항목으로서 자본 이외의 것을 말한다. 부채는 상환 또는 의무의 이행시기가 언제인가에 따라 장기부채와 단기부채로 크게 나눈다.

채무자 회생 및 파산에 관한 법률 제36조(신청서) 회생절차개시의 신청은 다음 각호의 사항을 기재한 서면으로 하여야 한다.
1. 신청인 및 그 법정대리인의 성명 및 주소
2. 채무자가 개인인 경우에는 채무자의 성명·주민등록번호(주민등록번호가 없는 사람의 경우에는 외국인등록번호 또는 국내거소번호를 말한다. 이하 같다) 및 주소
3. 채무자가 개인이 아닌 경우에는 채무자의 상호, 주된 사무소 또는 영업소(외국에 주된 사무소 또는 영업소가 있는 때에는 대한민국에 있는 주된 사무수 뜨는 영업수를 말한다)의 소재지, 채무자의 대표자(외국에 주된 사무소 또는 영업소가 있는 때에는 대한민국에서의 대표자를 말한다. 이하 같다)의 성명
4. 신청의 취지
5. 회생절차개시의 원인
6. 채무자의 사업목적과 업무의 상황
7. 채무자의 발행주식 또는 출자지분의 총수, 자본의 액과 자산, 부채 그 밖의 재산상태

K126
불가항력
손해 또는 사건의 발생원인이 태풍·홍수·지진 등 자연재해, 전시와 사변, 전염병 등 당사자의 통제범위를 초월하여 당사자 어느 누구에게도 책임을 묻기 어려운 사유를 말한다.

민법 제314조(불가항력으로 인한 멸실) ① 전세권의 목적물의 전부 또는 일부가 불가항력으로 인하여 멸실된 때에는 그 멸실된 부분의 전세권은 소멸한다.

C12
不可抗力
bùkěkànglì

K127
불법행위
고의 또는 과실로 인한 위법행위로 타인에게 손해를 가하는 행

C265
违法行为
wéifǎxíngwéi

위를 말하고, 불법행위로 인하여 생긴 손해는 가해자가 배상하여
야 한다.

민법 제750조(불법행위의 내용) 고의 또는 과실로 인한 위법
행위로 타인에게 손해를 가한 자는 그 손해를 배상할 책임이
있다.

K128
불이행
일반적인 의무 불이행은 의무자 자신이 부담하고 있는 의무를
이행하지 않는 것을 말하며, 이로 인해 채무불이행 또는 기타의
위법행위를 성립한다. 행정법상의 의무불이행은 행정주체를 상
대로 급부할 의무를 가진 자가 그 의무를 이행하지 않는 것을 말
한다. 이러한 의무불이행이 있는 경우에는 행정주체는 상대방에
대하여 강제집행을 구할 수 있다.

C13
不履行
bùlǚxíng

민법 제390조(채무불이행과 손해배상) 채무자가 채무의 내용에
좇은 이행을 하지 아니한 때에는 채권자는 손해배상을 청구할
수 있다. 그러나 채무자의 고의나 과실없이 이행할 수 없게 된
때에는 그러하지 아니하다.

K129
불포기
불포기란 포기하지 않는다는 말인데, 예를 들어, 계약에 있어서
당사자의 어느 일방이 특정 계약조항의 엄격한 준수를 요구하지
아니하는 경우가 있다고 하더라도 추후 특정 경우에 해당하는
조항 또는 다른 조항의 엄격한 준수를 요구할 수 있는 권리를 포
기 또는 제한하는 것으로 간주되지 아니한다는 권리불포기조항
(Non-Waiver)이 있다.

C11
不放弃
bùfàngqì

K130
비밀유지
직무상 알게 된 비밀을 타인에게 누설하거나 직무 외의 목적으
로 사용하지 않는 것을 말한다.

C1
保密
bǎomì

K131

비밀유지의무

직무상 알게 된 비밀을 타인에게 누설하거나 직무 외의 목적으로 사용하지 않을 의무를 말한다.

C2

保密义务

bǎomì yìwù

산업기술의 유출방지 및 보호에 관한 법률 제34조(비밀유지의무)

다음 각 호의 어느 하나에 해당하거나 해당하였던 자는 그 직무상 알게 된 비밀을 누설하거나 도용하여서는 아니 된다.

1. 대상기관의 임·직원(교수·연구원·학생을 포함한다)
2. 제9조의 규정에 따라 국가핵심기술의 지정·변경 및 해제 업무를 수행하는 자 또는 제16조에 따라 국가핵심기술의 보호·관리 등에 관한 지원 업무를 수행하는 자
3. 제11조 및 제11조의2에 따라 국가핵심기술의 수출 및 해외 인수·합병등에 관한 사항을 검토하거나 사전검토, 조사업무를 수행하는 자
3의2. 제11조의2 제3항 및 제6항에 따른 해외인수·합병등을 진행하려는 외국인 및 외국인의 임·직원
4. 제15조의 규정에 따라 침해행위의 접수 및 방지 등의 업무를 수행하는 자
5. 제16조 제4항 제3호의 규정에 따라 상담업무 또는 실태조사에 종사하는 자
6. 제17조 제1항의 규정에 따라 산업기술의 보호 및 관리 현황에 대한 실태조사업무를 수행하는 자
7. 제20조 제2항의 규정에 따라 산업보안기술 개발사업자에게 고용되어 산업보안기술 연구개발업무를 수행하는 자
8. 제23조의 규정에 따라 산업기술 분쟁조정업무를 수행하는 자
9. 제33조의 규정에 따라 산업통상자원부장관의 권한의 일부를 위임·위탁받아 업무를 수행하는 자
10. 「공공기관의 정보공개에 관한 법률」에 따른 정보공개 청구, 산업기술 관련 소송 업무 등 대통령령으로 정하는 업무를 수행하면서 산업기술에 관한 정보를 알게 된 자

ㅅ

K132

사업주

그 사업의 경영주체로 근로자를 사용하여 사업을 하는 자를 말한다. 개인기업인 경우에는 기업주 개인이며, 법인인 경우에 법인 그 자체를 말한다. 통상적으로 사업주는 근로계약체결의 당사자로서 근로계약의 명의주체가 된다.

사업주는 근로관계에서 근로기준법상 사용자로서 본래적 의무의 주체가 된다. 따라서 사업주는 일반적으로 근로자와 근로계약을 체결한 근로계약의 한쪽 당사자이지만 반드시 근로계약을 체결할 필요는 없고 실질적으로 근로관계가 있으면 사용자의 위치에 선다.

C118

雇主

gùzhǔ

C304

用人单位

yòngrén dānwèi

K133

사용 승낙

어떠한 권리 또는 물건을 사용할 수 있도록 하는 의사표시를 말한다.

C229

使用承诺

shǐyòng chéngnuò

K134

(상표) 사용권자

상표의 사용권에는 전용사용권과 통상사용권이 있다. 전용사용권을 설정받은 자를 **전용사용권자**라고 하고, 전용사용권자는 설정행위로 정한 범위 내에서 지정상품에 관한 등록상표를 사용할 권리를 독점할 수 있다. 통상사용권을 설정받은 자를 통상사용권자라고 하는데, **통상사용권자**는 설정행위로 정한 범위내에서 지정상품에 관하여 등록상표를 사용할 권리가 있다.

C233

使用权人

shǐyòngquánrén

상표법 제95조(전용사용권) ① 상표권자는 그 상표권에 관하여 타인에게 전용사용권을 설정할 수 있다.
② 업무표장권, 단체표장권 또는 증명표장권에 관하여는 전용사용권을 설정할 수 없다.
③ 제1항에 따른 전용사용권의 설정을 받은 전용사용권자는 그 설정행위로 정한 범위에서 지정상품에 관하여 등록상표를 사용할 권리를 독점한다.

제97조(통상사용권) ① 상표권자는 그 상표권에 관하여 타인에게 통상사용권을 설정할 수 있다.

② 제1항에 따른 통상사용권의 설정을 받은 통상사용권자는 그 설정행위로 정한 범위에서 지정상품에 관하여 등록상표를 사용할 권리를 가진다.

K135

(상표권) 사용기간

상표권을 사용할 수 있는 기간을 말한다.

C232

使用期

shǐyòngqī

K136

사용료

상표권의 사용대가를 말한다.

C231

使用费

shǐyòngfèi

K137

사용제한

어떤 물건이나 권리를 사용함에 있어서 일정한 한도를 정하거나 그것을 넘지 못하게 막는 것을 말한다.

C234

使用限制

shǐyòng xiànzhì

K138

사용지역

어떤 물건이나 권리를 사용할 수 있는 구역, 장소 등을 말한다.

C230

使用地区

shǐyòng dìqū

K139

사임서

맡은 일자리를 내놓고 물러나게 해 줄 것을 요청하는 서면을 말한다.

C44

辞职书

cízhíshū

상법 제386조(결원의 경우) ① 법률 또는 정관에 정한 이사의 원수를 결한 경우에는 임기의 만료 또는 사임으로 인하여 퇴임한 이사는 새로 선임된 이사가 취임할 때까지 이사의 권리의무가 있다.

② 제1항의 경우에 필요하다고 인정할 때에는 법원은 이사, 감사 기타의 이해관계인의 청구에 의하여 일시 이사의 직무를 행할 자를 선임할 수 있다. 이 경우에는 본점의 소재지에서 그 등기를 하여야 한다.

K140

사전 승인

일반적으로 미리 인정한다는 말로, 주로 법률 분야에서 사용하는 용어이다.

C228

事先同意

shìxiāntóngyì

K141

사전서면합의

계약분쟁을 포함한 일정한 법률관계에 관하여 당사자간에 장래 발생할 수 있는 분쟁의 전부 또는 일부를 해결하기로 미리 작성하는 당사자간의 서면형식의 합의를 말한다.

C224

事先書面合意

shìxiān shūmiàn héyì

K142

사채

주식회사가 일반(공중인) 투자자로부터 비교적 장기의 자금을 집단적·대량적으로 조달하기 위하여 발행하는 채권을 말한다. 주식회사가 자금을 조달하는 방법에는 주식발행과 사채발행의 두 가지가 있으나, 사채(社債)의 장점은 발행시 일정한 이자만 제때에 갚으면 되고, 증권시세에 관계없이 지배주주가 필요한 지분을 유지하기 위한 자금을 마련할 필요도 없으며, 원금상환의 경우 장기에 걸쳐 나누어하거나 만기에 동일금액의 사채를 다시 발행(차환발행)하여 갚을 수도 있으므로 실제로 큰 부담이 되지 않는다는 점 등이 있다. 다만, 사채발행액이 자기자본의 일정 한도를 초과하지 못하도록 법정되어 있어 사채와 주식의 발행을 병행하는 것이 보편적이다.

> 상법 제469조(사채의 발행) ① 회사는 이사회의 결의에 의하여 사채를 발행할 수 있다.

C91

公司債券

gōngsī zhàiquàn

K143

사채발행

주식회사가 일반(공중인) 투자자로부터 비교적 장기의 자금을 집단적 대량적으로 조달하기 위하여 법률에 의하여 (직접 또는 간접으로) 부담하는 채무를 표시한 유가증권인 사채를 발행하는 일을 말한다.

C77

发行公司債券

fāxíng gōngsī zhàiquàn

> 상법 제469조(사채의 발행) ① 회사는 이사회의 결의에 의하여 사채를 발행할 수 있다.

K144

사채인수

사채발행에서 간접모집의 한 형태로서 발행회사가 은행이나 증권회사 등 특정회사와 계약을 체결하여 사채총액을 포괄적으로 인수하게 하는 방법이다. 소요자금이 신속·확실하게 조달되는 장점이 있는 반면, 사채인수를 영업으로 할 수 있는 것은 증권업자로 한정되어 있으므로 은행 등이 이러한 방법으로 인수한 채권을 후일 일반에게 매도하려면 반드시 증권회사를 통해야만 하는 번거로움이 있다.

> 담보부사채신탁법 제20조(신탁업자의 사채인수) ① 신탁업자는 신탁계약에서 정하는 바에 따라 사채의 총액을 인수할 수 있다. ② 제1항의 경우에는 제17조와 제19조에 따른 공고를 필요로 하지 아니한다.

C92

公司债券认购

gōngsī zhàiquàn rèngòu

K145

사회보험

국가가 법에 의하여 그 성립을 강제하는 보험제도를 총칭한다. 사회보험은 개인의 사회적 보호를 목적으로 하고 상부상조·사회공동체정신이 사회보험의 기초로 작용하며, 법률규정의 요건이 충족하면 보험가입자의 의사에 관계없이 당연히 보험관계가 성립한다. 현행법에서 우리나라의 사회보험은 국민건강보험, 국민연금, 실업보험, 산업재해보상보험 등이 있다. 이러한 사회보험은 보통의 재산권과는 달리 원칙적으로 그 수급권에 양도·상계·압류·담보가 금지된다.

> 사회보장기본법 제3조(정의) 이 법에서 사용하는 용어의 뜻은 다음과 같다.
> 2. "사회보험"이란 국민에게 발생하는 사회적 위험을 보험의 방식으로 대처함으로써 국민건강과 소득을 보장하는 제도를 말한다.

C220

社会保险

shèhuì bǎoxiǎn

K146

산재보험

근로자의 업무상 재해를 신속히고 공정히게 보상하며, 재해근로자의 재활 및 사회복귀를 촉진하기 위한 보험시설을 설치·운영하고, 재해예방과 그 밖에 근로자의 복지증진을 위한 사업을 시행하기 위한 사회보험을 말하고 산재보험이라 하기도 한다.

> **산업재해보상보험법 제1조(목적)** 이 법은 산업재해보상보험사업을 시행하여 근로자의 업무상의 재해를 신속하고 공정하게 보상하며, 재해근로자의 재활 및 사회복귀를 촉진하기 위하여 이에 필요한 보험시설을 설치·운영하고, 재해예방과 그 밖에 근로자의 복지증진을 위한 사업을 시행하여 근로자보호에 이바지하는 것을 목적으로 한다.

C89

工伤保险

gōngshāng bǎoxiǎn

K147

상관습

상사에 관한 관습을 말한다. 상관습법 외에 별도로 상관습의 개념을 인정할 것인가 여부에 대하여는 견해가 나뉜다. 즉, 상관습의 개념을 별도로 인정하는 견해에 의하면, '사실인 상관습이 사회의 법적 확신에 의하여 인정되었을 때' 비로소 상관습법이 성립하게 되므로 상관습은 법적 확신에 의하여 인정받기 전 단계의 것이며, 따라서 상관습법은 법규범임에 비하여, 상관습은 당사자의 의사표시가 명확하지 않은 경우에 그 의사표시의 해석재료가 됨에 불과하다고 한다.

> **상법 제1조(상사적용법규)** 상사에 관하여 본법에 규정이 없으면 상관습법에 의하고 상관습법이 없으면 민법의 규정에 의한다.

C218

商业惯例

shāngyè guànlì

K148

상당한 기간

채무자가 이행의 준비를 하고 이를 이행함에 필요한 기간을 말하고, 상당한 기간을 정하여 최고하지 않은 경우에는, 상당한 기간이 경과하면 최고의 효과가 발생한다.

C299

一定期限

yīdìng qīxiàn

> 민법 제639조(묵시의 갱신) ① 임대차기간이 만료한 후 임차인이 임차물의 사용, 수익을 계속하는 경우에 임대인이 상당한 기간 내에 이의를 하지 아니한 때에는 전임대차와 동일한 조건으로 다시 임대차한 것으로 본다.

K149

상법상 이사

C66
董事
dǒngshì

상법상 법인에서 일반적으로는 법인의 사무를 집행하며, 원칙적으로 법인을 대표하여 법률행위를 하는 직무권한을 가지는 필요적 상설기관을 말한다. 주식회사에서 이사는 회사의 업무집행기관인 이사회의 구성원에 불과하다. 이사는 주주총회에서 선임되나, 설립 당초의 이사는 발기인 또는 창립총회에서 선임한다. 유한회사의 이사는 이사회를 구성하지 아니하고 각자가 회사업무의 집행기관을 구성한다. 이사의 수는 1인으로도 되며 회사의 설립 전에는 정관으로 특정한 자를 지정할 수 있으나, 회사성립 후에는 사원총회에서 선임한다. 이사는 겸업금지, 자기거래제한 등의 의무를 부담한다. 비영리법인의 경우 사단법인이든 재단법인이든 반드시 이사를 두어야 하며, 이사의 임면방법은 정관의 필요적 기재사항이며, 이사선임행위의 성질은 법인, 이사간의 위임에 비슷한 계약이다. 이사가 직무에 관하여 타인에게 손해를 가한 경우에는 법인 자체의 불법행위로서 법인이 배상할 책임을 진다.

> 상법 제382조(이사의 선임, 회사와의 관계 및 사외이사) ① 이사는 주주총회에서 선임한다.
> ② 회사와 이사의 관계는 「민법」의 위임에 관한 규정을 준용한다.

K150

상여금

C131
奖金
jiǎngjīn

상여금(賞與金)이라 함은 기업이 임원 또는 사용인에게 지급하는 정기의 급여 이외의 급여를 말하는 것으로서, 경영성과나 근로제공의 성과에 대하여 임시적으로 지급되는 급여를 말한다.

> 근로기준법 시행령 제23조(매월 1회 이상 지급하여야 할 임금의
> 예외) 법 제43조 제2항 단서에서 "임시로 지급하는 임금, 수당,
> 그 밖에 이에 준하는 것 또는 대통령령으로 정하는 임금"이란
> 다음 각호의 것을 말한다.
> 1. 1개월을 초과하는 기간의 출근성적에 따라 지급하는 정근
>   수당
> 2. 1개월을 초과하는 일정기간을 계속하여 근무한 경우에 지급
>   되는 근속수당
> 3. 1개월을 초과하는 기간에 걸친 사유에 따라 산정되는 장려
>   금, 능률수당 또는 상여금
> 4. 그 밖에 부정기적으로 지급되는 모든 수당

K151

상표권

지식재산권의 일종으로서 자기의 상품과 타인의 상품을 식별하기 위하여 사용하는 기호, 문자, 도형, 입체적 형상 등으로써 그 구성이나 표현방식에 상관없이 상품의 출처를 나타내기 이하여 사용하는 모든 표시를 말한다. 상표권의 존속기간은 상표권의 설정등록이 있는 날부터 10년으로 하며, 상표권의 존속기간갱신등록신청에 따라 10년씩 갱신할 수 있다. 상표권자는 그 상표권에 관하여 타인에게 전용사용권을 설정할 수 있고, 통상사용권을 설정할 수도 있다.

C212
商标权
shāngbiāoquán

> **상표법 제41조(상표권의 설정등록)** ① 상표권은 설정등록에 의하여 발생한다.
> ② 특허청장은 제34조 제1항 또는 제35조에 따라 상표등록료(제34조 제1항 후단에 따라 분할납부하는 경우에는 1회차 상표등록료를 말한다. 이하 이 항에서 같다)를 납부한 때, 제36조의2 제2항에 따라 상표등록료를 보전한 때 또는 제36조의3 제1항에 따라 상표등록료를 납부하거나 보전한 때에는 상표권을 설정하기 위한 등록을 하여야 한다.
>
> **상법 제18조(상호선정의 자유)** 상인은 그 성명 기타의 명칭으로 상호를 정할 수 있다.

제22조(상호등기의 효력) 타인이 등기한 상호는 동일한 특별시·광역시·시·군에서 동종영업의 상호로 등기하지 못한다.

cf. 상호(商號): 상호는 기업 또는 개인에 대한 식별의 기능을 한다. 이는 인적표지의 하나로 영업의 동일성을 나타내는 기능을 하며 문자로만 이루어지는 것이 특징이다. 또한 상호는 상표와는 달리 상법에 의해 보호를 받는데, 구체적으로 상호를 등기하게 되면 동일지역 내에 동일업종에 대한 법적 효력을 가지게 된다.

K152

상표등록

상표등록은 권리, 즉 상표권을 취득하는 것을 말한다. 상표등록을 하기 위해서는 특허청에 상표등록출원서를 제출하여 심사를 받아 심사 결과 상표등록결정이 내려지면 상표등록을 할 수 있고, 상표등록을 한 경우에는 상표권이 발생하게 된다.

C213

商标注册

shāngbiāo zhùcè

상표법 제36조(상표등록출원) ① 상표등록을 받으려는 자는 다음 각호의 사항을 적은 상표등록출원서를 특허청장에게 제출하여야 한다.
1. 출원인의 성명 및 주소(법인인 경우에는 그 명칭 및 영업소의 소재지를 말한다)
2. 출원인의 대리인이 있는 경우에는 그 대리인의 성명 및 주소나 영업소의 소재지 대리인이 특허법인·특허법인(유한)인 경우에는 그 명칭, 사무소의 소재지 및 지정된 변리사의 성명을 말한다.
3. 상표
4. 지정상품 및 산업통상자원부령으로 정하는 상품류(이하 "상품류"라 한다)
5. 제46조 제3항에 따른 사항(우선권을 주장하는 경우만 해당한다)
6. 그 밖에 산업통상자원부령으로 정하는 사항

K153

상표등록번호

특허, 실용신인, 디자인, 상표를 출원, 등록히면 13지리로 구성된 출원, 등록번호가 생성되는데, 이러한 상표등록시 생성되는 고유 번호를 말한다.

> **상표법 시행규칙 제100조의2(등록상표의 표시)** ① 법 제222조에 따른 등록상표의 표시는 다음 각호의 방법에 따른다.
> 1. "등록상표"라는 문자와 그 등록번호 표시
> 2. 상표등록번호를 게재한 인터넷주소 표시
> ② 제1항에 따른 등록상표의 표시에 대한 구체적인 방법은 특허청장이 정하여 고시한다.

C214
商标注册编号
shāngbiāo
zhùcèbiānhào

C215
商标注册号
shāngbiāo
zhùcèhào

K154

상표등록증

상표권의 설정등록을 하였을 경우에는 특허청장이 산업통상자원부령의 규정에 따라 상표권자에게 발급하는 증서를 말한다.

> **상표법 시행규칙 제55조(상표등록증 등의 발급)** ① 특허청장은 상표권, 단체표장권, 증명표장권 또는 업무표장권의 설정등록을 한 경우에는 법 제81조 제1항에 따라 그 상표권자, 단체표장권자, 증명표장권자 또는 업무표장권자(이하 "상표권자 등"이라 한다)에게 설정등록의 내용에 따라 다음 각호의 어느 하나에 해당하는 등록증을 발급(전자문서에 의한 발급을 포함한다)하여야 한다.
> 1. 별지 제8호 서식의 상표등록증

C216
商标注册证
shāngbiāo
zhùcèzhèng

K155

상품류

국제적으로 또는 국가 차원에서 상품명을 통일하여 일정한 기준에 따라 구분하여 모아둔 것을 상품류라고 한다. 「표장의 등록을 위한 상품 및 서비스의 국제분류에 관한 니스협정(Nice Agreement Concerning the International Classification of Goods and Services for the Purposes of the Registration of Marks)」이른바 "니스(Nice)협정"에 따른 상품 분류 기준인 NICE분류에 따르면

C217
商品类别
shāngpǐn lèibié

총 45개류이고, 각 상품류에 속하는 상품명칭이 구분된다. 산업통상자원부령은 이와 동일하게 총 45개의 상품류를 정하고 있고, 상품류에 속하는 구체적인 지정상품을 정하고 있다.

> **상표법 시행규칙 제28조(상표등록출원)** ① 법 제36조 제1항 제4호에서 "산업통상자원부령으로 정하는 상품"란 별표1에 따른 상품류를 말한다.

K156
서면 동의
다른 자가 어떤 행위를 하면서 찬성의 의사표시를 서면의 형식으로 하는 것을 말한다.

C244
书面同意
shūmiàn tóngyì

K157
서면 통지
어떤 일정한 사실, 처분 또는 의사를 특정한 상대방에게 서면의 형식으로 알리는 것을 말한다. 통지는 원칙적으로 서면, 구두, 사자에 의한 전달 등 모두 가능하지만 법령에서 특히 문서로써 할 것을 요구하는 경우도 있다. 통지라는 용어는 1,400개 이상의 많은 법령에서 쓰이고 있으며 그 법적 효과도 여러 가지이다.

C245
书面通知
shūmiàn tōngzhī

K158
서명날인
서명은 자기가 작성한 서류 등에 그 책임을 밝히기 위하여 자기의 성명을 스스로 기재하는 것을 말하며, 자서(自署)라고도 한다. 날인은 도장을 찍는다는 의미로서, 서류 등을 작성한 경우에 작성자 자신의 의사에 따른 것임을 증명하거나 작성자의 책임을 명확히 하기 위한 행위이며, 작성자 또는 책임자의 도장을 찍는 것을 말한다.

C195
签字盖章
qiānzì gàizhāng

> **공증인법 제37조(글자의 수정·삽입·삭제)** ② 증서에 글자를 삽입할 때에는 삽입한 글자 수와 그 위치를 칸의 밖이나 끝부분 여백에 적고 공증인, 촉탁인 또는 그 대리인과 참여인이 이에 날인하여야 한다.

K159 **선순위** 다른 것보다 앞서는 차례를 말한다.	C311 优先顺序 yōuxiān shùnxù

K160 **선행조건** 선행조건이란 당사자가 계약상 이행해야 할 의무가 있기 전에 또는 거래가 종결(closing)되기 전에 충족되어야 하는 요구사항 을 지정하는 규정을 말한다.	C275 先决条件 xiānjué tiáojiàn C276 先行条件 xiānxíng tiáojiàn

K161 **설립** 법인 기타 단체 등을 성립시키는 것을 말한다. 단순히 물건을 물 리적으로 두는 행위는 그 물건의 보존 또는 관리행위와 비교하 여 설치라고 한다.	C221 设立 shèlì

> 민법 제31조(법인성립의 준칙) 법인은 법률의 규정에 의함이 아
> 니면 성립하지 못한다.
> 제32조(비영리법인의 설립과 허가) 학술, 종교, 자선, 기예, 사교
> 기타 영리 아닌 사업을 목적으로 하는 사단 또는 재단은 주무
> 관청의 허가를 얻어 이를 법인으로 할 수 있다.
> 제33조(법인설립의 등기) 법인은 그 주된 사무소의 소재지에서
> 설립등기를 함으로써 성립한다.

K162 **소멸** 원래는 없어진다는 뜻인데 법령에서는 주로 법률효과, 법적 자 격, 법적 권리, 시효 등이 사라진다는 뜻으로 쓰인다. 단순히 사 실적 의미에서 사라진다는 뜻으로도 쓰일 수 있다	C277 消灭 xiāomiè

> 민법 제192조(점유권의 취득과 소멸) ① 물건을 사실상 지배하
> 는 자는 점유권이 있다.
> ② 점유자가 물건에 대한 사실상의 지배를 상실한 때에는 점유
> 권이 소멸한다. 그러나 제204조의 규정에 의하여 점유를 회수

한 때에는 그러하지 아니하다.

K163
소비대차

당사자의 일방이 금전 기타 대체물의 소유권을 상대방에게 이전할 것을 약정하고 상대방은 그와 같은 종류, 품질 및 수량으로 반환할 것을 약정함으로써 성립하는 계약을 말한다. 일상생활에서 금전의 대차는 여기에 속한다. 임대차 및 사용대차가 목적물 자체를 반환하는 데 대하여 소비대차는 차주가 목적물의 소유권을 취득하고 그것을 소비한 후에 다른 동가치의 물건을 반환하는 점에 차이가 있다.

> 민법 제598조(소비대차의 의의) 소비대차는 당사자 일방이 금전 기타 대체물의 소유권을 상대방에게 이전할 것을 약정하고 상대방은 그와 같은 종류, 품질 및 수량으로 반환할 것을 약정함으로써 그 효력이 생긴다.

C143
借贷
jièdài

K164
소유

특정한 물건(동산, 부동산)에 대한 사용권능, 수익권능, 처분권능이 일괄하여 단일한 권리주체에게 귀속되는 것을 말한다. 법령에서 소유는 소유권, 소유자와 같이 복합어로서 사용되는 경우가 많다. 민법에서 소유권은 소유자가 법률의 범위 내에서 그 소유물을 사용·수익·처분할 권능을 말하며, 목적물을 전면적으로 지배할 수 있는 권리로서 물권 중에서 가장 포괄적인 내용을 가지고 있다.

> 민법 제213조(소유물반환청구권) 소유자는 그 소유에 속한 물건을 점유한 자에 대하여 반환을 청구할 수 있다. 그러나 점유자가 그 물건을 점유할 권리가 있는 때에는 반환을 거부할 수 있다.

C249
所有
suǒyǒu

K165
손해배상

채무불이행이나 불법행위 등과 같이 위법한 행위에 의하여 타인에게 끼친 손해를 전보하여 손해가 없었던 것과 동일한 상태로

C186
赔偿损失
péicháng sǔnshī

회복시키는 것을 말하며, 원상회복주의와 금전배상주의가 있으며 민법은 금전배상주의를 원칙으로 하고 있다. 손해배상의무는 위와 같은 법률의 규정에 의하여 발생하는 것 이외에 당사자간의 계약(손해담보계약·손해보험계약 등)에 의하여 발생할 수도 있다.

C247
损害赔偿
sǔnhài péicháng

> 민법 제390조(채무불이행과 손해배상) 채무자가 채무의 내용에 좇은 이행을 하지 아니한 때에는 채권자는 손해배상을 청구할 수 있다. 그러나 채무자의 고의나 과실없이 이행할 수 없게 된 때에는 그러하지 아니하다.
> 제750조(불법행위의 내용) 고의 또는 과실로 인한 위법행위로 타인에게 손해를 가한 자는 그 손해를 배상할 책임이 있다.

K166

손해배상청구

C248
损害赔偿请求
sǔnhài péicháng qǐngqiú

채무불이행 또는 불법행위의 요건이 충족되어 그 효과로서 생긴 손해의 배상을 청구하는 것을 말한다. 손해배상청구권은 불법행위에 의한 경우, 피해자나 그 법정대리인이 그 손해 및 가해자를 안 날로부터 3년간 행사하지 아니하면 시효로 소멸(소멸시효)하고 또한 불법행위를 한 날로부터 10년이 지나면 역시 소멸한다. 채무불이행에 의한 손해배상청구권의 시효기간은 본래의 채권의 성질에 의하여 정하여지고(가령, 일반 민사채권은 10년이고 상사매매에 있어서의 채무불이행에 의한 손해배상청구권의 소멸시효기간은 5년), 본래의 채권을 행사할 수 있는 때로부터 소멸시효기간의 진행이 개시된다.

> 민법 제390조(채무불이행과 손해배상) 채무자가 채무의 내용에 좇은 이행을 하지 아니한 때에는 채권자는 손해배상을 청구할 수 있다. 그러나 채무자의 고의나 과실없이 이행할 수 없게 된 때에는 그러하지 아니하다.
> 제750조(불법행위의 내용) 고의 또는 과실로 인한 위법행위로 타인에게 손해를 가한 자는 그 손해를 배상할 책임이 있다.

K167
수권

C240
授权
shòuquán

원래 문언 자체로는 권한을 부여한다는 뜻이지만, 법령에서 쓰일 때에는 주로 법률행위에 관하여 대리권을 수여하는 것(授與)을 말한다.

> 민법 제128조(임의대리의 종료) 법률행위에 의하여 수여된 대리권은 전조의 경우 외에 그 원인된 법률관계의 종료에 의하여 소멸한다. 법률관계의 종료 전에 본인이 수권행위를 철회한 경우에도 같다.

K168

수권자본

정관에는 "회사가 발행할 주식총수"만을 기재하고, 회사의 설립 시에는 수권주식 총수 중 일부만이 인수되어도 회사가 성립되고, 나머지에 대하여는 회사의 필요에 따라 이사회결의만으로 신주 발행을 할 수 있게 하는 자본조달제도를 말한다. 여기서 회사가 발행할 수식의 총수를 수권자본이라고 한다.

C241
授权资本
shòuquán zīběn

> 상법 제289조(정관의 작성, 절대적 기재사항) ① 발기인은 정관을 작성하여 다음의 사항을 적고 각 발기인이 기명날인 또는 서명하여야 한다.
> 1. 목적
> 2. 상호
> 3. 회사가 발행할 주식의 총수
> 4. 액면주식을 발행하는 경우 1주의 금액
> 5. 회사의 설립시에 발행하는 주식의 총수
> 6. 본점의 소재지
> 7. 회사가 공고를 하는 방법
> 8. 발기인의 성명·주민등록번호 및 주소

K169

수령

타인으로부터의 금전이나 물건 등의 급여를 받아서 이를 자신의 지배하에 두는 것을 말한다.

C170
领取
lǐngqǔ

> 민법 제491조(공탁물수령과 상대의무이행) 채무자가 채권자의 상대의무이행과 동시에 변제할 경우에는 채권자는 그 의무이행

C237
收到
shōudào

> 을 하지 아니하면 공탁물을 수령하지 못한다.

K170
수선
"수선"이란 낡거나 헌물건을 고치는 것을 말하는데, 임대차에서 임대인은 임대차계약이 존속하는 한 임차인에게 목적물을 사용·수익하는데 필요한 상태를 유지하게 할 수선의무를 진다.

C290
修繕
xiūshàn

> 민법 제309조(전세권자의 유지, 수선의무) 전세권자는 목적물의 현상을 유지하고 그 통상의 관리에 속한 수선을 하여야 한다.
> 제623조(임대인의 의무) 임대인은 목적물을 임차인에게 인도하고 계약존속 중 그 사용, 수익에 필요한 상태를 유지하게 할 의무를 부담한다.

K171
수표
발행인이 지급인(금융기관)에 대하여 수령인 그 밖의 수표의 정당한 소지인에게 일정한 금액의 지급을 위탁하는 유가증권을 말한다. 수표는 어음과 함께 채권을 증권화하여 채권변제를 확실히 하는 동시에, 채권의 유통을 쉽게 하는 수단이다. 즉 수표는 현금의 지급에 갈음하여 발행하는 지급증권으로서 발행인이 스스로 금전을 지급하는 번잡과 위험을 피할 목적으로 금융기관인 은행으로 하여금 현금수수를 하도록 하기 위하여 발행하는 것이다. 위와 같이 수표는 그 본질적인 경제적 기능이 지급기능인 점에서 신용기능을 그 제1차적 기능으로 하고 있는 어음과 근본적으로 차이가 있으며 수표법에는 수표의 신용증권화를 방지하기 위한 여러 규정{인수의 금지(수표법 제4조), 이자기재의 부인(수표법 제7조), 수표의 일람출급성(수표법 제28조 제1항), 단기의 지급제시기간(수표법 제29조), 지급인의 배서 및 보증의 금지(수표법 제15조 제3항, 제25조 제2항), 단기의 시효기간(수표법 제51조)}을 두고 있다.

C329
支票
zhīpiào

> 수표법 제1조(수표의 요건) 수표에는 다음 각 호의 사항을 적어야 한다.

1. 증권의 본문 중에 그 증권을 작성할 때 사용하는 국어로 수 표임을 표시하는 글자
2. 조건 없이 일정한 금액을 지급할 것을 위탁하는 뜻
3. 지급인의 명칭
4. 지급지(支給地)
5. 발행일과 발행지(發行地)
6. 발행인의 기명날인(記名捺印) 또는 서명

제25조(보증의 가능) ① 수표는 보증에 의하여 그 금액의 전부 또는 일부의 지급을 담보할 수 있다.

② 지급인을 제외한 제3자는 제1항의 보증을 할 수 있다. 수표 에 기명날인하거나 서명한 자도 같다.

K172

순사산

자산총액에서 부채액을 차감한 액을 말한다. 순자산액은 부채를 차감한 개념이므로 회사의 재무구조의 건전성 정도를 나타내기 도 하고, 또한 회사의 법률행위 또는 사실행위를 제한하는 한계 기능을 갖기도 한다. 가령, 지주회사의 경우, 지주회사가 보유할 수 있는 부채액은 그 지주회사의 순자산액을 초과하지 못하도록 하는 것이나, 대규모기업집단에 속하는 회사가 다른 국내 회사의 주식을 취득하거나 소유하고자 할 때, 투자할 수 있는 최대금액, 즉 출자한도액(순자산액에 100분의 25를 곱한 금액)의 제한을 받 게 되는데 그 출자한도액을 계산하는 기준이 되는 것 등이 있다. 또한 순자산액은 회사와 회사간 합병에 있어서 그 합병비율을 계산하는 기준이 된다.

> **상법 제360조의18(완전모회사의 자본금의 한도액)** 설립하는 완 전모회사의 자본금은 주식이전의 날에 완전자회사가 되는 회사 에 현존하는 순자산액에서 그 회사의 주주에게 지급할 금액을 뺀 액을 초과하지 못한다.

C152

净资产

jìngzīchǎn

K173

시정요구

발견된 부적합 또는 바람직하지 않은 잠재적 상황의 원인 제거

C156

纠正要求

jiūzhèng yāoqiú

를 요구하는 행위를 말한다.

K174
신설합병

흡수합병에 상대되는 것으로 설립합병이라고도 하며, 합병 당시 회사의 전부가 소멸하고 하나의 새로운 회사가 설립되며, 그 신설회사가 소멸회사의 재산과 사원을 승계·수용하는 방식으로 하는 회사의 합병을 말한다. 신설합병의 경우에는 설립위원이 선임되어 이 설립위원이 정관의 작성 기타 설립에 관한 행위를 공동으로 하여야 한다. 그러나 신설합병은 흡수합병에 비하여 법률관계가 복잡하여 실제에서는 흡수합병이 많이 이용되고 있다.

> 상법 제524조(신설합병의 합병계약서) 합병으로 회사를 설립하는 경우에는 합병계약서에 다음의 사항을 적어야 한다.

C288
新设合并
xīnshè hébìng

K175
신주

회사를 설립한 후 추가로 발행하는 주식을 말한다. 신주발행은 자본금의 증가를 가져오기 때문에 흔히 증자라고 부른다.

> 상법 제416조(발행사항의 결정) 회사가 그 성립 후에 주식을 발행하는 경우에는 다음의 사항으로서 정관에 규정이 없는 것은 이사회가 결정한다. 다만, 이 법에 다른 규정이 있거나 정관으로 주주총회에서 결정하기로 정한 경우에는 그러하지 아니하다.
> 1. 신주의 종류와 수
> 2. 신주의 발행가액과 납입기일
> 2의2. 무액면주식의 경우에는 신주의 발행가액 중 자본금으로 계상하는 금액
> 3. 신주의 인수방법
> 4. 현물출자를 하는 자의 성명과 그 목적인 재산의 종류, 수량, 가액과 이에 대하여 부여할 주식의 종류와 수
> 5. 주주가 가지는 신주인수권을 양도할 수 있는 것에 관한 사항
> 6. 주주의 청구가 있는 때에만 신주인수권증서를 발행한다는 것과 그 청구기간

C283
新股
xīngǔ

K176

신주 인수 대금

신주를 인수한 자(주식인수인)는 인수한 주식의 가액을 회사에 납입할 의무가 있는데, 이때 주식인수인이 회사에 납입하는 주식의 가액을 말한다.

> **상법 제421조(주식에 대한 납입)** ① 이사는 신주의 인수인으로 하여금 그 배정한 주수(株數)에 따라 납입기일에 그 인수한 주식에 대한 인수가액의 전액을 납입시켜야 한다.
> ② 신주의 인수인은 회사의 동의 없이 제1항의 납입채무와 주식회사에 대한 채권을 상계할 수 없다.

C285

新股认购款

xīngǔ rèngòukuǎn

K177

신주발행

회사가 설립된 후 회사가 발행할 주식의 총수 가운데 발행되지 아니한 부분에 대하여 새롭게 주식을 발행하는 모든 형태의 주식발행을 **넓은 의미의 신주발행**이라 한다. **좁은 의미의 신주발행**(통상의 신주발행)은 회사 설립 후, 회사가 발행할 주식 총수의 범위 내에서 회사의 자금 수요에 대응하여 자본금 확충을 위하여 새롭게 주식을 발행하는 형태를 말한다. 넓은 의미의 신주발행에는 준비금의 자본전입(상법 제461조), 주식배당(제462조의2), 전환사채의 전환(제513조)등 자금 조달을 목적으로 하지 않는 특수한 신주발행도 포함된다.

> **상법 제416조(발행사항의 결정)** 회사가 그 성립 후에 주식을 발행하는 경우에는 다음의 사항으로서 정관에 규정이 없는 것은 이사회가 결정한다. 다만, 이 법에 다른 규정이 있거나 정관으로 주주총회에서 결정하기로 정한 경우에는 그러하지 아니하다.
> 1. 신주의 종류와 수
> 2. 신주의 발행가액과 납입기일
> 2의2. 무액면주식의 경우에는 신주의 발행가액 중 자본금으로 계상하는 금액
> 3. 신주의 인수방법
> 4. 현물출자를 하는 자의 성명과 그 목적인 재산의 종류, 수량,

C284

新股发行

xīngǔ fāxíng

가액과 이에 대하여 부여할 주식의 종류와 수

5. 주주가 가지는 신주인수권을 양도할 수 있는 것에 관한 사항

6. 주주의 청구가 있는 때에만 신주인수권증서를 발행한다는 것과 그 청구기간

K178
신주인수계약

회사가 제3자에게 정관에서 정한 내용과 조건에 따라 제3자 배정방식으로 인수인에게 주식을 발행하고, 인수인은 회사가 발행하는 신주를 인수하는 계약을 말한다.

> 상법 제418조(신주인수권의 내용 및 배정일의 지정 · 공고) ② 회사는 제1항의 규정에 불구하고 정관에 정하는 바에 따라 주주 외의 자에게 신주를 배정할 수 있다. 다만, 이 경우에는 신기술의 도입, 재무구조의 개선 등 회사의 경영상 목적을 달성하기 위하여 필요한 경우에 한한다.
> ④ 제2항에 따라 주주 외의 자에게 신주를 배정하는 경우 회사는 제416조 제1호, 제2호, 제2호의2, 제3호 및 제4호에서 정하는 사항을 그 납입기일의 2주 전까지 주주에게 통지하거나 공고하여야 한다.

C286
新股认购协议
xīngǔ rèngòu xiéyì

K179
신회사

새로 설립된 회사를 말한다.

> 채무자 회생 및 파산에 관한 법률 제215조(주식회사 또는 유한회사의 신회사 설립) ① 회생채권자 · 회생담보권자 · 주주 · 지분권자에 대하여 새로 납입 또는 현물출자를 하지 아니하고 주식 또는 출자지분을 인수하게 함으로써 신회사(주식회사 또는 유한회사에 한한다. 이하 이 조에서 같다)를 설립하는 때에는 회생계획에 다음 각호의 사항을 정하여야 한다.
> 1. 신회사의 상호, 목적, 본점 및 지점의 소재지와 공고의 방법
> 2. 신회사가 발행하는 주식 또는 출자지분의 종류와 수
> 3. 1주 또는 출자 1좌의 금액

C282
新公司
xīngōngsī

4. 신회사 설립시에 정하는 신회사가 발행하는 주식 또는 출자지분에 대한 주주의 신주인수권 또는 지분권자의 출자지분인 수권의 제한에 관한 사항과 특정한 제3자에 부여하는 것을 정하는 때에는 이에 관한 사항

5. 회생채권자·회생담보권자·주주·지분권자에 대하여 발행하는 주식 또는 출자지분의 종류 및 수와 그 배정에 관한 사항

6. 그 밖에 신회사의 정관에 기재하는 사항

7. 신회사의 자본 또는 출자액의 준비금의 액

8. 채무자에서 신회사로 이전하는 재산과 그 가액

9. 신회사의 이사·대표이사 및 감사가 될 자나 그 선임 또는 선정의 방법 및 임기. 이 경우 임기는 1년을 넘을 수 없다.

10. 신회사가 사채를 발행하는 때에는 제209조 각호의 사항

② 제1항에 규정된 경우를 제외하고 주식의 포괄적 이전·합병·분할 또는 분할합병에 의하지 아니하고 신회사를 설립하는 때에는 회생계획에 다음 각호의 사항을 정하여야 한다.

1. 제1항 제1호 내지 제3호, 제6호 및 제8호 내지 제10호의 사항

2. 신회사설립 당시 발행하는 주식 또는 출자지분의 종류 및 수와 회생채권자·회생담보권자 또는 주주·지분권자에 대하여 새로 납입 또는 현물출자를 하게 하거나 하게 하지 아니하고 주식 또는 출자지분을 인수하게 하는 때에는 제1항 제5호의 사항

3. 새로 현물출자를 하는 자가 있는 때에는 그 성명 및 주민등록번호, 출자의 목적인 재산, 그 가액과 이에 대하여 부여하는 주식 또는 출자지분의 종류와 수

K180

실용신안

기술적 사상의 수준이 특허의 보호대상인 발명에 미치지 못하는 소발명이라고도 일컫는 고안에 대해서 특허와는 분리하여 실용신안법에 의해서 보호하는 것을 말한다.

> **실용신안법 제1조(목적)** 이 법은 실용적인 고안을 보호·장려하고 그 이용을 도모함으로써 기술의 발전을 촉진하여 산업발전

C235

实用新型

shíyòng xīnxíng

에 이바지함을 목적으로 한다.

제2조(정의) 이 법에서 사용하는 용어의 뜻은 다음과 같다.

1. "고안"이란 자연법칙을 이용한 기술적 사상의 창작을 말한다.

2. "등록실용신안"이란 실용신안등록을 받은 고안을 말한다.

3. "실시"란 고안에 관한 물품을 생산·사용·양도·대여 또는
   수입하거나 그 물품의 양도 또는 대여의 청약(양도 또는 대여
   를 위한 전시를 포함한다. 이하 같다)을 하는 행위를 말한다.

K181

실용신안권

실용신안을 실용신안법에 따라 등록하여, 이를 일정기간 독점적, 배타적으로 이용할 수 있는 권리이다.

> 실용신안법 제21조(실용신안권의 설정등록 및 등록공고) ① 실용 신안권은 설정등록에 의하여 발생한다.

C236
实用新型权
shíyòng xīnxíngquán

O

K182

액면금

증권(상)에 표시된 권리의 명목상 가치를 표시하기 위해 증권의 권면(券面)에 기재된 금액을 말한다.

C187
票额
piào'é

C188
票面金额
piàomiàn jīn'é

K183

액면주식

주식의 권면에 1주의 금액이 기재된 주식으로, 상법에서는 과거 액면주식만을 주식으로 인정하였으나, 2011년 상법 개정으로 발행회사가 정관으로 정한 경우 주식의 전부를 주식수만 기재하는 무액면주식으로 발행할 수 있게 되었다.

C307
有面值股份
yǒumiànzhí gǔfèn

C308
有面值股票
yǒumiànzhí gǔpiào

상법 제289조(정관의 작성, 절대적 기재사항) ① 발기인은 정관을 작성하여 다음의 사항을 적고 각 발기인이 기명날인 또는 서명하여야 한다.
1. 목적
2. 상호
3. 회사가 발행할 주식의 총수
4. 액면주식을 발행하는 경우 1주의 금액

K184
양도
권리나 재산, 법률에서의 지위 등을 제3자에게 넘겨주는 것을 말한다.

C344
转让
zhuǎnràng

K185
양도 계약
권리나 재산, 법률에서의 지위 등을 제3자에게 넘겨주는 계약을 말한다.

C348
转让合同
zhuǎnràng hétong

K186
양도담보권
양도담보는 채권담보의 목적으로 채무자가 채권자에게 특정한 부동산 등의 소유권을 양도하고, 채무자가 채무를 이행하지 않는 경우에 채권자가 목적물을 취득함으로써 우선변제를 받을 수 있도록 하고, 채무자가 이행을 하는 경우에는 목적물을 채무자에게 반환하는 방법에 의한 담보를 말한다.

C346
转让担保权
zhuǎnràng
dānbǎoquán

K187
양도인
자신의 권리나 재산, 법률에서의 지위 등을 제3자(양수인)에게 양도하고자 하는 자를 말한다.

C349
转让人
zhuǎnràngrén

K188
양수도(讓受渡)
양도와 양수를 한번에 일컫는 말이다.

C242
受让及转让
shòuràng jí
zhuǎnràng

K189
양수도 대금
권리나 재산, 지위 등을 제3자(양수인)에게 양도할 때 그 양도하는 대가로 받는 금액을 말한다. 양도대금이라고도 할 수 있다.

C347
转让对价
zhuǎnràng duìjià

K190
양수인
타인의 권리나 재산, 법률에서의 지위 등을 제3자(양도인)로부터 양수하는 자를 말한다.

C243
受让人
shòuràngrén

K191
어음
일정한 금전의 지급을 약속하거나(약속어음), 제3자(지급인)에게 금전지급을 위탁하는(환어음) 유가증권을 말한다.

C202
期票
qīpiào

K192
업무보증관계증서
공인중개사법에 따른 손해배상책임제도 및 업무보증제도에 따라 발급되는 공제증서를 말한다.

C297
业务保证关系证书
yèwù bǎozhèng guānxì zhèngshū

K193
업무집행지시자
회사의 업무를 집행할 권한이 있는 것으로 인정될 만한 명칭을 사용하여 회사의 업무 집행을 지시하거나 직접 업무를 집행하는 자를 말한다.

C298
业务执行指示者
yèwù zhíxíng zhǐshìzhě

> 상법 제401조의2(업무집행지시자 등의 책임) ① 다음 각호의 어느 하나에 해당하는 자가 그 지시하거나 집행한 업무에 관하여 제399조, 제401조, 제403조 및 제406조의2를 적용하는 경우에는 그 자를 "이사"로 본다.
> 1. 회사에 대한 자신의 영향력을 이용하여 이사에게 업무집행을 지시한 자
> 2. 이사의 이름으로 직접 업무를 집행한 자
> 3. 이사가 아니면서 명예회장·회장·사장·부사장·전무·상무·이사 기타 회사의 업무를 집행할 권한이 있는 것으로 인정될 만한 명칭을 사용하여 회사의 업무를 집행한 자

② 제1항의 경우에 회사 또는 제3자에 대하여 손해를 배상할 책임이 있는 이사는 제1항에 규정된 자와 연대하여 그 책임을 진다.

K194

연소근로자

일정한 연령에 달하지 않은 근로자를 말한다. 근로기준법에 따르면, 사용자는 15세 미만인 사람을 근로자로 사용하지 못한다.

> 근로기준법 제64조(최저연령과 취직인허증) ① 15세 미만인 사람(「초·중등교육법」에 따른 중학교에 재학 중인 18세 미만인 사람을 포함한다)은 근로자로 사용하지 못한다. 다만, 대통령령으로 정하는 기준에 따라 고용노동부장관이 발급한 취직인허증(就職認許證)을 지닌 사람은 근로자로 사용될 수 있다.
> 제66조(연소자증명서) 사용자는 18세 미만인 사람에 대하여는 그 연령을 증명하는 가족관계기록사항에 관한 증명서와 친권자 또는 후견인의 동의서를 사업장에 갖추어 두어야 한다.

C263

未成年劳动者

wèichéngnián

láodòngzhě

K195

연차유급휴가

1년간 80퍼센트 이상 출근한 근로자에게 주어지는 유급휴가를 말한다.

> 근로기준법 제60조(연차유급휴가) ① 사용자는 1년간 80퍼센트 이상 출근한 근로자에게 15일의 유급휴가를 주어야 한다.
> ② 사용자는 계속하여 근로한 기간이 1년 미만인 근로자 또는 1년간 80퍼센트 미만 출근한 근로자에게 1개월 개근시 1일의 유급휴가를 주어야 한다.
> ③ 삭제
> ④ 사용자는 3년 이상 계속하여 근로한 근로자에게는 제1항에 따른 휴가에 최초 1년을 초과하는 계속근로연수 매 2년에 대하여 1일을 가산한 유급휴가를 주어야 한다. 이 경우 가산휴가를 포함한 총 휴가 일수는 25일을 한도로 한다.
> ⑤ 사용자는 제1항부터 제4항까지의 규정에 따른 휴가를 근로

C51

带薪年休假

dàixīn niánxiūjià

자가 청구한 시기에 주어야 하고, 그 기간에 대하여는 취업규칙 등에서 정하는 통상임금 또는 평균임금을 지급하여야 한다. 다만, 근로자가 청구한 시기에 휴가를 주는 것이 사업운영에 막대한 지장이 있는 경우에는 그 시기를 변경할 수 있다.

⑥ 제1항 및 제2항을 적용하는 경우 다음 각호의 어느 하나에 해당하는 기간은 출근한 것으로 본다.

1. 근로자가 업무상의 부상 또는 질병으로 휴업한 기간
2. 임신 중의 여성이 제74조 제1항부터 제3항까지의 규정에 따른 휴가로 휴업한 기간
3. 「남녀고용평등과 일·가정 양립 지원에 관한 법률」 제19조 제1항에 따른 육아휴직으로 휴업한 기간

⑦ 제1항·제2항 및 제4항에 따른 휴가는 1년간(계속하여 근로한 기간이 1년 미만인 근로자의 제2항에 따른 유급휴가는 최초 1년의 근로가 끝날 때까지의 기간을 말한다) 행사하지 아니하면 소멸된다. 다만, 사용자의 귀책사유로 사용하지 못한 경우에는 그러하지 아니하다.

K196

영업비밀

공공연히 알려져 있지 아니하고 독립된 경제적 가치를 가지는 것으로서, 비밀로 관리된 생산방법, 판매방법, 그 밖에 영업활동에 유용한 기술상 또는 경영상의 정보를 말한다.

C219

商业秘密

shāngyè mìmì

> 부정경쟁방지 및 영업비밀보호에 관한 법률 제2조(정의) 이 법에서 사용하는 용어의 뜻은 다음과 같다.
> 2. "영업비밀"이란 공공연히 알려져 있지 아니하고 독립된 경제적 가치를 가지는 것으로서, 비밀로 관리된 생산방법, 판매방법, 그 밖에 영업활동에 유용한 기술상 또는 경영상의 정보를 말한다.
> 3. "영업비밀침해행위"란 다음 각목의 어느 하나에 해당하는 행위를 말한다.
>   가. 절취(竊取), 기망(欺罔), 협박, 그 밖의 부정한 수단으로

영업비밀을 취득하는 행위(이하 "부정취득행위"라 한다) 또는 그 취득한 영업비밀을 사용하거나 공개(비밀을 유지하면서 특정인에게 알리는 것을 포함한다. 이하 같다)하는 행위

나. 영업비밀에 대하여 부정취득행위가 개입된 사실을 알거나 중대한 과실로 알지 못하고 그 영업비밀을 취득하는 행위 또는 그 취득한 영업비밀을 사용하거나 공개하는 행위

다. 영업비밀을 취득한 후에 그 영업비밀에 대하여 부정취득행위가 개입된 사실을 알거나 중대한 과실로 알지 못하고 그 영업비밀을 사용하거나 공개하는 행위

라. 계약관계 등에 따라 영업비밀을 비밀로서 유지하여야 할 의무가 있는 자가 부정한 이익을 얻거나 그 영업비밀의 보유자에게 손해를 입힐 목적으로 그 영업비밀을 사용하거나 공개하는 행위

마. 영업비밀이 라목에 따라 공개된 사실 또는 그러한 공개행위가 개입된 사실을 알거나 중대한 과실로 알지 못하고 그 영업비밀을 취득하는 행위 또는 그 취득한 영업비밀을 사용하거나 공개하는 행위

바. 영업비밀을 취득한 후에 그 영업비밀이 라목에 따라 공개된 사실 또는 그러한 공개행위가 개입된 사실을 알거나 중대한 과실로 알지 못하고 그 영업비밀을 사용하거나 공개하는 행위

K197

외국인투자촉진법

외국인투자자를 지원하고 외국인투자자에 편의를 제공하여 외국인투자 유치를 촉진함으로써 국민경제의 건전한 발전에 이바지함을 목적으로 하는 법률을 말한다.

C260

外国人投资促进法

wàiguórén
tóuzīcùjìnfǎ

K198

외국환거래법

외국환거래와 그 밖의 대외거래의 자유를 보장하고 시장기능을 활성화 하여 대외거래의 원활화 및 국제수지의 균형과 통화가치

C261

外汇交易法

wàihuì jiāoyìfǎ

의 안정을 도모함으로써 국민경제의 건전한 발전에 이바지함을
목적으로 하는 법률을 말한다.

K199

우발채무

현재 채무로 확정되지 않았으나 장차 특정한 상태가 발생하면
채무로 확정될 가능성이 있는 불확실한 채무를 말한다. 보증채무
등이 그 예이다.

C183

偶发债务

ǒufā zhàiwù

K200

우선매수권

다른 사람보다 앞서 매수할 수 있는 권리를 말한다.

> 민사집행법 제140조(공유자의 우선매수권) ① 공유자는 매각기
> 일까지 제113조에 따른 보증을 제공하고 최고매수신고가격과
> 같은 가격으로 채무자의 지분을 우선매수하겠다는 신고를 할
> 수 있다.
> 제206조(배우자의 우선매수권) ① 제190조의 규정에 따라 압류
> 한 유체동산을 매각하는 경우에 배우자는 매각기일에 출석하여
> 우선매수할 것을 신고할 수 있다.

C309

优先购买权

yōuxiān
gòumǎiquán

K201

우선주

우선주식은 이익배당 또는 잔여재산분배에 관하여 다른 종류의
주식보다 우선하는 지위가 인정된 주식이다.

C310

优先股

yōuxiāngǔ

K202

원리금

원금에 이자를 합한 금액을 말한다.

C7

本息

běnxī

K203

원상복구의무(원상회복의무)

원래의 상태로 회복하여야 하는 의무를 말한다. 임대차 또는 사
용대차계약에서, 차주가 목적물을 반환하는 때 또는 계약해제시,
이를 원상에 회복하여야 하는 의무를 말한다.

C129

恢复原状义务

huīfù yuánzhuàng
yìwù

민법 제316조(원상회복의무, 매수청구권) ① 전세권이 그 존속
기간의 만료로 인하여 소멸한 때에는 전세권자는 그 목적물을
원상에 회복하여야 하며 그 목적물에 부속시킨 물건은 수거할
수 있다. 그러나 전세권설정자가 그 부속물건의 매수를 청구한
때에는 전세권자는 정당한 이유없이 거절하지 못한다.
제548조(해제의 효과, 원상회복의무) ① 당사자 일방이 계약을
해제한 때에는 각 당사자는 그 상대방에 대하여 원상회복의 의
무가 있다. 그러나 제삼자의 권리를 해하지 못한다.
② 전항의 경우에 반환할 금전에는 그 받은 날로부터 이자를
가하여야 한다.

K204
유사
성격, 모습 등이 비슷한 것을 말한다.

C168
类似
lèisi

K205
유상증자
신주를 발행함으로써 회사의 자본금을 늘리는 것을 말한다.

C306
有偿增资
yǒucháng zēngzī

K206
유치권
유치권이란 타인의 물건 또는 유가증권을 점유한 자가 그 물건
이나 유가증권에 관하여 생긴 채권이 변제기에 있는 경우에는
변제를 받을 때까지 그 물건 또는 유가증권을 유치할 권리를 말
한다.

C174
留置权
liúzhìquán

민법 제320조(유치권의 내용) ① 타인의 물건 또는 유가증권을
점유한 자는 그 물건이나 유가증권에 관하여 생긴 채권이 변제
기에 있는 경우에는 변제를 받을 때까지 그 물건 또는 유가증
권을 유치할 권리가 있다.
② 전항의 규정은 그 점유가 불법행위로 인한 경우에 적용하지
아니한다.

상법 제58조(상사유치권) 상인간의 상행위로 인한 채권이 변제

> 기에 있는 때에는 채권자는 변제를 받을 때까지 그 채무자에
> 대한 상행위로 인하여 자기가 점유하고 있는 채무자 소유의 물
> 건 또는 유가증권을 유치할 수 있다. 그러나 당사자간에 다른
> 약정이 있으면 그러하지 아니하다.

K207

의결권부주식(議決權株, voting stock)

주주가 총회에 출석하여 결의에 참가할 수 있는 권리를 가진 주
식을 말한다.

C305

有表决权的股票
yǒubiǎojuéquánde
gǔpiào

> **상법 제369조(의결권)** ① 의결권은 1주마다 1개로 한다.
> ② 회사가 가진 자기주식은 의결권이 없다.
> ③ 회사, 모회사 및 자회사 또는 자회사가 다른 회사의 발행주식
> 의 총수의 10분 의1을 초과하는 주식을 가지고 있는 경우 그 다른
> 회사가 가지고 있는 회사 또는 모회사의 주식은 의결권이 없다.

K208

의무불이행

계약 등으로 발생하는 의무를 이행하지 않는 것을 말한다. 채무
불이행이라고도 말한다.

C15

不履行义务
bùlǚxíng yìwù

K209

의장권

디자인을 고안 설계하고 의장법에 의해 등록하여 이 디자인을
일정기간 독점적, 배타적으로 이용할 수 있는 권리이다. 의장이
란 물품의 형상, 모양, 색채 또는 이들을 결합한 것으로서 시각
을 통하여 미감을 일으키는 것을 말한다. 지식재산권의 일종이며
무체재산권의 성질을 지닌 사권(私權)이다. 이 권리는 등록함으
로써 발생하며, 의장권자는 그 등록의장으로 된 물건을 생활수단
으로 제작, 사용, 판매할 권리를 독점한다. 존속기간은 의장법에
8년으로 되어 있으나, 세법상은 5년으로 규정되어 있다.

C258

外观设计权
wàiguān shèjìquán

C259

外观设计专利权
wàiguān shèjì
zhuānlìquán

> **디자인보호법 제1조(목적)** 이 법은 디자인의 보호와 이용을 도
> 모함으로써 디자인의 창작을 장려하여 산업발전에 이바지함을
> 목적으로 한다.

K210	C67
이사회	董事会
1인 이상의 이사가 모여 회사의 업무집행에 관한 의사를 결정하는 회사의 기관이다.	dǒngshìhuì

K211	C62
이연법인세(移延法人稅)	递延法人税借贷
이연법인세란 회계상의 이익과 과세표준과의 차이가 일시적일 경우 그 차이로 인한 세금효과를 이연하는 것을 말한다.	dìyán fǎrénshuì jièdài

K212	C175
이자	利息
타인에게 금전을 차용한 대가로 치르는 일정한 비율의 돈을 말한다.	lìxī

K213	C303
이전	移转
자신의 권리 등을 제3자에게 넘겨주는 것을 말한다.	yízhuǎn

K214	C33
이중 양도	重复转让
양도인이 동일한 권리를 2인 이상의 양수인에게 이중으로 양도하는 것을 말한다.	chóngfùzhuǎnràng

K215	C291
인가	许可
행정객체가 제3자와 하는 법률행위를 보충함으로써 그 법률행위의 효력을 완성시켜주는 행정행위를 말한다.	xǔkě

K216	C85
인감날인	盖印鉴章
계약서에 인감으로 날인하는 것을 말한다.	gàiyìn jiànzhāng

K217	C302
인감증명서	印鉴证明书
문서에 찍은 인감이 행정청 등에 등록되어 있는 것과 같은 것임을 증명하기 위하여 사용되는 문서를 말한다.	yìnjiàn zhèngmíngshū

K218 인도 민법상 점유를 이전하는 것을 말한다.	C137 交付 jiāofù
K219 인수 물건, 권리 또는 의무를 넘겨받는 것을 말한다.	C238 收购 shōugòu
K220 인수 종결 물건, 권리 또는 의무를 넘겨받는 것이 완료된 상황을 말한다.	C239 收购终结 shōugòu zhōngjié
K221 인수대금 기업이나 주식을 인수하는 금액을 말한다.	C210 认购价款 rèngòu jiàkuǎn
K222 인수자 물건이나 권리를 건네받는 사람을 말한다.	C211 认购方 rèngòufāng
K223 인허가 공공질서의 유지나 공공복리의 증진을 위해 특정 영업, 사업, 업무 그 밖의 행위를 함에 있어서 행정관청의 일정한 행위(허가, 인가, 면허 등)나 행정관청에 대하여 일정한 행위(등록, 신고 등)를 요건으로 하는 것으로, 그러한 목적을 위해서 국민의 사회, 경제 생활상의 자유 또는 권리를 제한하거나 의무를 부과하는 제도를 말한다.	C291 许可 xǔkě
K224 임금 사용자가 근로의 대가로 근로자에게 임금, 봉급, 그 밖에 어떠한 명칭으로든지 지급하는 모든 금품을 말한다.	C93 工资 gōngzī

근로기준법 제2조(정의) ① 이 법에서 사용하는 용어의 뜻은 다음과 같다.

5. "임금"이란 사용자가 근로의 대가로 근로자에게 임금, 봉급, 그 밖에 어떠한 명칭으로든지 지급하는 모든 금품을 말한다.
6. "평균임금"이란 이를 산정하여야 할 사유가 발생한 날 이전 3개월 동안에 그 근로자에게 지급된 임금의 총액을 그 기간의 총일수로 나눈 금액을 말한다. 근로자가 취업한 후 3개월 미만인 경우도 이에 준한다.

K225

임금지급일

매달 월급을 지급하는 일자를 말한다.

C94

工资支付日

gōngzī zhīfùrì

K226

임대인

돈을 받고 다른 사람(임차인)에게 임대차계약에서이 목적물을 빌려주고, 그 대가로 차임을 받기로 한 사람을 말한다.

C42

出租方

chūzūfāng

K227

임대차

임대인이 임차인에게 목적물의 사용·수익을 목적으로 하여 대가(차임)를 지급받는 것을 약정함으로써 성립하는 계약을 말한다.

C362

租赁

zūlìn

K228

임대차기간

임대차계약에서 정한 사용기간을 말한다.

C364

租赁期间

zūlìn qījiān

K229

임시주주총회

정기주주총회가 매년 1회 일정한 시기에 소집되는 데 반해, 필요한 경우에 수시로 소집될 수 있는 주주총회를 말한다.

C172

临时股东大会

línshí gǔdōngdàhuì

상법 제365조(총회의 소집) ① 정기총회는 매년 1회 일정한 시기에 이를 소집하여야 한다.
② 연 2회 이상의 결산기를 정한 회사는 매기에 총회를 소집하여야 한다.
③ 임시총회는 필요 있는 경우에 수시 이를 소집한다.

K230
임차권 양도
임내차계약에서 정한 임차권을 제3자에게 이전하여, 제3자가 임대차계약에서 정한 목적물을 사용·수익할 수 있게 하는 것을 말한다.

C345
转让租赁权
zhuǎnràng
zūlìnquán

K231
임차인
임대차 계약에서 임대인 소유의 임차물을 사용·수익하고, 그 대가로 차임을 지급하기로 하는 한쪽 당사자를 말한다.

> 민법 제618조(임대차의 의의) 임대차는 당사자 일방이 상대방에게 목적물을 사용, 수익하게 할 것을 약정하고 상대방이 이에 대하여 차임을 지급할 것을 약정함으로써 그 효력이 생긴다.

C26
承租方
chéngzūfāng

C27
承租人
chéngzūrén

K232
임차주택
임대차 계약의 목적물이 되는 주택을 말한다. 주택임대차 보호법은 주거용 건물의 전부 또는 일부의 임대차에 대해서 뿐만 아니라 일부분이 주거 이외의 목적으로 사용되는 경우에도 적용된다.

> 주택임대차보호법 제1조(목적) 이 법은 주거용 건물의 임대차(賃貸借)에 관하여 「민법」에 대한 특례를 규정함으로써 국민주거생활의 안정을 보장함을 목적으로 한다.
> 제2조(적용 범위) 이 법은 주거용 건물(이하 "주택"이라 한다)의 전부 또는 일부의 임대차에 관하여 적용한다. 그 임차주택(賃借住宅)의 일부가 주거 외의 목적으로 사용되는 경우에도 또한 같다.

C43
出租房屋
chūzū fángwū

C363
租赁房屋
zūlìn fángwū

K233
잉여액
강제집행에서는 경매의 낙찰금에서 배당받을 채권자에게 배당하고 남은 금액을 말하고, 상법에서는 대차대조표상의 순자산액으로부터 자본금의 액을 뺀 액을 말한다.

> 상법 제287조의37(잉여금의 분배) ① 유한책임회사는 대차대조

C209
仍有余额
réngyǒu yú'é

C301
盈余
yíngyú

표상의 순자산액으로부터 자본금의 액을 뺀 액(이하 이 조에서 "잉여금"이라 한다)을 한도로 하여 잉여금을 분배할 수 있다.
제459조(자본준비금) ① 회사는 자본거래에서 발생한 잉여금을 대통령령으로 정하는 바에 따라 자본준비금으로 적립하여야 한다.

C312
余額
yú'é

ㅈ

K234

자본금

보통 기업의 출자자가 기업에 출자한 금액을 말하며, 기업의 형태에 따라 그 내용은 다르다. 개인기업의 경우는 기업주의 순재산액을 가리키며 합명회사에 있어서는 사원의 출자금을 말한다. 또한 주식회사에서의 경우에는 회사자산을 사내에 확보시키는 최소한도액을 말한다.

C358
资本金
zīběnjīn

> 상법 제451조(자본금) ① 회사의 자본금은 이 법에서 달리 규정한 경우 외에는 발행주식의 액면총액으로 한다.
> ② 회사가 무액면주식을 발행하는 경우 회사의 자본금은 주식 발행가액의 2분의 1 이상의 금액으로서 이사회(제416조 단서에서 정한 주식발행의 경우에는 주주총회를 말한다)에서 자본금으로 계상하기로 한 금액의 총액으로 한다. 이 경우 주식의 발행가액 중 자본금으로 계상하지 아니하는 금액은 자본준비금으로 계상하여야 한다.
> ③ 회사의 자본금은 액면주식을 무액면주식으로 전환하거나 무액면주식을 액면주식으로 전환함으로써 변경할 수 없다.

K235

자산

기업회계상에서의 자산은 자본의 구체적인 존재 형태를 말하는 것으로, 회계상으로는 유동자산·고정자산·이연자산으로 나뉜다. **유동자산**은 기업과 시장 사이를 교류하며 1년 이내에 현금화

C359
资产
zīchǎn

되는 회전속도가 빠른 자산인데, 다시 당좌자산(當座資産)과 재고자산(在庫資産)으로 나뉜다. **당좌자산**은 바로 현금화할 수 있는 자산으로 현금·예금·받을어음·외상매출금, 일시적 소유를 목적으로 한 유가증권 등으로 이루어진다. **재고자산**은 제조·판매 등의 과정을 거쳐 현금화할 수 있는 것으로, 상품·원재료·재공품(在工品)·반제품 등으로 구성된다. **고정자산**은 기업 내부에서 장기간 사용하며 원칙적으로 1년 이내에는 현금화되지 않는 회전속도가 느린 자산을 말한다. **이연자산**은 이미 지출한 비용 가운데 다음 회계 기간의 비용에 해당하는 것을 그 기간의 자산으로 처리하는 부분을 가리킨다.

> 상법 제462조(이익의 배당) ① 회사는 대차대조표의 순자산액으로부터 다음의 금액을 공제한 액을 한도로 하여 이익배당을 할 수 있다.
> 1. 자본금의 액
> 2. 그 결산기까지 적립된 자본준비금과 이익준비금의 합계액
> 3. 그 결산기에 적립하여야 할 이익준비금의 액
> 4. 대통령령으로 정하는 미실현이익

K236
잔금

C266
尾款
wěikuǎn

부동산 등을 거래할 때 계약금과 중도금에 이어 최종적으로 지급하는 돈을 말한다. 통상 아파트, 상가 등 '선분양, 후입주'로 진행되는 건축물의 분양에서는 건축물을 분양 받고 입주할 때까지 평균 2~3년의 기간이 소요되는데, 이 기간 동안 계약금, 중도금, 잔금을 나누어 지급하게 된다.

> [판례] 매수인이 선이행하여야 할 중도금 지급을 하지 아니한 채 잔대금지급일을 경과한 경우에는 매수인의 중도금 및 이에 대한 지급일 다음날부터 잔대금지급일까지의 지연손해금과 잔대금지급채무는 매도인의 소유권이전등기의무와 특별한 사정이 없는 한 동시이행관계이다(대법원 1991. 3. 27. 선고, 90다19930 판결).

K237

장기수선충당금

아파트 노후화를 막는 공사에 쓸 수 있도록 개별 호실의 소유주들로부터 걷어 적립해두는 금액으로서 장기수선충당금 지출은 미리 장기수선계획을 수립한 뒤 이에 따라 실행되어야 한다. 장기수선충당금은 소유주가 내는 것이 원칙이므로, 임차인은 관리비에 부과된 장기수선충당금을 이사할 때 보증금과 별도로 돌려받을 수 있다.

> **공동주택관리법 제30조(장기수선충당금의 적립)** ① 관리주체는 장기수선계획에 따라 공동주택의 주요시설의 교체 및 보수에 필요한 장기수선충당금을 해당주택의 소유자로부터 징수하여 적립하여야 한다.
> ② 장기수선충당금의 사용은 장기수선계획에 따른다. 다만, 해당 공동주택의 입주자 과반수의 서면동의가 있는 경우에는 다음 각 호의 용도로 사용할 수 있다.
> 1. 제45조에 따른 조정 등의 비용
> 2. 제48조에 따른 하자진단 및 감정에 드는 비용
> 3. 제1호 또는 제2호의 비용을 청구하는 데 드는 비용
> ③ 제1항에 따른 주요 시설의 범위, 교체·보수의 시기 및 방법 등에 필요한 사항은 국토교통부령으로 정한다.
> ④ 장기수선충당금의 요율·산정방법·적립방법 및 사용절차와 사후관리 등에 필요한 사항은 대통령령으로 정한다.

C24

长期维修准备金
chángqī wéixiū
zhǔnbèijīn

K238

재건축

재건축은 기존의 낡은 아파트나 연립주택지구를 허물고 다시 짓는 것으로서 정비기반시설은 양호하나 노후·불량건축물에 해당하는 공동주택이 밀집한 지역에서 주거환경을 개선하기 위해 이뤄지는 사업이다.

> **도시 및 주거환경정비법 제2조(정의)** 이 법에서 사용하는 용어의 뜻은 다음과 같다.
> 2. "정비사업"이란 이 법에서 정한 절차에 따라 도시기능을 회복

C34

重建
chóngjiàn

하기 위하여 정비구역에서 정비기반시설을 정비하거나 주택 등 건축물을 개량 또는 건설하는 다음 각목의 사업을 말한다.

가. 주거환경개선사업: (생략)

나. 재개발사업: (생략)

다. 재건축사업: 정비기반시설은 양호하나 노후·불량건축물에 해당하는 공동주택이 밀집한 지역에서 주거환경을 개선하기 위한 사업. 이 경우 다음 요건을 모두 갖추어 시행하는 재건축사업을 "공공재건축사업"이라 한다.

　1) 시장·군수 등 또는 토지주택공사 등(조합과 공동으로 시행하는 경우를 포함한다)이 제25조 제2항 또는 제26조 제1항에 따른 재건축사업의 시행자나 제28조 제1항에 따른 재건축사업의 대행자(이하 "공공재건축사업 시행자"라 한다)일 것

　2) 종전의 용적률, 토지면적, 기반시설 현황 등을 고려하여 대통령령으로 정하는 세대수 이상을 건설·공급할 것. 다만, 제8조 제1항에 따른 정비구역의 지정권자가 「국토의 계획 및 이용에 관한 법률」 제18조에 따른 도시·군기본계획, 토지이용 현황 등 대통령령으로 정하는 불가피한 사유로 해당하는 세대수를 충족할 수 없다고 인정하는 경우에는 그러하지 아니하다.

K239

재결

행정청의 이의신청, 재결의 신청 또는 행정심판의 청구 등에 대하여 재결청이 쟁송절차에 따라 판단을 하는 처분이다.

> **행정심판법 제2조(정의)** 이 법에서 사용하는 용어의 뜻은 다음과 같다.
> 3. "재결(裁決)"이란 행정심판의 청구에 대하여 제6조에 따른 행정심판위원회가 행하는 판단을 말한다.

C17

裁決

cáijué

K240

재무실사

실사(Duediligence)란 지분 혹은 자본구조의 중대한 변화를 가

C18

財務尽职调查

cáiwù jìnzhí diàochá

져오는 거래와 관련하여 대상기업에 대한 재무, 영업, 법률 등 활동에 대해 조사하는 행위이며, 재무영역에 한정된 실사를 재무실사라 한다. Financial Due Deligence, 약칭 FDD라 한다.

K241
저당권
채권자가 채무자 또는 제3자로부터 점유를 이전하지 않고 그 채권의 담보로 제공된 부동산에 대하여 일반 채권자에 우선하여 변제를 받을 수 있는 약정담보물권을 말한다.

> **민법 제356조(저당권의 내용)** 저당권자는 채무자 또는 제삼자가 점유를 이전하지 아니하고 채무의 담보로 제공한 부동산에 대하여 다른 채권자보다 자기채권의 우선변제를 받을 권리가 있다.

C63
抵押权
dǐyāquán

K242
저작권
인간의 사상 또는 감정을 표현한 창작물인 저작물에 대한 배타적·독점적 권리를 말한다. 저작권은 저작인격권과 저작재산권으로 나뉜다.

C355
著作权
zhùzuòquán

> **저작권법 제10조(저작권)** ① 저작자는 제11조 내지 제13조의 규정에 따른 권리(이하 "저작인격권"이라 한다)와 제16조 내지 제22조의 규정에 따른 권리(이하 "저작재산권"이라 한다)를 가진다.
> ② 저작권은 저작물을 창작한 때부터 발생하며 어떠한 절차나 형식의 이행을 필요로 하지 아니한다.
> 제3절 저작인격권
> 제11조(공표권), 제12조(성명표시권), 제13조(동일성유지권), 제14조(저작인격권의 일신전속성), 제15조(공동저작물의 저작인격권)
> 제4절 저작재산권
> 제1관 저작재산권의 종류
> 제16조(복제권), 제17조(공연권), 제18조(공중송신권), 제19조(전시권), 제20조(배포권), 제21조(대여권), 제22조(2차적저작물작성권)

K243

저작물

지작권의 보호대상이 되는 인간의 사상 또는 감정을 표현한 창작물을 말한다.

C356

著作物

zhùzuòwù

> 저작권법 제2조(정의) 이 법에서 사용하는 용어의 뜻은 다음과 같다.
> 1. "저작물"은 인간의 사상 또는 감정을 표현한 창작물을 말한다.
> 제4조(저작물의 예시 등) ① 이 법에서 말하는 저작물을 예시하면 다음과 같다.
> 1. 소설·시·논문·강연·연설·각본 그 밖의 어문저작물
> 2. 음악저작물
> 3. 연극 및 무용·무언극 그 밖의 연극저작물
> 4. 회화·서예·조각·판화·공예·응용미술저작물 그 밖의 미술저작물
> 5. 건축물·건축을 위한 모형 및 설계도서 그 밖의 건축저작물
> 6. 사진저작물(이와 유사한 방법으로 제작된 것을 포함한다)
> 7. 영상저작물
> 8. 지도·도표·설계도·약도·모형 그 밖의 도형저작물
> 9. 컴퓨터프로그램저작물

K244

적법성

어떠한 행위 등이 법에 규정된 내용에 맞는 것을 말한다.

C120

合法性

héfǎxìng

> 행정기본법 제1조(목적) 이 법은 행정의 원칙과 기본사항을 규정하여 행정의 민주성과 적법성을 확보하고 적정성과 효율성을 향상시킴으로써 국민의 권익 보호에 이바지함을 목적으로 한다.

K245

적용법규 위반사실

어떠한 행위가 당해 행위를 규율하는 법규에 위반된 사실을 말한다.

C264

违反适用法规

wéifǎn shìyòng fǎguī

K246

전속관할

민사소송법 상 법정관할 가운데 특히 고도의 적정과 신속의 공익적 요구 때문에 특정 법원에만 재판권을 행사하게 하는 관할(K37)을 말한다.

C350

专属管辖

zhuānshǔ guǎnxiá

> 민사소송법 제31조(전속관할에 따른 제외) 전속관할(專屬管轄)이 정하여진 소에는 제2조, 제7조 내지 제25조, 제29조 및 제30조의 규정을 적용하지 아니한다.
>
> 제24조(지식재산권 등에 관한 특별재판적) ① 특허권, 실용신안권, 디자인권, 상표권, 품종보호권(이하 "특허권 등"이라 한다)을 제외한 지식재산권과 국제거래에 관한 소를 제기하는 경우에는 제2조 내지 제23조의 규정에 따른 관할법원소재지를 관할하는 고등법원이 있는 곳의 지방법원에 제기할 수 있다. 다만, 서울고등법원이 있는 곳의 지방법원은 서울중앙지방법원으로 한정한다.
>
> ② 특허권 등의 지식재산권에 관한 소를 제기하는 경우에는 제2조부터 제23조까지의 규정에 따른 관할법원소재지를 관할하는 고등법원이 있는 곳의 지방법원의 전속관할로 한다. 다만, 서울고등법원이 있는 곳의 지방법원은 서울중앙지방법원으로 한정한다.
>
> ③ 제2항에도 불구하고 당사자는 서울중앙지방법원에 특허권 등의 지식재산권에 관한 소를 제기할 수 있다.
>
> 제252조(정기금 판결과 변경의 소) ① 정기금(定期金)의 지급을 명한 판결이 확정된 뒤에 그 액수 산정의 기초가 된 사정이 현저하게 바뀜으로써 당사자 사이의 형평을 크게 침해할 특별한 사정이 생긴 때에는 그 판결의 당사자는 장차 지급할 정기금 액수를 바꾸어 달라는 소를 제기할 수 있다.
>
> ② 제1항의 소는 제1심 판결법원의 전속관할로 한다.
>
> 제453조(재심관할법원) ① 재심은 재심을 제기할 판결을 한 법원의 전속관할로 한다.
>
> 제463조(관할법원) 독촉절차는 채무자의 보통재판적이 있는 곳의 지방법원이나 제7조 내지 제9조, 제12조 또는 제18조의 규

정에 의한 관할법원의 전속관할로 한다.

제476조(공시최고절차를 관할하는 법원) ①공시최고는 법률에 다른 규정이 있는 경우를 제외하고는 권리자의 보통재판적이 있는 곳의 지방법원이 관할한다. 다만, 등기 또는 등록을 말소하기 위한 공시최고는 그 등기 또는 등록을 한 공공기관이 있는 곳의 지방법원에 신청할 수 있다.

② 제492조의 경우에는 증권이나 증서에 표시된 이행지의 지방법원이 관할한다. 다만, 증권이나 증서에 이행지의 표시가 없는 때에는 발행인의 보통재판적이 있는 곳의 지방법원이, 그 법원이 없는 때에는 발행 당시에 발행인의 보통재판적이 있었던 곳의 지방법원이 각각 관할한다.

③ 제1항 및 제2항의 관할은 전속관할로 한다.

K247

전속관할법원

전속관할권을 가진 법원을 말한다.

C351

专属管辖法院

zhuānshǔ guǎnxiá fǎyuàn

K248

전환

다른 방향이나 상태로 변경되는 것을 말한다. 예를 들어, 전환사채에서의 전환은 사채가 보유자의 청구에 의하여 발행회사의 주식으로 변경되는 것을 말한다.

C341

转换

zhuǎnhuàn

상법 제513조(전환사채의 발행) ① 회사는 전환사채를 발행할 수 있다.

② 제1항의 경우에 다음의 사항으로서 정관에 규정이 없는 것은 이사회가 이를 결정한다. 그러나 정관으로 주주총회에서 이를 결정하기로 정한 경우에는 그러하지 아니하다.

1. 전환사채의 총액

2. 전환의 조건

3. 전환으로 인하여 발행할 주식의 내용

4. 전환을 청구할 수 있는 기간

5. 주주에게 전환사채의 인수권을 준다는 뜻과 인수권의 목적

인 전환사채의 액

6. 주주 외의 자에게 전환사채를 발행하는 것과 이에 대하여 발행할 전환사채의 액

③ 주주 외의 자에 대하여 전환사채를 발행하는 경우에 그 발행할 수 있는 전환사채의 액, 전환의 조건, 전환으로 인하여 발행할 주식의 내용과 전환을 청구할 수 있는 기간에 관하여 정관에 규정이 없으면 제434조의 결의로써 이를 정하여야 한다. 이 경우 제418조 제2항 단서의 규정을 준용한다.

④ 제3항의 결의에 있어서 전환사채의 발행에 관한 의안의 요령은 제363조의 규정에 의한 통지에 기재하여야 한다.

K249

전환사채

일정한 조건에 따라 채권을 발행한 회사의 주식으로 전환할 수 있는 권리가 부여된 채권으로서, 전환 전에는 사채로서의 확정이자를 받을 수 있고, 전환 후에는 주식으로서의 이익을 얻을 수 있는, 사채와 주식의 중간형태를 취한 채권을 말한다.

C163

可转换公司债券

kězhuǎnhuàn gōngsī zhàiquàn

K250

정관

회사 또는 법인의 조직·활동을 정한 근본규칙 또는 그 규칙을 기재한 서면을 말한다.

C321

章程

zhāng·cheng

> **민법 제34조(법인의 권리능력)** 법인은 법률의 규정에 좇아 정관으로 정한 목적의 범위 내에서 권리와 의무의 주체가 된다.
> **제40조(사단법인의 정관)** 사단법인의 설립자는 다음 각호의 사항을 기재한 정관을 작성하여 기명날인하여야 한다.
> 1. 목적
> 2. 명칭
> 3. 사무소의 소재지
> 4. 자산에 관한 규정
> 5. 이사의 임면에 관한 규정
> 6. 사원자격의 득실에 관한 규정

7. 존립시기나 해산사유를 정하는 때에는 그 시기 또는 사유
제43조(재단법인의 정관) 재단법인의 설립자는 일정한 재산을
출연하고 제40조 제1호 내지 제5호의 사항을 기재한 정관을 작
성하여 기명날인하여야 한다.

상법 제178조(정관의 작성) 합명회사의 설립에는 2인 이상의 사
원이 공동으로 정관을 작성하여야 한다.
제270조(정관의 절대적 기재사항) 합자회사의 정관에는 제179
조에게 기한 사항 외에 각 사원의 무한책임 또는 유한책임인
것을 기재하여야 한다.
제287조의2(정관의 작성) 유한책임회사를 설립할 때에는 사원은
정관을 작성하여야 한다.
제288조(발기인) 주식회사를 설립함에는 발기인이 정관을 작성
하여야 한다.
제289조(정관의 작성, 절대적 기재사항) ① 발기인은 정관을 작
성하여 다음의 사항을 적고 각 발기인이 기명날인 또는 서명하
여야 한다.
1. 목적
2. 상호
3. 회사가 발행할 주식의 총수
4. 액면주식을 발행하는 경우 1주의 금액
5. 회사의 설립시에 발행하는 주식의 총수
6. 본점의 소재지
7. 회사가 공고를 하는 방법
8. 발기인의 성명·주민등록번호 및 주소
제543조(정관의 작성, 절대적 기재사항) ① 유한회사를 설립함
에는 사원이 정관을 작성하여야 한다.

K251

정관변경
법인의 조직·활동의 근본규칙인 정관을 변경하는 것을 말한다.

C8

变更章程
biàngēng
zhāngchéng

K252

제1심 관할법원

법원의 심급 제도 하에서 첫 번째 심급을 관할하는 법원을 말한다.

C64

第一审 管辖法院

dìyīshěn guǎnxiá fǎyuàn

K253

제3자 배정 유상증자

회사의 임원·종업원·거래선 등 기존 주주가 아닌 제3자에게 신주인수권을 주어서 신주를 인수시키는 유상증자를 말한다. 이는 회사의 경영권 및 기존 주주의 이해관계 등과 밀접한 관계가 있으므로 회사의 정관, 특별법, 주주총회의 특별결의 등에 신주인수권의 제한에 관한 사항과 특정한 제3자에게 신주인수권을 부여할 것을 규정하고 있는 경우에만 가능하다.

C61

第三方配股有偿增资

dìsānfāng pèigǔ yǒucháng zēngzī

> 상법 제418조(신주인수권의 내용 및 배정일의 지정·공고) ① 주주는 그가 가진 주식 수에 따라서 신주의 배정을 받을 권리가 있다.
> ② 회사는 제1항의 규정에 불구하고 정관에 정하는 바에 따라 주주 외의 자에게 신주를 배정할 수 있다. 다만, 이 경우에는 신기술의 도입, 재무구조의 개선 등 회사의 경영상 목적을 달성하기 위하여 필요한 경우에 한한다.
> ③ 회사는 일정한 날을 정하여 그 날에 주주명부에 기재된 주주가 제1항의 권리를 가진다는 뜻과 신주인수권을 양도할 수 있을 경우에는 그 뜻을 그 날의 2주간 전에 공고하여야 한다. 그러나 그 날이 제354조 제1항의 기간 중인 때에는 그 기간의 초일의 2주간 전에 이를 공고하여야 한다.
> ④ 제2항에 따라 주주 외의 자에게 신주를 배정하는 경우 회사는 제416조 제1호, 제2호, 제2호의2, 제3호 및 제4호에서 정하는 사항을 그 납입기일의 2주 전까지 주주에게 통지하거나 공고하여야 한다.

K254

조건부 계약

계약의 효력을 발생하게 하거나 소멸하게 하는 조건이 붙은 계약을 말한다. 따라서 조건부계약은 법률행위의 효력의 발생이나 소

C80

附条件的合同

fùtiáojiànde hétong

멸을 장래의 불확실한 사실의 성취 여부에 연결시키는 계약이다.

> 민법 제147조(조건성취의 효과) ① 정지조건 있는 법률행위는 조건이 성취한 때로부터 그 효력이 생긴다.
> ② 해제조건 있는 법률행위는 조건이 성취한 때로부터 그 효력을 잃는다.
> ③ 당사자가 조건성취의 효력을 그 성취 전에 소급하게 할 의사를 표시한 때에는 그 의사에 의한다.

K255
조정
분쟁 당사자 사이에 제3자가 중개하여 화해에 이르도록 함으로써 분쟁의 해결을 도모하는 제도를 말한다. 분쟁 당사자 사이에 제3자가 개입하여 화해를 이끌어낸다는 점에서 일상적인 의미로는 중재와 큰 차이가 없으나 법률적으로는 명확하게 구분된다. 즉, 중재의 경우에는 제3자의 판단이 법적인 구속력을 가지며, 당사자는 이에 따라야 한다. 이에 비하여, 조정의 경우에는 제3자의 조정안에 대하여 분쟁의 당사자가 승낙하면 화해가 이루어지지만, 그 조정안이 법적인 구속력은 없어 당사자가 이를 수용하지 않을 수도 있다. 조정에 붙일 것인지의 여부는 원칙적으로 당사자의 임의에 달려 있지만, 예외적으로 강제조정이 인정되기도 한다.

C250
调解
tiáojiě

> 민사조정법 제1조(목적) 이 법은 민사(民事)에 관한 분쟁을 조정(調停)절차에 따라 당사자의 자주적·자율적 분쟁해결 노력을 존중하면서 적정·공정·신속하고 효율적으로 해결함을 목적으로 한다.
> 제2조(조정사건) 민사에 관한 분쟁의 당사자는 법원에 조정을 신청할 수 있다.

K256
존속(尊屬)
자기의 부모 또는 부모와 동등 이상의 항렬에 속하는 혈족을 말한다.

C365
尊属
zūnshǔ

민법 제768조(혈족의 정의) 자기의 직계존속과 직계비속을 직계 혈족이라 하고 자기의 형제자매와 형제자매의 직계비속, 직계 존속의 형제자매 및 그 형제자매의 직계비속을 방계혈족이라 한다.

K257

종결

특정한 법률관계 또는 법률분쟁이 종료하는 것을 말한다.

C338

终结

zhōngjié

K258

주권(株券)

주식 또는 주주권을 표창하는 유가증권을 말한다.

C112

股票

gǔpiào

상법 제336조(주식의 양도방법) ① 주식의 양도에 있어서는 주 권을 교부하여야 한다.
② 주권의 점유자는 이를 적법한 소지인으로 추정한다.
제356조(주권의 기재사항) 주권에는 다음의 사항과 번호를 기재 하고 대표이사가 기명날인 또는 서명하여야 한다.
1. 회사의 상호
2. 회사의 성립년월일
3. 회사가 발행할 주식의 총수
4. 액면주식을 발행하는 경우 1주의 금액
5. 회사의 성립 후 발행된 주식에 관하여는 그 발행연월일
6. 종류주식이 있는 경우에는 그 주식의 종류와 내용
6의2. 주식의 양도에 관하여 이사회의 승인을 얻도록 정한 때
　　에는 그 규정

K259

주권 인도

주식의 양도를 위하여 주권의 점유를 이전하는 것을 말한다.

C113

股票交割

gǔpiàojiāogē

상법 제336조(주식의 양도방법) ① 주식의 양도에 있어서는 주 권을 교부하여야 한다.
② 주권의 점유자는 이를 적법한 소지인으로 추정한다.

K260

주권미발행확인서

유가증권에 대한 발행 요청이 되었으나, 발행되지 않은 건들에 대한 사실을 확인하고, 발행을 요청하기 위한 목적으로 만들어진 서면을 말한다. 주권미발행확인서에는 발행번호와 발행일자, 용도, 수량 등이 기재된다.

> 상법 제355조(주권발행의 시기) ① 회사는 성립 후 또는 신주의 납입기일 후 지체없이 주권을 발행하여야 한다.
> ② 주권은 회사의 성립 후 또는 신주의 납입기일 후가 아니면 발행하지 못한다.
> ③ 전항의 규정에 위반하여 발행한 주권은 무효로 한다. 그러나 발행한 자에 대한 손해배상의 청구에 영향을 미치지 아니한다.

C262
未发行股票确认书
wèifāxíng gǔpiào quèrènshū

K261

주금 납입

주식인수를 청약한 자가 배정받은 주식의 수에 따른 인수가액(주금)을 납입하는 것을 말한다.

> 상법 제303조(주식인수인의 의무) 주식인수를 청약한 자는 발기인이 배정한 주식의 수에 따라서 인수가액을 납입할 의무를 부담한다.

C106
股份价款支付
gǔfènjiàkuǎn zhīfù

K262

주사무소

법인의 업무가 주로 이루어지는 장소를 말한다. *cf. 분사무소*

> 민법 제49조(법인의 등기사항) ① 법인설립의 허가가 있는 때에는 3주간 내에 주된 사무소 소재지에서 설립등기를 하여야 한다.
> ② 전항의 등기사항은 다음과 같다.
> 1. 목적
> 2. 명칭
> 3. 사무소
> 4. 설립허가의 연월일
> 5. 존립시기나 해산이유를 정한 때에는 그 시기 또는 사유
> 6. 자산의 총액

C354
主要办公场所
zhǔyào bàngōng chǎngsuǒ

7. 출자의 방법을 정한 때에는 그 방법

8. 이사의 성명, 주소

9. 이사의 대표권을 제한한 때에는 그 제한

제50조(분사무소설치의 등기) ① 법인이 분사무소를 설치한 때에는 주사무소소재지에서는 3주간 내에 분사무소를 설치한 것을 등기하고 그 분사무소소재지에서는 동기간 내에 전조 제2항의 사항을 등기하고 다른 분사무소소재지에서는 동기간 내에 그 분사무소를 설치한 것을 등기하여야 한다.

② 주사무소 또는 분사무소의 소재지를 관할하는 등기소의 관할구역 내에 분사무소를 설치한 때에는 전항의 기간 내에 그 사무소를 설치한 것을 등기하면 된다.

K263

주식

주식회사의 자본을 구성하는 단위이자 주식의 소유자인 주주가 권리·의무를 행사할 수 있는 단위를 말한다.

C104

股份

gǔfèn

> **상법 제329조(자본금의 구성)** ① 회사는 정관으로 정한 경우에는 주식의 전부를 무액면주식으로 발행할 수 있다. 다만, 무액면주식을 발행하는 경우에는 액면주식을 발행할 수 없다.
> ② 액면주식의 금액은 균일하여야 한다.
> ③ 액면주식 1주의 금액은 100원 이상으로 하여야 한다.
> ④ 회사는 정관으로 정하는 바에 따라 발행된 액면주식을 무액면주식으로 전환하거나 무액면주식을 액면주식으로 전환할 수 있다.
> ⑤ 제4항의 경우에는 제440조, 제441조 본문 및 제442조를 준용한다.
> **제331조(주주의 책임)** 주주의 책임은 그가 가진 주식의 인수가액을 한도로 한다.

K264

주식질권

주식을 담보로 제공하는 방법 중 채무를 갚을 때까지 목적물인 주식을 맡아 두었다가 갚지 않을 때 당해 주식으로 우선변제를

C107

股份质押

gǔfèn zhìyā

받을 수 있도록 주식에 질권(K296)을 설정하는 것을 말한다.

> 상법 제338조(주식의 입질) ① 주식을 질권의 목적으로 하는 때에는 주권을 질권자에게 교부하여야 한다.
> ② 질권자는 계속하여 주권을 점유하지 아니하면 그 질권으로써 제삼자에게 대항하지 못한다.

K265

주식질권설정계약

주식을 목적으로 질권을 설정하는 계약을 말한다.

C108

股份质押合同

gǔfèn zhìyā hétóng

K266

주식회사

사원 즉 주주의 지위가 균등한 비율적 단위로 세분화된 주식에 따라 결정되고, 주주는 주식의 인수가액을 한도로 회사에 대하여 출자의무를 부담할 뿐 회사채권자에 대하여 책임을 지지 않는 인적 유한회사를 말한다.

C105

股份公司

gǔfèn gōngsī

> 상법 제288조(발기인) 주식회사를 설립함에는 발기인이 정관을 작성하여야 한다.
> 제291조(설립 당시의 주식발행사항의 결정) 회사설립 시에 발행하는 주식에 관하여 다음의 사항은 정관으로 달리 정하지 아니하면 발기인 전원의 동의로 이를 정한다.
> 1. 주식의 종류와 수
> 2. 액면주식의 경우에 액면 이상의 주식을 발행할 때에는 그 수와 금액
> 3. 무액면주식을 발행하는 경우에는 주식의 발행가액과 주식의 발행가액 중 자본금으로 계상하는 금액
> 제293조(발기인의 주식인수) 각 발기인은 서면에 의하여 주식을 인수하여야 한다.

K267

주주

주식을 소유함으로써 주식회사의 사원인 지위를 가진 자를 말한다.

C100

股东

gǔdōng

> 상법 제331조(주주의 책임) 주주의 책임은 그가 가진 주식의 인수가액을 한도로 한다.

K268

주주명부

주주를 기초로 하여 주주와 주권(株券)에 관한 사항을 명백히 하기 위하여 상법의 규정에 따라 작성되는 장부를 말한다.

C103

股东名册

gǔdōng míngcè

> 상법 제352조(주주명부의 기재사항) ① 주식을 발행한 때에는 주주명부에 다음의 사항을 기재하여야 한다.
> 1. 주주의 성명과 주소
> 2. 각 주주가 가진 주식의 종류와 그 수
> 2의2. 각 주주가 가진 주식의 주권을 발행한 때에는 그 주권의 번호
> 3. 각 주식의 취득년월일
> ② 제1항의 경우에 전환주식을 발행한 때에는 제347조에 게기한 사항도 주주명부에 기재하여야 한다.

K269

주주총회

주식회사의 주주들이 모여 상법에서 정한 회사의 중요한 사안을 정하는 최고의사결정회의 기관을 말한다. 총회에는 결산기마다 정기적으로 개최하는 정기총회와, 필요에 따라 수시로 개최하는 임시총회(상법 제365조)가 있다. 정기총회에서는 주로 계산서류의 승인·이익배당에 관한 결의 등이 이루어지며, 임시총회에서는 영업의 양도, 이사의 해임 등 필요에 따라 수시로 소집한다. 또한 소집절차·소집장소·소집횟수에 관하여서도 상법에 규정이 있다(제363·364·365조).

C101

股东会议

gǔdōng huìyì

C102

股东大会

gǔdōng dàhuì

> 상법 제361조(총회의 권한) 주주총회는 본법 또는 정관에 정하는 사항에 한하여 결의할 수 있다.
> 제362조(소집의 결정) 총회의 소집은 본법에 다른 규정이 있는 경우 외에는 이사회가 이를 결정한다.

K270

주택 임대차 계약

주거용 건물을 목적물로 하는 임대차 계약(K227)을 말한다.

C73

房屋租赁合同

fángwū zūlìn hétong

K271

주택임대차보호법

주거용 건물의 임대차에 관하여 민법에 대한 특례를 규정한 법률을 말한다.

> **주택임대차보호법 제1조(목적)** 이 법은 주거용 건물의 임대차(賃貸借)에 관하여 「민법」에 대한 특례를 규정함으로써 국민 주거생활의 안정을 보장함을 목적으로 한다.

C72

房屋租赁保护法

fángwū zūlìn bǎohùfǎ

K272

주택임대차분쟁조정위원회

주택임대차보호법상 주택임대차와 관련된 분쟁을 심의·조정하기 위하여 설치된 기구를 말한다.

> **주택임대차보호법 제14조(주택임대차분쟁조정위원회)** ① 이 법의 적용을 받는 주택임대차와 관련된 분쟁을 심의·조정하기 위하여 대통령령으로 정하는 바에 따라 「법률구조법」 제8조에 따른 대한법률구조공단(이하 "공단"이라 한다)의 지부, 「한국토지주택공사법」에 따른 한국토지주택공사(이하 "공사"라 한다)의 지사 또는 사무소 및 「한국감정원법」에 따른 한국감정원(이하 "감정원"이라 한다)의 지사 또는 사무소에 주택임대차분쟁조정위원회(이하 "조정위원회"라 한다)를 둔다. 특별시·광역시·특별자치시·도 및 특별자치도(이하 "시·도"라 한다)는 그 지방자치단체의 실정을 고려하여 조정위원회를 둘 수 있다.
> ② 조정위원회는 다음 각호의 사항을 심의·조정한다.
> 1. 차임 또는 보증금의 증감에 관한 분쟁
> 2. 임대차기간에 관한 분쟁
> 3. 보증금 또는 임차주택의 반환에 관한 분쟁
> 4. 임차주택의 유지·수선 의무에 관한 분쟁
> 5. 그 밖에 대통령령으로 정하는 주택임대차에 관한 분쟁
> ③ 조정위원회의 사무를 처리하기 위하여 조정위원회에 사무국

C71

房屋租赁争议调解委员会

fángwū zūlìn zhēngyì tiáojiě wěiyuánhuì

을 두고, 사무국의 조직 및 인력 등에 필요한 사항은 대통령령으로 정한다.

④ 사무국의 조정위원회 업무담당자는 「상가건물임대차보호법」 제20조에 따른 상가건물임대차분쟁조정위원회 사무국의 업무를 제외하고 다른 직위의 업무를 겸직하여서는 아니 된다.

K273

준거법

어떠한 국제사법의 법률관계를 규율하기 위해 국제사법에 의해 선정된 어떤 국가의 실질법(민법, 상법 등)을 말한다. 준거법의 선정을 위해 국제사법은 일정의 단위 법률관계를 설정하고 해당 법률관계에 가장 특징적이고 밀접한 요소, 예를 들면 당사자의 국적·주소·상거소(常居所), 법률행위의 행위지, 목적물의 소재지, 불법행위지 등을 고려한다.

C353
准据法
zhǔnjùfǎ

국제사법 제3절 준거법(제16조~제23조)

제16조(본국법) ① 당사자의 본국법에 따라야 하는 경우에 당사자가 둘 이상의 국적을 가질 때에는 그와 가장 밀접한 관련이 있는 국가의 법을 그 본국법으로 정한다. 다만, 국적 중 하나가 대한민국일 경우에는 대한민국 법을 본국법으로 한다.

② 당사자가 국적을 가지지 아니하거나 당사자의 국적을 알 수 없는 경우에는 그의 일상거소가 있는 국가의 법(이하 "일상거소지법"(日常居所地法)이라 한다)에 따르고, 일상거소를 알 수 없는 경우에는 그의 거소가 있는 국가의 법에 따른다.

③ 당사자가 지역에 따라 법을 달리하는 국가의 국적을 가질 경우에는 그 국가의 법 선택규정에 따라 지정되는 법에 따르고, 그러한 규정이 없는 경우에는 당사자와 가장 밀접한 관련이 있는 지역의 법에 따른다.

K274

중도금

부동산 등을 거래할 때 계약금과 잔금의 중간에 지급하는 돈을 말한다. 통상 아파트, 상가 등 '선분양, 후입주'로 진행되는 건축물의 분양에서는 건축물을 분양 받고 입주할 때까지 평균 2~3년의 기간이 소요되는데, 이 기간 동안 계약금(K23), 중도금, 잔금

C339
中期款
zhōngqīkuǎn

(K236)을 나누어 지급한다. 민법 제565조 제1항과 관련하여 중도금의 지급은 매수인의 이행착수가 되어 매매계약의 해약금 해제를 할 수 없게 하는 효력을 발생시킨다.

> 민법 제565조(해약금) ① 매매의 당사자 일방이 계약당시에 금전 기타 물건을 계약금, 보증금 등의 명목으로 상대방에게 교부한 때에는 당사자간에 다른 약정이 없는 한 당사자의 일방이 이행에 착수할 때까지 교부자는 이를 포기하고 수령자는 그 배액을 상환하여 매매계약을 해제할 수 있다.
> ② 제551조의 규정은 전항의 경우에 이를 적용하지 아니한다.

K275

중재(仲裁, arbitration)

분쟁 당사자의 합의에 따라 분쟁에 관한 판단을 법원이 아닌 제3자(중재인 또는 중재기관)에게 맡겨 그 판단에 따름으로써 분쟁을 해결하는 방법을 말한다. 조정에서는 분쟁의 당사자가 제3자의 조정안을 승낙함으로써 당사자를 구속하는데 비하여, 중재에서는 제3자의 판단이 법적인 구속력을 가짐으로써 당사자는 이에 따라야 한다.

> 중재법 제1조(목적) 이 법은 중재(仲裁)에 의하여 사법(私法)상의 분쟁을 적정·공평·신속하게 해결함을 목적으로 한다.
> 제3조(정의) 이 법에서 사용하는 용어의 뜻은 다음과 같다.
> 1. "중재"란 당사자간의 합의로 재산권상의 분쟁 및 당사자가 화해에 의하여 해결할 수 있는 비재산권상의 분쟁을 법원의 재판에 의하지 아니하고 중재인(仲裁人)의 판정에 의하여 해결하는 절차를 말한다.

C336
仲裁
zhòngcái

K276

중화인민공화국 수출규제법

중국에서 2020년 10월 17일 통과 후 공포되어 2020년 12월 1일부터 시행되고 있는, 중국 국외로의 수출을 규제하는 법을 말한다.

> 중화인민공화국수출규제법
> 《中华人民共和国出口管制法》

C337
中华人民共和国
出口管制法
zhōnghuá rénmín
gònghéguó chūkǒu
guǎnzhìfǎ

제1조 국가안전과 이익 수호, 확산방지 등 국제의무 이행, 수출에 대한 규제를 강화하기 위해 본법을 제정한다.
第一条 为了维护国家安全和利益，履行防扩散等国际义务，加强和规范出口管制，制定本法。

K277

증권의 발행

법정요건을 기재한 유가증권에 기명날인하고 이것을 교부하는 행위를 말한다. 대표적인 것이 어음의 발행이며, 어음법 제1조 및 75조의 법정사항을 기재하고 이에 기명날인을 함으로써 어음을 작성하여 이것을 수취인에게 교부함으로써 성립한다.

C323

证券发行

zhèngquàn fāxíng

어음법 제1조(어음의 요건) 환어음(換어음)에는 다음 각 호의 사항을 적어야 힌다.
1. 증권의 본문 중에 그 증권을 작성할 때 사용하는 국어로 환어음임을 표시하는 글자
2. 조건없이 일정한 금액을 지급할 것을 위탁하는 뜻
3. 지급인의 명칭
4. 만기(滿期)
5. 지급지(支給地)
6. 지급받을 자 또는 지급받을 자를 지시할 자의 명칭
7. 발행일과 발행지(發行地)
8. 발행인의 기명날인(記名捺印) 또는 서명
제75조(어음의 요건) 약속어음에는 다음 각호의 사항을 적어야 한다.
1. 증권의 본문 중에 그 증권을 작성할 때 사용하는 국어로 약속어음임을 표시하는 글자
2. 조건없이 일정한 금액을 지급할 것을 약속하는 뜻
3. 만기
4. 지급지
5. 지급받을 자 또는 지급받을 자를 지시할 자의 명칭
6. 발행일과 발행지
7. 발행인의 기명날인 또는 서명

K278
증자

증자란 주식을 발행해 회사의 자본금을 증가시키는 것을 말한다. 자금을 조달하기 위해 기업들은 크게 두 가지 방법을 사용할 수 있다. 그 첫째가 신주 발행을 통하는 것이고, 둘째가 타인으로부터 자금을 차입하는 것이다. 신주발행을 통해 자금조달을 하는 것을 '**자기자본의 조달**'이라고 하며 차입금 또는 사채에 의한 자금 조달을 '**타인 자본의 조달**'이라고 한다. 여기서 신주발행을 통해 자금을 조달하는 것이 '**증자**'이다.

> **상법 제416조(발행사항의 결정)** 회사가 그 성립 후에 주식을 발행하는 경우에는 다음의 사항으로서 정관에 규정이 없는 것은 이사회가 결정한다. 다만, 이 법에 다른 규정이 있거나 정관으로 주주총회에서 결정하기로 정한 경우에는 그러하지 아니하다.
> 1. 신주의 종류와 수
> 2. 신주의 발행가액과 납입기일
> 2의2. 무액면주식의 경우에는 신주의 발행가액 중 자본금으로 계상하는 금액
> 3. 신주의 인수방법
> 4. 현물출자를 하는 자의 성명과 그 목적인 재산의 종류, 수량, 가액과 이에 대하여 부여할 주식의 종류와 수
> 5. 주주가 가지는 신주인수권을 양도할 수 있는 것에 관한 사항
> 6. 주주의 청구가 있는 때에만 신주인수권증서를 발행한다는 것과 그 청구기간

C316
增资
zēngzī

K279
지급

어음법·수표법이 예정하는 전형적인 채권소멸 원인으로서 소지인이 지급인 등에게 유가증권을 제시하여 지급인으로부터 정해진 돈이나 물품 등을 받는 것을 말한다.

C325
支付
zhīfù

K280
지급거절

어음이나 수표의 지급을 받기 위하여 소지인이 기간 안에 인수인·지급인·지급담당자에게 지급제시를 하였는데도 제시한 금

C159
拒不支付
jùbùzhīfù

액의 일부 또는 전부의 지급이 거절되는 것을 말한다.

C160
拒付
jùfù

> **상법 제45조(인수거절 및 지급거절의 통지)** ① 소지인은 다음 각
> 호의 어느 하나에 해당하는 날 이후의 4거래일 내에 자기의 배
> 서인과 발행인에게 인수거절 또는 지급거절이 있었음을 통지하
> 여야 하고, 각 배서인은 그 통지를 받은 날 이후 2거래일 내에
> 전(前) 통지자 전원의 명칭과 처소(處所)를 표시하고 자기가 받
> 은 통지를 자기의 배서인에게 통지하여 차례로 발행인에게 미
> 치게 하여야 한다. 이 기간은 각 통지를 받은 때부터 진행한다.
> 1. 거절증서 작성일
> 2. 무비용상환(無費用償還)의 문구가 적혀 있는 경우에는 어음
>   제시일

K281

C326
支付不能
zhīfù bùnéng

지급불능

지급수단의 계속적 부족 때문에 이미 금전채무를 지급할 수 없
게 된 채무자의 객관적 재산상태를 말하는 것으로 파산원인의
일반적 형태가 된다.

> **채무자 회생 및 파산에 관한 법률 제305조(보통파산원인)** ① 채
> 무자가 지급을 할 수 없는 때에는 법원은 신청에 의하여 결정
> 으로 파산을 선고한다.
> ② 채무자가 지급을 정지한 때에는 지급을 할 수 없는 것으로
> 추정한다.

K282

C252
停止支付
tíngzhǐ zhīfù

지급정지

채무자가 채무를 일반적으로 변제할 수 없다는 뜻을 외부에 표
시하는 행위를 말한다.

K283

C256
土地种类
tǔdì zhǒnglèi

지목

토지의 주된 용도에 따라 토지의 종류를 구분하여 지적공부에
등록한 것을 말한다.

> 공간정보의 구축 및 관리 등에 관한 법률 제2조
> 24. "지목"이란 토지의 주된 용도에 따라 토지의 종류를 구분하
>   여 지적공부에 등록한 것을 말한다.
> 제67조(지목의 종류) ① 지목은 전 · 답 · 과수원 · 목장용지 · 임야
> · 광천지 · 염전 · 대(垈) · 공장용지 · 학교용지 · 주차장 · 주유소용
> 지 · 창고용지 · 도로 · 철도용지 · 제방(堤防) · 하천 · 구거(溝渠) ·
> 유지(溜池) · 양어장 · 수도용지 · 공원 · 체육용지 · 유원지 · 종교
> 용지 · 사적지 · 묘지 · 잡종지로 구분하여 정한다.
> ② 제1항에 따른 지목의 구분 및 설정방법 등에 필요한 사항은
> 대통령령으로 정한다.

K284

지방세

특별시세, 광역시세, 특별자치시세, 도세, 특별자치도세 또는 시
· 군세, 구세 등 지방자치단체가 부과하는 세금을 말한다.

C58

地方税

dìfāngshuì

> 지방세기본법 제2조(정의) ① 이 법에서 사용하는 용어의 뜻은
> 다음과 같다.
> 3. "지방세"란 특별시세, 광역시세, 특별자치시세, 도세, 특별자
>   치도세 또는 시 · 군세, 구세(자치구의 구세를 말한다. 이하 같
>   다)를 말한다.
> 제4조(지방자치단체의 과세권) 지방자치단체는 이 법 또는 지방
> 세 관계법에서 정하는 바에 따라 지방세의 과세권을 갖는다.
> 제5조(지방세의 부과 · 징수에 관한 조례) ① 지방자치단체는 지
> 방세의 세목(稅目), 과세대상, 과세표준, 세율, 그 밖에 지방세
> 의 부과 · 징수에 필요한 사항을 정할 때에는 이 법 또는 지방세
> 관계법에서 정하는 범위에서 조례로 정하여야 한다.
> ② 지방자치단체의 장은 제1항의 조례시행에 따르는 절차와 그
> 밖에 조례시행에 필요한 사항을 규칙으로 정할 수 있다.

K285

지분비율

공유 또는 합유관계에서 공유자 또는 합유자에게 귀속되는 몫의
비율을 말한다. 공유관계에서의 지분은 (1) 각 공유자가 목적물

C31

持股比率

chígǔ bǐlǜ

에 대하여 가지는 소유의 비율자체 또는 (2) 지분에 기하여 각 공유자가 공유물에 대하여 가지는 권리를 말한다. 지분의 비율은 공유자간의 계약이나 법률규정에 의하여 결정되지만 불명한 경우에는 각 공유자의 지분은 균등한 것으로 추정된다(민법 제262조 2항). 공유자들은 그 지분을 처분할 수 있고, 그 지분 비율에 따라서 공유물 전부를 사용·수익할 수 있다(제263조). 또한 지분의 비율에 따라 공유물의 관리비용 기타 의무를 부담한다(제266조 1항). 이와 달리 합유관계에서는 전원의 합의 없이는 그 지분을 처분하지 못하며 그 지분에 관하여 분할을 청구할 수 없다(제273조).

C114
股权比例
gǔquán bǐlì

민법 제262조(물건의 공유) ① 물건이 지분에 의하여 수인의 소유로 된 때에는 공유로 한다.

② 공유자의 지분은 균등한 것으로 추정한다

제263조(공유지분의 처분과 공유물의 사용, 수익) 공유자는 그 지분을 처분할 수 있고 공유물 전부를 지분의 비율로 사용, 수익할 수 있다.

제264조(공유물의 처분, 변경) 공유자는 다른 공유자의 동의없이 공유물을 처분하거나 변경하지 못한다.

제265조(공유물의 관리, 보존) 공유물의 관리에 관한 사항은 공유자의 지분의 과반수로써 결정한다. 그러나 보존행위는 각자가 할 수 있다.

제266조(공유물의 부담) ① 공유자는 그 지분의 비율로 공유물의 관리비용 기타 의무를 부담한다.

② 공유자가 1년 이상 전항의 의무이행을 지체한 때에는 다른 공유자는 상당한 가액으로 지분을 매수할 수 있다.

제267조(지분포기 등의 경우의 귀속) 공유자가 그 지분을 포기하거나 상속인 없이 사망한 때에는 그 지분은 다른 공유자에게 각 지분의 비율로 귀속한다.

제271조(물건의 합유) ① 법률의 규정 또는 계약에 의하여 수인이 조합체로서 물건을 소유하는 때에는 합유로 한다. 합유자의 권리는 합유물 전부에 미친다.

② 합유에 관하여는 전항의 규정 또는 계약에 의하는 외에 다

음 3조의 규정에 의한다.

제272조(합유물의 처분, 변경과 보존) 합유물을 처분 또는 변경함에는 합유자 전원의 동의가 있어야 한다. 그러나 보존행위는 각자가 할 수 있다.

제273조(합유지분의 처분과 합유물의 분할금지) ① 합유자는 전원의 동의없이 합유물에 대한 지분을 처분하지 못한다.

② 합유자는 합유물의 분할을 청구하지 못한다.

K286

지식재산권

C332

知识产权

zhīshíchǎnquán

인간의 지적 창조물에 대해 법이 부여한 권리를 말한다. 발명·상표·디자인 등의 산업재산권과 문학·음악·미술작품 등에 관한 권리의 총칭이다. 지적재산권, 지적소유권 등의 명칭이 혼용되다가 2005년 경 특허청이 용어순화정책으로 "Intellectual Property Right"의 번역어를 "지식재산권"으로 통일하였다.

헌법 제22조 ① 모든 국민은 학문과 예술의 자유를 가진다.
② 저작자·발명가·과학기술자와 예술가의 권리는 법률로써 보호한다.

저작권법 제1조(목적) 이 법은 저작자의 권리와 이에 인접하는 권리를 보호하고 저작물의 공정한 이용을 도모함으로써 문화 및 관련 산업의 향상발전에 이바지함을 목적으로 한다.

특허법 제1조(목적) 이 법은 발명을 보호·장려하고 그 이용을 도모함으로써 기술의 발전을 촉진하여 산업발전에 이바지함을 목적으로 한다.

상표법 제1조(목적) 이 법은 상표를 보호함으로써 상표사용자의 업무상 신용유지를 도모하여 산업발전에 이바지하고 수요자의 이익을 보호함을 목적으로 한다.

등 다수

K287

지연

법률상 의무의 이행이 정해진 이행기보다 지체되는 것을 말한다.

C31

迟延

chíyán

C294

延迟

yánchí

K288

지연배상금

이행기를 도과한 데 대하여 채무자가 채권자에 대하여 부담하는 손해배상금을 말한다.

C32

迟延赔偿金

(=延迟赔偿金)

chíyán péichángjīn

(=yánchí péichángjīn)

> 민법 제390조(채무불이행과 손해배상) 채무자가 채무의 내용에 좇은 이행을 하지 아니한 때에는 채권자는 손해배상을 청구할 수 있다. 그러나 채무자의 고의나 과실없이 이행할 수 없게 된 때에는 그러하지 아니하다.
>
> 국가를 당사자로 하는 계약에 관한 법률 제26조(지체상금) ① 각 중앙관서의 장 또는 계약담당공무원은 정당한 이유없이 계약의 이행을 지체한 계약상대자로 하여금 지체상금을 내도록 하여야 한다.
>
> 지방자치단체를 당사자로 하는 계약에 관한 법률 제30조(지연배상금 등) ① 지방자치단체의 장 또는 계약담당자는 정당한 사유 없이 계약의 이행을 지체한 계약상대자로 하여금 지연배상금을 내도록 하여야 한다.

K289

지연손해금

(상동) 지연배상금과 같음

C32

迟延赔偿金

(=延迟赔偿金)

chíyán péichángjīn

(=yánchí péichángjīn)

K290
지적재산권
"지식재산권"(K286) 참조

C332
知识产权
zhīshíchǎnquán

K291
지정상품
상표법에서 지정상품이란 상표를 사용할 상품을 말한다. 상표등록
을 출원할 때 출원서에 지정상품을 정하여야 하고, 상품류구분상
의 하나의 류에 속하는 상품뿐만 아니라 여러 류에 속하는 상품을
하나의 출원에서 지정할 수 있다(다류지정 가능). 그리고 상품 및
서비스업을 동시에 지정하여 출원할 수 있으며, 이때에는 출원서
에 그 취지를 기재하여야 한다. 지정상품은 상표법 시행규칙 별표
1에 구분되어 있으며, 제1류부터 제34류까지는 상품이 구분되어
있으며, 제35류부터 제45류까지는 서비스업이 구분되어 있다.

C324
指定商品
zhǐdìng shāngpǐn

> **상표법 제36조 제1항 제4호**
> 지정상품 및 산업통상자원부령으로 정하는 상품류(이하 '상품
> 류'라 한다)
>
> **상표법시행규칙 제28조 제1항**
> 법 제36조 제1항 제4호에서 "산업통상자원부령으로 정하는 상
> 품류"란 별표 1에 따른 상품류를 말한다.

K292
지체(遲滯)
민법에서 지체는 이행지체를 말하는데, 이행지체는 채무가 이행
기에 있고 또한 이행할 수 있음에도 불구하고 채무자가 귀책사
유로 채무의 내용에 따른 이행을 하지 않는 것을 말한다. 지연과
같은 말이다.

C294
延迟
yánchí

> **민법 제544조(이행지체와 해제)** 당사자 일방이 그 채무를 이행
> 하지 아니하는 때에는 상대방은 상당한 기간을 정하여 그 이행
> 을 최고하고 그 기간 내에 이행하지 아니한 때에는 계약을 해
> 제할 수 있다. 그러나 채무자가 미리 이행하지 아니할 의사를
> 표시한 경우에는 최고를 요하지 아니한다.

K293
직계비속
직계란 수직적인 혈연관계(할아버지, 아버지, 손자 등)를 말하는
데, 직계비속은 본인을 기준으로 하여 아래쪽 계열에 있는 친족
을 말한다.

> 민법 제767조(친족의 정의) 배우자, 혈족 및 인척을 친족으로
> 한다.
> 제768조(혈족의 정의) 자기의 직계존속과 직계비속을 직계혈족
> 이라 하고 자기의 형제자매와 형제자매의 직계비속, 직계존속
> 의 형제자매 및 그 형제자매의 직계비속을 방계혈족이라 한다

C334
直系卑属
zhíxì bēishǔ

K294
직계존속
직계존속은 본인을 기준으로 하여 위쪽 계열에 있는 친족을 말
한다.

C333
直系尊血亲
zhíxì zūnxuèqīn

K295
진술보증
다른 회사의 주식이나 자산을 인수할 때에는 그 회사의 법률적 · 경
제적 상황을 정확하게 파악해야 하는데, 기업실사(Due Diligence)
만으로는 필요한 모든 정보를 파악하기 어려운 경우가 있다. 이에
매도인으로 하여금 일정한 사항을 진술하게 하는데, 이때 계약체결
에 있어 중요한 전제가 된 사항을 진술(represent)하고, 그 진술이
진실하다는 것을 보증(warrant)하는 것을 진술보증 또는 '진술 및
보장'이라고 한다.

C28
陈述和担保
chénshù hé dānbǎo

K296
질권
질권이란, 채권자가 채권의 담보로서 채무자 또는 물상보증인으
로부터 동산 등을 인도 받는 약정 담보물권을 말한다. 질권자는
담보 물건을 채무의 변제가 있을 때까지 유치함으로써 채무의
변제를 간접적으로 강제하는 동시에 변제가 없는 때에는 그 질
물로부터 우선적으로 변제를 받을 수 있다.

C330
质权
zhìquán

> **민법 제329조(동산질권의 내용)** 동산질권자는 채권의 담보로 채무자 또는 제삼자가 제공한 동산을 점유하고 그 동산에 대하여 다른 채권자보다 자기채권의 우선변제를 받을 권리가 있다.
> **제345조(권리질권의 목적)** 질권은 재산권을 그 목적으로 할 수 있다. 그러나 부동산의 사용, 수익을 목적으로 하는 권리는 그러하지 아니하다.

K297

질권설정자

질권설정계약에서 목적물(동산 등)에 질권을 설정하는 자를 말한다. 질권의 설정자는 일반적으로 피담보채권의 채무자인 것이 보통이나, 그러한 채무자에 한하지 않으며 제3자(물상보증인)도 될 수 있다.

C36

出质人

chūzhìrén

K298

질권실행

질권은 민사집행법이 정하는 강제집행절차 이외에 질권자의 직접 청구에 의해서도 우선변제권능을 실현할 수 있다. 피담보채권과 입질채권의 변제기가 모두 도래한 경우 질권자는 피담보채권액의 한도에서 제3채무자에 대해 직접 청구할 수 있는데, 이는 질권자가 자기의 이름으로 청구권을 행사하고 추심할 수 있음을 말한다. 따라서 질권자는 직접 청구권을 행사하여 입질채권을 실현하는데 필요한 일체의 행위를 할 수 있으며, 질권자의 변제수령대리인으로서가 아니라 제3채무자로부터 변제를 직접 수령할 권한을 가진다.

C227

实现质权

shíxiàn zhìquán

> **민법 제353조** ① 질권자는 질권의 목적이 된 채권을 직접 청구할 수 있다.
> ② 채권의 목적물이 금전인 때에는 질권자는 자기채권의 한도에서 직접 청구할 수 있다.
> ③ 전항의 채권의 변제기가 질권자의 채권의 변제기보다 먼저 도래한 때에는 질권자는 제삼채무자에 대하여 그 변제금액의 공탁을 청구할 수 있다. 이 경우에 질권은 그 공탁금에 존재한다.
> ④ 채권의 목적물이 금전 이외의 물건인 때에는 질권자는 그

변제를 받은 물건에 대하여 질권을 행사할 수 있다.

제354조(동전) 질권자는 전조의 규정에 의하는 외에 민사집행법에 정한 집행방법에 의하여 질권을 실행할 수 있다.

K299

질권자

자기의 채권을 담보하기 위한 질권을 가지는 사람을 말한다.

C331

质权人

zhìquánrén

> 민법 제330조(설정계약의 요물성) 질권의 설정은 질권자에게 목적물을 인도함으로써 그 효력이 생긴다.
>
> 제331조(질권의 목적물) 질권은 양도할 수 없는 물건을 목적으로 하지 못한다.
>
> 제332조(설정자에 의한 대리점유의 금지) 질권자는 설정자로 하여금 질물의 점유를 하게 하지 못한다.

K300

집행불능

채무자의 책임재산의 낭비, 훼손, 포기, 은닉, 염가 판매 또는 채무자의 도망, 주거부정, 빈번한 이사와 같이 장래 본안판결에서 승소하더라도 그 목적을 달성할 수 없는 경우를 말한다.

C269

无法执行

wúfǎ zhíxíng

ㅊ

K301

차용

차용이란 돈을 빌리는 것을 말하고, 이는 민법상 금전소비대차를 말한다. (↔ 대여)

C148

借用

jièyòng

> 민법 제598조(소비대차의 의의) 소비대차는 당사자 일방이 금전 기타 대체물의 소유권을 상대방에게 이전할 것을 약정하고 상대방은 그와 같은 종류, 품질 및 수량으로 반환할 것을 약정함으로써 그 효력이 생긴다.

K302
차임

차임이란 임치인이 임차물에 대해 사용의 대가로 임대인에게 지급하는 금전 등을 말하고, 임대차에서는 임차물 사용의 대가로서 지급하는 금전 그 밖의 물건을 말한다.

> 민법 제618조(임대차의 의의) 임대차는 당사자 일방이 상대방에게 목적물을 사용, 수익하게 할 것을 약정하고 상대방이 이에 대하여 차임을 지급할 것을 약정함으로써 그 효력이 생긴다.

C361
租金
zūjīn

K303
차입

차입이란 돈이나 물건 등을 빌리는 것을 의미하는 데, 세법상 차입금이란 기업을 경영함에 있어서 운전자금의 부족 또는 시설투자를 위하여 외부로부터 자금을 조달하는 경우 차용증서를 교부하고 타인으로부터 금전을 차용하는 것을 말한다.

> 자본시장과 금융투자업에 관한 법률 시행령 제83조(금전차입 등의 제한) ① 집합투자업자는 법 제83조제1항 단서에 따라 집합투자기구의 계산으로 금전을 차입하는 경우에는 다음 각 호의 어느 하나에 해당하는 금융기관으로부터 금전을 차입할 수 있다.
> 1. 제79조 제2항 제5호 각 목의 어느 하나에 해당하는 금융기관
> 2. 보험회사
> 3. 제1호 또는 제2호에 준하는 외국 금융기관

C145
借入
jièrù

K304
채권액

채권은 특정인이 다른 특정인에 대하여 일정한 행위를 할 것을 청구할 수 있는 권리인데, 채권액이란 금전채권에서의 액수를 말한다.

C317
债权数额
zhàiquán shú'é

K305
채권자

특정인 또는 채무자에 대하여 일정한 급부를 청구할 수 있는 사람을 말한다.

C318
债权人
zhàiquánrén

민법 제400조(채권자지체) 채권자가 이행을 받을 수 없거나 받지 아니한 때에는 이행의 제공있는 때로부터 지체책임이 있다.
제404조(채권자대위권) ① 채권자는 자기의 채권을 보전하기 위하여 채무자의 권리를 행사할 수 있다. 그러나 일신에 전속한 권리는 그러하지 아니하다.
② 채권자는 그 채권의 기한이 도래하기 전에는 법원의 허가없이 전항의 권리를 행사하지 못한다. 그러나 보전행위는 그러하지 아니하다.
제406조(채권자취소권) ① 채무자가 채권자를 해함을 알고 재산권을 목적으로 한 법률행위를 한 때에는 채권자는 그 취소 및 원상회복을 법원에 청구할 수 있다. 그러나 그 행위로 인하여 이익을 받은 자나 전득한 자가 그 행위 또는 전득당시에 채권자를 해함을 알지 못한 경우에는 그러하지 아니하다
② 전항의 소는 채권자가 취소원인을 안 날로부터 1년, 법률행위있은 날로부터 5년 내에 제기하여야 한다.

K306	C319
채무	债务
채권관계에서 어떠한 급부를 이행해야 하는 의무를 말한다.	zhàiwù

K307	C16
채무불이행	不履行债务
민법에서 채무자의 귀책사유(고의 또는 과실)로 인하여 이행기까지 채무의 내용에 따른 이행을 하지 않는 것을 말한다.	bùlǚxíng zhàiwù

민법 제390조(채무불이행과 손해배상) 채무자가 채무의 내용에 좇은 이행을 하지 아니한 때에는 채권자는 손해배상을 청구할 수 있다. 그러나 채무자의 고의나 과실없이 이행할 수 없게 된 때에는 그러하지 아니하다.
제393조(손해배상의 범위) ① 채무불이행으로 인한 손해배상은 통상의 손해를 그 한도로 한다.

K308	C197
채무완제	清偿债务
채무를 전부 갚았다는 것을 말한다.	qīngcháng zhàiwù

상법 제258조(채무완제불능과 출자청구) ① 회사의 현존재산이 그 채무를 변제함에 부족한 때에는 청산인은 변제기에 불구하고 각 사원에 대하여 출자를 청구할 수 있다.
② 전항의 출자액은 각 사원의 출자의 비율로 이를 정한다.

K309
채무이행
채무불이행의 반대말로 채무자가 이행기까지 채무의 내용에 따른 이행을 하는 것을 말한다.

C176
履行债务
lǚxíng zhàiwù

K310
채무자
채권관계에서 급부이행의무를 부담하는 사람을 말한다.

C320
债务人
zhàiwùrén

K311
채무초과
채무자의 적극재산보다 소극재산이 더 많은 것을 말한다. 즉 채무초과 사실은 채무자의 법률행위에 의하여 채권의 공동담보에 부족이 생기거나 이미 부족한 상태에 있는 공동담보가 한층 더 부족하게 되어 채권을 완전하게 만족시킬 수 없게 된 상태를 말한다.

C357
资不抵债
zībùdǐzhài

K312
처분
민법상 처분이란 권리 자체 내지 권리의 객체의 변동(발생·변경·소멸)을 일으키는 행위를 말한다.

C37
处分
chǔfèn

K313
처분권한
처분을 할 수 있는 권한을 말하고, 민법에서 처분권한이 없는 자의 처분행위는 무효이다.

C38
处分权
chǔfènquán

K314
철거
철거란 건물이나 시설 따위를 걷어 치워버림을 말한다. 현재 건축법이나 건축물관리법에서는 철거라는 용어 대신 "해체"라는

용어를 사용하고 있다.

> **건축물 관리법 제2조 제7호**
> 7. "해체"란 건축물을 건축·대수선·리모델링하거나 멸실시키기 위하여 건축물 전체 또는 일부를 파괴하거나 절단하여 제거하는 것을 말한다.

K315
청산

회사, 조합 등 법인이 파산 또는 해산에 의해 활동을 정지하고 재산적 권리의무를 정리한 후, 순자산을 주주 또는 조합원에게 분배하고 폐업하는 것을 말한다. 회사는 해산하면 합병, 분할, 분할합병 또는 파산의 경우를 제외하고는 청산단계로 들어가는데(상법 제531조 제1항), 이때 회사의 권리능력은 청산의 목적범위 내로 제한된다(상법 제245조, 제542조, 제613조).

C198
清算
qīngsuàn

> **상법 제531조(청산인의 결정)** ①회사가 해산한 때에는 합병·분할·분할합병 또는 파산의 경우 외에는 이사가 청산인이 된다. 다만, 정관에 다른 정함이 있거나 주주총회에서 타인을 선임한 때에는 그러하지 아니하다.

K316
체결

계약이나 조약 따위를 공식적으로 맺는 것을 말한다.

C193
签订
qiāndìng

K317
최고

타인에게 일정한 행위를 할 것을 요구하는 통지를 말한다. 민법상 최고는 채무자에게 채무의 이행을 청구하는 의사의 통지에 해당한다. 확답촉구라는 용어를 사용하기도 한다.

C45
催告
cuīgào

> **민법 제174조(최고와 시효중단)** 최고는 6월내에 재판상의 청구, 파산절차참가, 화해를 위한 소환, 임의출석, 압류 또는 가압류, 가처분을 하지 아니하면 시효중단의 효력이 없다.

K318
출자
출자란 자본으로서 돈이나 물건을 회사나 조합, 그 밖의 영리법인에 내놓는 것을 말한다.

> **상법 제301조(모집설립의 경우의 주주모집)** 발기인이 회사의 설립시에 발행하는 주식의 총수를 인수하지 아니하는 때에는 주주를 모집하여야 한다.
> **제305조(주식에 대한 납입)** ① 회사설립시에 발행하는 주식의 총수가 인수된 때에는 발기인은 지체없이 주식인수인에 대하여 각 주식에 대한 인수가액의 전액을 납입시켜야 한다.
> ② 전항의 납입은 주식청약서에 기재한 납입장소에서 하여야 한다.
> ③ 제295조 제2항의 규정은 제1항의 경우에 준용한다.

C39
出资
chuzī

K319
출자회수금
출자한 돈을 회수한 금액을 말하는 것으로, 예를 들어 회사나 조합 등에 출자하였던 돈 중 회수한 금액을 말한다.

C40
出资回收款
chūzī huíshōukuǎn

K320
취소
일단 유효하게 성립한 법률행위의 효력을 무능력이나 의사표시의 결함을 이유로 취소권자가 그 효력을 소멸시키는 것을 말한다.

> **민법 제140조(법률행위의 취소권자)** 취소할 수 있는 법률행위는 제한능력자, 착오로 인하거나 사기·강박에 의하여 의사표시를 한 자, 그의 대리인 또는 승계인만이 취소할 수 있다.

C29
撤销
chèxiāo

C57
吊销
diàoxiāo

C208
取消
qǔxiāo

K321
취업규칙
근로계약관계에 적용되는 근로조건이나 복무규율 등에 대하여 사용자가 일방적으로 작성하여 자신의 근로자들에게 공통적으로

C155
就业规则
jiùyè guīzé

적용하는 규칙을 말한다. 다만, 취업규칙의 내용을 근로자에게 불리하게 변경하려면 노동조합 또는 근로자 과반수의 동의를 받아야 한다.

근로기준법 제93조(취업규칙의 작성·신고) 상시 10명 이상의 근로자를 사용하는 사용자는 다음 각호의 사항에 관한 취업규칙을 작성하여 고용노동부장관에게 신고하여야 한다. 이를 변경하는 경우에도 또한 같다.

1. 업무의 시작과 종료시각, 휴게시간, 휴일, 휴가 및 교대근로에 관한 사항
2. 임금의 결정·계산·지급방법, 임금의 산정기간·지급시기 및 승급(昇給)에 관한 사항
3. 가족수당의 계산·지급방법에 관한 사항
4. 퇴직에 관한 사항
5. 「근로자퇴직급여보장법」 제4조에 따라 설정된 퇴직급여, 상여 및 최저임금에 관한 사항
6. 근로자의 식비, 작업용품 등의 부담에 관한 사항
7. 근로자를 위한 교육시설에 관한 사항
8. 출산전후휴가·육아휴직 등 근로자의 모성 보호 및 일·가정 양립 지원에 관한 사항
9. 안전과 보건에 관한 사항
9의2. 근로자의 성별·연령 또는 신체적 조건 등의 특성에 따른 사업장 환경의 개선에 관한 사항
10. 업무상과 업무 외의 재해부조(災害扶助)에 관한 사항
11. 직장 내 괴롭힘의 예방 및 발생 시 조치 등에 관한 사항
12. 표창과 제재에 관한 사항
13. 그 밖에 해당 사업 또는 사업장의 근로자 전체에 적용될 사항

제94조(규칙의 작성, 변경 절차) ① 사용자는 취업규칙의 작성 또는 변경에 관하여 해당 사업 또는 사업장에 근로자의 과반수로 조직된 노동조합이 있는 경우에는 그 노동조합, 근로자의 과반수로 조직된 노동조합이 없는 경우에는 근로자의 과반수의 의견을 들어야 한다. 다만, 취업규칙을 근로자에게 불리하게 변경하는 경우에는 그 동의를 받아야 한다.

K322

취직인허증

취직인허증이란 취직이 금지되어 있는 15세 미만의 청소년에 내하여 고용노동부장관이 취직을 인정하고 허가해주는 증명서를 말하며, 고용노동부장관이 발급한 취직인허증(就職認許證)을 지닌 청소년은 일할 수 있다.

> **근로기준법 시행령 제35조(취직인허증의 발급 등)** ① 법 제64조에 따라 취직인허증을 받을 수 있는 자는 13세 이상 15세 미만인 자로 한다. 다만, 예술공연 참가를 위한 경우에는 13세 미만인 자도 취직인허증을 받을 수 있다.
> ② 제1항에 따른 취직인허증을 받으려는 자는 고용노동부령으로 정하는 바에 따라 고용노동부장관에게 신청하여야 한다.
> ③ 제2항에 따른 신청은 학교장(의무교육 대상자와 재학 중인 자로 한정한다) 및 친권자 또는 후견인의 서명을 받아 사용자가 될 자와 연명(連名)으로 하여야 한다.

C157
就职许可证
jiùzhí xǔkězhèng

K323

친권자

부모가 미성년인 자녀에 대하여 가지는 신분·재산상 권리와 의무를 말한다. 부모는 미성년자인 자녀의 친권자가 되고, 양자(養子)의 경우에는 양부모가 친권자가 된다.

> **민법 제909조(친권자)** ① 부모는 미성년자인 자의 친권자가 된다. 양자의 경우에는 양부모(養父母)가 친권자가 된다.
> ② 친권은 부모가 혼인 중인 때에는 부모가 공동으로 이를 행사한다. 그러나 부모의 의견이 일치하지 아니하는 경우에는 당사자의 청구에 의하여 가정법원이 이를 정한다.
> ③ 부모의 일방이 친권을 행사할 수 없을 때에는 다른 일방이 이를 행사한다.
> ④ 혼인 외의 자가 인지된 경우와 부모가 이혼하는 경우에는 부모의 협의로 친권자를 정하여야 하고, 협의할 수 없거나 협의가 이루어지지 아니하는 경우에는 가정법원은 직권으로 또는 당사자의 청구에 따라 친권자를 지정하여야 한다. 다만, 부모의

C200
亲权人
qīnquánrén

협의가 자(子)의 복리에 반하는 경우에는 가정법원은 보정을
명하거나 직권으로 친권자를 정한다.
⑤ 가정법원은 혼인의 취소, 재판상 이혼 또는 인지청구의 소
의 경우에는 직권으로 친권자를 정한다.
⑥ 가정법원은 자의 복리를 위하여 필요하다고 인정되는 경우
에는 자의 4촌 이내의 친족의 청구에 의하여 정하여진 친권자
를 다른 일방으로 변경할 수 있다.

K324
침해
개인이 가지고 있는 어떠한 권리의 객체를 멸실, 훼손하거나 권리
의 행사를 방해하여 권리의 존재나 작용을 해하는 것을 말한다.

C196
侵犯
qīnfàn

C199
侵害
qīnhài

K325
침해금지
침해행위를 하지 못하도록 하는 것을 말한다.

C253
停止侵害
tíngzhǐ qīnhài

ㅌ

K326
통지
특정인 또는 불특정 다수인에게 특정 사실을 알리는 행위를 말
한다.

C255
通知
tōngzhī

K327
특허
발명을 한 자 또는 그의 정당한 승계인에게 그 발명을 대중에게
공개한 대가로 일정 기간 동안 배타적인 권리를 주는 행정행위
를 말한다.

C342
专利
zhuānlì

K328
특허권
특허법에 의하여 발명을 독점적으로 이용할 수 있는 권리로 넓게는 발명·실용신안·디자인 및 상표를 독점적으로 이용할 수 있는 권리를 말한다.

C343
专利权
zhuānlìquán

ㅍ

K329
파산
파산(破産)은 채무자가 채권자로부터 빚을 빌린 개인이나 단체가 빚을 완전히 갚을 수 없는 상태를 말한다. 또한, 전체 재산을 모든 채권자에게 공평히 갚도록 할 것을 목적으로 하는 재판절차를 가리키기도 한다.

C189
破产
pòchǎn

> 채무자 회생 및 파산에 관한 법률 제1조(목적) 이 법은 재정적 어려움으로 인하여 파탄에 직면해 있는 채무자에 대하여 채권자·주주·지분권자 등 이해관계인의 법률관계를 조정하여 채무자 또는 그 사업의 효율적인 회생을 도모하거나, 회생이 어려운 채무자의 재산을 공정하게 환가·배당하는 것을 목적으로 한다.

K330
파산관재인
파산재단에 속하는 재산을 관리하고, 파산절차에 따른 업무를 수행하는 자로서 법원에 의해 임명되는 사람을 말한다.

C190
破产管理人
pòchǎn guǎnlǐrén

K331
판촉 활동
판매촉진의 줄임말로 마케팅 커뮤니케이션의 일환으로 기업의 제품이나 서비스를 고객들이 구매하도록 유도할 목적으로 해당 제품이나 서비스의 성능에 대해서 고객을 대상으로 정보를 제공하거나 설득하여 판매가 늘어나도록 유도하는 마케팅 노력의 일체를 말한다.

C46
促销活动
cùxiāo huódòng

K332
표준근로계약서
회사가 직원을 고용할 때 회사와 직원이 작성하는 근로계약서의
내용에 관하여 고용노동부가 만들어 사업장에 배포하는 양식을
말한다.

C9
标准劳动合同书
biāozhǔn láodòng
hétóngshū

ㅎ

K333
하자
공사의 실수 또는 잘못으로 파손이나 누수, 균열, 침하 등이 발
생해 건축물의 안전기능 또는 미관상으로 지장을 초래할 정도의
결함을 말한다.

C272
瑕疵
xiácī

K334
하자보수
건축과정에서 고의 과실로 인해 발생한 하자에 화학적·물리적
조치를 하여 가급적 오랫동안 원래의 형태를 유지할 수 있도록
안정화시키는 작업을 말한다.

C273
瑕疵保修
xiácī bǎoxiū

K335
합병
「상법」상의 절차에 따라, 회사의 일부 또는 전부가 해산하여 그
재산과 권리·의무가 포괄적으로 존속회사 또는 신설회사에 이
전하고, 회사 구성원도 존속회사 또는 신설회사의 구성원으로 되
는 것을 말한다.

C119
合并
hébìng

> 상법 제230조(합병의 결의) 회사가 합병을 함에는 총사원의 동
> 의가 있어야 한다.
> 제233조(합병의 등기) 회사가 합병을 한 때에는 본점소재지에
> 서는 2주간 내, 지점소재지에서는 3주간 내에 합병 후 존속하
> 는 회사의 변경등기, 합병으로 인하여 소멸하는 회사의 해산
> 등기, 합병으로 인하여 설립되는 회사의 설립등기를 하여야

한다.
제234조(합병의 효력발생) 회사의 합병은 합병 후 존속하는 회사 또는 합병으로 인하여 설립되는 회사가 그 본점소재지에서 전조의 등기를 함으로써 그 효력이 생긴다.
제235조(합병의 효과) 합병 후 존속한 회사 또는 합병으로 인하여 설립된 회사는 합병으로 인하여 소멸된 회사의 권리의무를 승계한다.

K336
합작
둘 이상의 기업이 공동으로 출자하여 기업을 경영하거나 그런 기업 형태를 말한다.

C126
合作
hézuò

K337
합작회사
공동출자회사라고 하는데, 영어로는 조인트벤처(joint venture)라고도 한다. 이는 관계회사가 기술 노동 및 자본을 공동으로 출자하여 회사를 설립하는 것을 말한다.

C127
合作公司
hézuò gōngsī

K338
해산
법인이 그 본래의 활동을 종료하고 잔여의 정리를 해야 할 상태에 들어가는 것을 말한다.

C146
解散
jiěsàn

상법 제517조(해산사유) 주식회사는 다음의 사유로 인하여 해산한다.
1. 제227조 제1호, 제4호 내지 제6호에 정한 사유
1의2. 제530조의2의 규정에 의한 회사의 분할 또는 분할합병
2. 주주총회의 결의

K339
해제
일단 유효하게 성립한 계약을 소급하여 소멸시키는 일방적인 의사표시를 말한다.

C141
解除
jiěchú

민법 제543조(해지, 해제권) ① 계약 또는 법률의 규정에 의하여 당사자의 일방이나 쌍방이 해지 또는 해제의 권리가 있는 때에는 그 해지 또는 해제는 상대방에 대한 의사표시로 한다.

K340
행정처분
행정청이 행하는 구체적인 사실에 관한 집행으로서의 공권력의 행사 또는 그 거부와 그 밖에 이에 준하는 행정작용을 말하고, 행정청의 공권력행사작용, 공권력행사의 거부, 공권력행사나 그 거부에 준하는 행정작용이 포함된다.

C287
行政处分
xíngzhèng chǔfèn

행정절차법 제2조(정의) 이 법에서 사용하는 용어의 뜻은 다음과 같다.
2. "처분"이란 행정청이 행하는 구체적 사실에 관한 법 집행으로서의 공권력의 행사 또는 그 거부와 그 밖에 이에 준하는 행정작용(行政作用)을 말한다.

K341
허가
일정한 행위나 영업을 예외 없이 금지하고 일정한 경우에 행정청의 행위를 통해 이러한 금지를 해제하여 금지된 행위를 할 수 있게 허용하는 행정행위를 말한다.

C291
许可
xǔkě

K342
현금출자
회사의 가장 기본적인 자본조달 방식으로 금전에 의한 출자형태를 말한다.

C274
现金出资
xiànjīn chūzī

K343
호혜적
서로 특별한 혜택을 주고받는 것을 말한다.

C128
互惠
hùhuì

K344
확약사항
당사자의 일정한 작위 또는 부작위의 의무를 정하는 것을 말하는데, M&A 계약에서 진술 및 보장(K295)이 계약 체결일 또는 종결일 현재의 상태에 대하여 진술하고 해당 내용이 정확하다고 보장하는 것과 구분된다.

K345
확정일자
증서에 대하여 그 작성한 일자에 관한 완전한 증거가 될 수 있는 것으로 법률상 인정되는 일자를 말하며, 당사자가 나중에 변경하는 것이 불가능한 확정된 일자를 가리킨다.

C207
確定日期
quèdìng rìqī

> **제450조(지명채권양도의 대항요건)** ① 지명채권의 양도는 양도인이 채무자에게 통지하거나 채무자가 승낙하지 아니하면 채무자 기타 제삼자에게 대항하지 못한다.
> ② 전항의 통지나 승낙은 확정일자있는 증서에 의하지 아니하면 채무자 이외의 제삼자에게 대항하지 못한다.

> [판례] 확정일자란, 증서에 대하여 그 작성한 일자에 관한 완전한 증거가 될 수 있는 것으로 법률상 인정되는 일자를 말하며, 당사자가 나중에 변경하는 것이 불가능한 확정된 일자를 가리키고, 확정일자 있는 증서란, 위와 같은 일자가 있는 증서로서 민법 부칙 제3조 소정의 증서를 말한다. (대법원 1998. 10. 2. 선고 98다28879 판결)

K346
회생
채무의 초과상태로 인하여 사업계속에 지장을 초래하여 변제기에 변제를 할 수 없거나, 파산의 원인이 생길 염려가 있는 경우 법원에 회생절차개시신청을 하여 채무의 변제에 대한 조정을 통하여 채무액 중 일부(또는 전부)를 변제하고, 나머지 채무액은 면제를 받는 절차를 말한다.

C35
重整
chóngzhěng

> **채무자 회생 및 파산에 관한 법률 제1조(목적)** 이 법은 재정적 어려움으로 인하여 파탄에 직면해 있는 채무자에 대하여 채권자·주주·지분권자 등 이해관계인의 법률관계를 조정하여 채무자 또는 그 사업의 효율적인 회생을 도모하거나, 회생이 어려운 채무자의 재산을 공정하게 환가·배당하는 것을 목적으로 한다.

K347

효력

무엇인가를 할 수 있는 힘을 말한다. 예를 들어, 법률상 효력이 있다는 것은 법률상 유효한 힘이 있다는 것을 말한다.

C278

效力

xiàolì

K348

후견인

친권에 의한 보호를 받지 못하는 미성년자 또는 장애·질병·노령 등으로 인해 사무처리 능력에 도움이 필요한 성인에게 폭넓은 보호와 지원을 제공하기 위한 민법상 제도로, 미성년후견인은 유언 또는 법원의 선임에 의하여, 성년후견인은 법원에 의하여 선임된 사람을 말한다.

C132

监护人

jiānhùrén

> 민법 제928조(미성년자에 대한 후견의 개시) 미성년자에게 친권자가 없거나 친권자가 제924조, 제924조의2, 제925조 또는 제927조제1항에 따라 친권의 전부 또는 일부를 행사할 수 없는 경우에는 미성년후견인을 두어야 한다.
>
> 제929조(성년후견심판에 의한 후견의 개시) 가정법원의 성년후견개시심판이 있는 경우에는 그 심판을 받은 사람의 성년후견인을 두어야 한다.
>
> 제930조(후견인의 수와 자격) ① 미성년후견인의 수(數)는 한 명으로 한다.
>
> ② 성년후견인은 피성년후견인의 신상과 재산에 관한 모든 사정을 고려하여 여러 명을 둘 수 있다.
>
> ③ 법인도 성년후견인이 될 수 있다.
>
> 제931조(유언에 의한 미성년후견인의 지정 등) ① 미성년자에게 친권을 행사하는 부모는 유언으로 미성년후견인을 지정할 수 있다. 다만, 법률행위의 대리권과 재산관리권이 없는 친권자는 그러하지 아니하다.
>
> ② 가정법원은 제1항에 따라 미성년후견인이 지정된 경우라도 미성년자의 복리를 위하여 필요하면 생존하는 부 또는 모, 미성년자의 청구에 의하여 후견을 종료하고 생존하는 부 또는 모를 친권자로 지정할 수 있다.
>
> 제932조(미성년후견인의 선임) ① 가정법원은 제931조에 따라

지정된 미성년후견인이 없는 경우에는 직권으로 또는 미성년자, 친족, 이해관계인, 검사, 지방자치단체의 장의 청구에 의하여 미성년후견인을 선임한다. 미성년후견인이 없게 된 경우에도 또한 같다.
② 가정법원은 제924조, 제924조의2 및 제925조에 따른 친권의 상실, 일시 정지, 일부 제한의 선고 또는 법률행위의 대리권이나 재산관리권 상실의 선고에 따라 미성년후견인을 선임할 필요가 있는 경우에는 직권으로 미성년후견인을 선임한다.
③ 친권자가 대리권 및 재산관리권을 사퇴한 경우에는 지체 없이 가정법원에 미성년후견인의 선임을 청구하여야 한다.

K349
흡수합병

C289
吸收合并
xīshōu hébìng

합병(K335)의 종류 중 하나로 일반적으로 규모가 더 큰 기업이 다른 기업을 흡수하여 흡수한 기업은 존속하고 흡수당한 회사는 소멸하는 것을 말한다.

상법 제523조(흡수합병의 합병계약서) 합병할 회사의 일방이 합병 후 존속하는 경우에는 합병계약서에 다음의 사항을 적어야 한다.
1. 존속하는 회사가 합병으로 인하여 그 발행할 주식의 총수를 증가하는 때에는 그 증가할 주식의 총수, 종류와 수
2. 존속하는 회사의 자본금 또는 준비금이 증가하는 경우에는 증가할 자본금 또는 준비금에 관한 사항
3. 존속하는 회사가 합병을 하면서 신주를 발행하거나 자기주식을 이전하는 경우에는 발행하는 신주 또는 이전하는 자기주식의 총수, 종류와 수 및 합병으로 인하여 소멸하는 회사의 주주에 대한 신주의 배정 또는 자기주식의 이전에 관한 사항
4. 존속하는 회사가 합병으로 소멸하는 회사의 주주에게 제3호에도 불구하고 그 대가의 전부 또는 일부로서 금전이나 그 밖의 재산을 제공하는 경우에는 그 내용 및 배정에 관한 사항

5. 각 회사에서 합병의 승인결의를 할 사원 또는 주주의 총회의
   기일
6. 합병을 할 날
7. 존속하는 회사가 합병으로 인하여 정관을 변경하기로 정한
   때에는 그 규정
8. 각 회사가 합병으로 이익배당을 할 때에는 그 한도액
9. 합병으로 인하여 존속하는 회사에 취임할 이사와 감사 또는
   감사위원회의 위원을 정한 때에는 그 성명 및 주민등록번호

2

국문 용어 색인

국문 용어 순번	국문용어	중문 용어 순번	중문용어	병음
K1	2기의 차임액	C169	两期租金	liǎngqī zūjīn
K2	가분성	C162	可分性	kěfēnxìng
K3	가압류	C173	临时扣押	línshí kòuyā
K4	가족관계증명서	C201	亲属关系证明书	qīnshǔ guānxì zhèngmíngshū
K5	가처분	C171	临时处分	línshí chǔfèn
K6	감사	C134	监查	jiānchá
K7	감사보고서	C223	审计报告	shěnjì bàogào
K8	감자	C135	减资	jiǎnzī
K9	개업공인중개사	C335	执业注册中介师	zhíyè zhùcè zhōngjièshī
K10	거래종결일	C140	交易终结日	jiāoyì zhōngjiérì
K11	건강보험	C133	健康保险	jiànkāngbǎoxiǎn
K12	검수	C295	验收	yànshōu
K13	검수기준	C296	验收标准	yànshōu biāozhǔn
K14	결산서	C147	结算书	jiésuànshū
K15	경매	C184	拍卖	pāimài
K16	경영권	C151	经营权	jīngyíngquán
K17	계약	C121	合同	hé · tong
K18	계약 위반	C267	违约	wéiyuē
K19	계약 종료	C125	合同终止	hétóng zhōngzhǐ

K20	계약 해제	C142	解除合同	jiěchú hétong
K21	계약 해지			
K22	계약갱신청구권	C122	合同更新请求权	hétóng gēngxīn qǐngqiúquán
K23	계약금	C60	定金	dìngjīn
K24	계약기간	C124	合同期限	hétóng qīxiàn
K25	계약만료	C123	合同期满	hétóng qīmǎn
K26	계약불이행	C14	不履行合同	bùlǚxíng hétóng
K27	고용보험	C117	雇用保险	gùyòng bǎoxiǎn
K28	고의	C116	故意	gùyì
K29	고지	C86	告知	gàozhī
K30	공과금	C87	公共费用	gōnggòng fèiyòng
K31	공시재무제표	C90	公示财务报表	gōngshìcáiwùbàobiǎo
K32	공제	C59	抵减	dǐjiǎn
		C164	扣除	kòuchú
K33	(부동산)공제증서	C88	共济证书	gòngjìzhèngshū
K34	과실	C110	过失	guòshī
K35	관리비	C97	管理费	guǎnlǐfèi
K36	관습	C96	惯例	guànlì
		C281	习惯	xíguàn
K37	관할	C98	管辖	guǎnxiá
K38	관할 법원	C99	管辖法院	guǎnxiá fǎyuàn
K39	교부	C137	交付	jiāofù
K40	교환	C138	交换	jiāohuàn
K41	구두통지	C165	口头通知	kǒutóu tōngzhī
K42	구상 비용	C203	求偿款	qiúchángkuǎn
K43	구속력	C313	约束力	yuēshùlì
K44	구제조치	C154	救济措施	jiùjì cuòshī
K45	국민연금	C109	国民年金	guómín niánjīn

K46	국세	C111	国税	guóshuì
K47	권리자	C206	权利人	quánlìrén
K48	권리질권	C205	权利质权	quánlì zhìquán
K49	권리행사의 포기	C70	放弃行使权利	fàngqì xíngshǐ quánlì
K50	귀책사유	C83	负有责任	fùyǒu zérèn
K51	근로개시일	C95	工作开始日	gōngzuò kāishǐrì
K52	근로기준법	C166	韩国劳动基准法	hánguó láodòng jīzhǔnfǎ
K53	근로자	C167	劳动者	láodòngzhě
K54	금전소비대차	C360	资金借贷	zījīnjièdài
K55	기각	C10	驳回	bóhuí
K56	기명날인	C149	记名盖章	jìmíng gàizhāng
		C194	签名捺印	qiānmíng nàyìn
K57	기명식 보통주식	C150	记名式普通股份	jìmíngshì pǔtōng gǔfèn
K58	기밀보장의무	C2	保密义务	bǎomì yìwù
K59	기재 보증	C158	记载保证	jìzǎi bǎozhèng
K60	기한의 이익	C204	期限利益	qīxiàn lìyì
K61	납입영수증	C139	缴款收据	jiǎokuǎn shōujù
		C328	支付凭证	zhīfù píngzhèng
K62	납입자본	C225	实缴资本	shíjiǎo zīběn
K63	납품	C136	交货	jiāohuò
K64	누설	C280	泄露	xièlù
K65	단순 이용 허락	C192	普通使用许可	pǔtōng shǐyòng xǔkě
K66	단체협약	C153	集体合同	jítǐ hétong
K67	담보	C4	保证	bǎozhèng
		C52	担保	dānbǎo
K68	담보 제공	C251	提供担保	tígōng dānbǎo
K69	당사자	C53	当事人	dāngshìrén
K70	대금	C130	货款	huòkuǎn

K71	대금지급	C327	支付货款	zhīfù huòkuǎn
K72	대여	C41	出租	chūzū
		C49	贷给	dàigěi
K73	대여금계약	C50	贷款合同	dàikuǎn hétóng
K74	대한법률구조공단	C47	大韩法律救助公团	dàhán fǎlǜ jiùzhù gōngtuán
K75	대한상사중재원	C48	大韩商事仲裁院	dàhán shāngshì zhòngcáiyuàn
K76	독점적 이용허락	C68	独占使用许可	dúzhàn shǐyòng xǔkě
K77	동산	C65	动产	dòngchǎn
K78	동종	C254	同类	tónglèi
K79	등기	C54	登记	dēngjì
K80	등기이사	C56	登记董事	dēngjì dǒngshì
K81	등록원부	C55	登记簿	dēngjìbù
K82	디자인	C257	外观设计	wàiguān shèjì
K83	디자인권	C258	外观设计权	wàiguān shèjìquán
		C259	外观设计专利权	wàiguān shèjì zhuānlìquán,
K84	라이선스	C291	许可	xǔkě
K85	라이선스 계약	C292	许可合同	xǔkě hétóng
K86	라이선스권자	C293	许可权人	xǔkěquánrén
K88	만료	C144	届满	jièmǎn
K89	말소	C340	注销	zhùxiāo
K90	매도인	C178	卖方	màifāng
K91	매수인	C177	买方	mǎifāng
K92	매출실적	C279	销售业绩	xiāoshòu yèjì
K93	면제	C179	免除	miǎnchú
K94	면책	C180	免责	miǎnzé
K95	멸실	C181	灭失	mièshī
K96	무상증자	C268	无偿增资	wúcháng zēngzī
		C352	转增股本	zhuǎnzēng gǔběn

K97	무자력	C357	资不抵债	zībùdǐzhài
K98	무체재산권	C271	无形财产权	wúxíng cáichǎnquán
K99	무효	C270	无效	wúxiào
K100	물상담보	C226	实物抵押	shíwù dǐyā
K101	민법	C182	民法	mínfǎ
K102	발기인	C74	发起人	fāqǐrén
K103	발행주식	C79	发行股份	fāxíng gǔfèn
		C300	已发行的证券	yǐfāxíngde zhèngquàn
K104	발행회사	C78	发行公司	fāxíng gōngsī
K105	발효일	C222	生效日	shēngxiàorì
K106	배달증명	C246	送达证明	sòngdá zhèngmíng
K107	배당금	C115	股息	gǔxī
K108	배타적인 권한	C185	排他性权利	páitāxìng quánlì
K109	법률실사	C69	法律尽职调查	fǎlǜ jìnzhí diàochá
K110	법인	C75	法人	fǎrén
K111	법인세법	C76	(韩国)法人税法 (=中国企业所得税法)	fǎrénshuìfǎ(qǐyèsuǒdeshuìfǎ)
K112	변제	C20	偿还	chánghuán
K113	변제기	C22	偿还期	chánghuánqī
K114	변제기일	C23	偿还日期	chánghuán rìqī
K115	변제장소	C21	偿还地点	chánghuán dìdiǎn
K116	보전처분	C3	保全处分	bǎoquán chǔfèn
K117	보증	C4	保证	bǎozhèng
K118	보증금	C5	保证金	bǎozhèngjīn
K119	보증인	C6	保证人	bǎozhèngrén
K120	보통주식	C191	普通股	pǔtōnggǔ
K121	부가가치세	C81	附加价值税	fùjiā jiàzhíshuì
		C315	增值税	zēngzhíshuì

K122	부도	C161	拒付事由	jùfù shìyóu
		C314	逾期兑付状态	yúqī duìfù zhuàngtài
K123	부속계약	C82	附属合同	fùshǔ hétong
K124	부외채무	C322	账外债务	zhàngwài zhàiwù
K125	부채	C84	负债	fùzhài
K126	불가항력	C12	不可抗力	bùkěkànglì
K127	불법행위	C265	违法行为	wéifǎ xíngwéi
K128	불이행	C13	不履行	bùlǚxíng
K129	불포기	C11	不放弃	bùfàngqì
K130	비밀유지	C1	保密	bǎomì
K131	비밀유지의무	C2	保密义务	bǎomì yìwù
K132	사업주	C118	雇主	gùzhǔ
		C304	用人单位	yòngrén dānwèi
K133	사용 승낙	C229	使用承诺	shǐyòng chéngnuò
K134	(상표) 사용권자	C233	使用权人	shǐyòngquánrén
K135	(상표권)사용기간	C232	使用期	shǐyòngqī
K136	사용료	C231	使用费	shǐyòngfèi
K137	사용제한	C234	使用限制	shǐyòng xiànzhì
K138	사용지역	C230	使用地区	shǐyòng dìqū
K139	사임서	C44	辞职书	cízhíshū
K140	사전 승인	C228	事先同意	shìxiān tóngyì
K141	사전서면합의	C224	事先书面合意	shìxiān shūmiàn héyì
K142	사채	C91	公司债券	gōngsī zhàiquàn
K143	사채발행	C77	发行公司债券	fāxíng gōngsī zhàiquàn
K144	사채인수	C92	公司债券认购	gōngsī zhàiquàn rèngòu
K145	사회보험	C220	社会保险	shèhuì bǎoxiǎn
K146	산재보험	C89	工伤保险	gōngshāng bǎoxiǎn
K147	상관습	C218	商业惯例	shāngyè guànlì

K148	상당한 기간	C299	一定期限	yīdìng qīxiàn
		C301	盈余	yíngyú
K149	상법상 이사	C66	董事	dǒngshì
K150	상여금	C131	奖金	jiǎngjīn
K151	상표권	C212	商标权	shāngbiāoquán
K152	상표등록	C213	商标注册	shāngbiāo zhùcè
K153	상표등록번호	C214	商标注册编号	shāngbiāo zhùcè biānhào
		C215	商标注册号	shāngbiāo zhùcèhào
K154	상표등록증	C216	商标注册证	shāngbiāo zhùcèzhèng
K155	상품류	C217	商品类别	shāngpǐn lèi bié
K156	서면 동의	C244	书面同意	shūmiàn tóngyì
K157	서면 통지	C245	书面通知	shūmiàn tōngzhī
K158	서명날인	C195	签字盖章	qiānzì gàizhāng
K159	선순위	C311	优先顺序	yōuxiān shùnxù
K160	선행조건	C275	先决条件	xiānjuétiáojiàn
		C276	先行条件	xiānxíng tiáojiàn
K161	설립	C221	设立	shèlì
K162	소멸	C277	消灭	xiāomiè
K163	소비대차	C143	借贷	jièdài
K164	소유	C249	所有	suǒyǒu
K165	손해 배상	C186	赔偿损失	péicháng sǔnshī
		C247	损害赔偿	sǔnhài péicháng
K166	손해 배상청구	C248	损害赔偿请求	sǔnhài péicháng qǐngqiú
K167	수권	C240	授权	shòuquán
K168	수권자본	C241	授权资本	shòuquán zīběn
K169	수령	C170	领取	lǐngqǔ
		C237	收到	shōudào
K170	수선	C290	修缮	xiūshàn

K171	수표	C329	支票	zhīpiào
K172	순자산	C152	净资产	jìngzīchǎn
K173	시정요구	C156	纠正要求	jiūzhèng yāoqiú
K174	신설합병	C288	新设合并	xīnshè hébìng
K175	신주	C283	新股	xīngǔ
K176	신주 인수 대금	C285	新股认购款	xīngǔ rèngòukuǎn
K177	신주발행	C284	新股发行	xīngǔfāxíng
K178	신주인수계약	C286	新股认购协议	xīngǔ rèngòu xiéyì
K179	신회사	C282	新公司	xīngōngsī
K180	실용신안	C235	实用新型	shíyòng xīnxíng
K181	실용신안권	C236	实用新型权	shíyòng xīnxíngquán
K182	액면금	C187	票额	piào'é
		C188	票面金额	piàomiàn jīn'é
K183	액면주식	C307	有面值股份	yǒumiànzhí gǔfèn
		C308	有面值股票	yǒumiànzhí gǔpiào
K184	양도	C344	转让	zhuǎnràng
K185	양도 계약	C348	转让合同	zhuǎnràng hétong
K186	양도담보권	C346	转让担保权	zhuǎnràng dānbǎoquán
K187	양도인	C349	转让人	zhuǎnràngrén
K188	양수도	C242	受让及转让	shòuràng jí zhuǎnràng
K189	양수도 대금	C347	转让对价	zhuǎnràng duìjià
K190	양수인	C243	受让人	shòuràngrén
K191	어음	C202	期票	qīpiào
K192	업무보증관계증서	C297	业务保证关系证书	yèwù bǎozhèng guānxì zhèngshū
K193	업무집행지시자	C298	业务执行指示者	yèwù zhíxíng zhǐshìzhě
K194	연소근로자	C263	未成年劳动者	wèichéngnián láodòngzhě
K195	연차유급휴가	C51	带薪年休假	dàixīn niánxiūjià
K196	영업비밀	C219	商业秘密	shāngyè mìmì

K197	외국인투자촉진법	C260	外国人投资促进法	wàiguórén tóuzī cùjìnfǎ
K198	외국환거래법	C261	外汇交易法	wàihuì jiāoyìfǎ
K199	우발채무	C183	偶发债务	ǒufā zhàiwù
K200	우선매수권	C309	优先购买权	yōuxiān gòumǎiquán
K201	우선주	C310	优先股	yōuxiāngǔ
K202	원리금	C7	本息	běnxī
K203	원상복구의무 (=원상회복의무)	C129	恢复原状义务	huīfù yuánzhuàng yìwù
K204	유사	C168	类似	lèisì
K205	유상증자	C306	有偿增资	yǒucháng zēngzī
K206	유치권	C174	留置权	liúzhìquán
K207	의결권부주식	C305	有表决权的股票	yǒubiǎojuéquánde gǔpiào
K208	의무불이행	C15	不履行义务	bùlǚxíng yìwù
K209	의장권	C258	外观设计权	wàiguān shèjìquán
		C259	外观设计专利权	wàiguān shèjì zhuānlìquán,
K210	이사회	C67	董事会	dǒngshìhuì
K211	이연 법인세 차대	C62	递延法人税借贷	dìyán fǎrénshuì jièdài
K212	이자	C175	利息	lìxī
K213	이전	C303	移转	yízhuǎn
K214	이중 양도	C33	重复转让	chóngfù zhuǎnràng
K215	인가	C291	许可	xǔkě
K216	인감날인	C85	盖印鉴章	gàiyìn jiànzhāng
K217	인감증명서	C302	印鉴证明书	yìnjiàn zhèngmíngshū
K218	인도	C137	交付	jiāofù
K219	인수	C238	收购	shōugòu
K220	인수 종결	C239	收购终结	shōugòu zhōngjié
K221	인수대금	C210	认购价款	rèngòu jiàkuǎn
K222	인수자	C211	认购方	rèngòufāng

K223	인허가	C291	许可	xǔkě
K224	임금	C93	工资	gōngzī
K225	임금지급일	C94	工资支付日	gōngzī zhīfùrì
K226	임대인	C42	出租方	chūzūfāng
K227	임대차	C362	租赁	zūlìn
K228	임대차기간	C364	租赁期间	zūlìn qījiān
K229	임시주주총회	C172	临时股东大会	línshí gǔdōng dàhuì
K230	임차권 양도	C345	转让租赁权	zhuǎnràng zūlìnquán
K231	임차인	C26	承租方	chéngzūfāng
		C27	承租人	chéngzūrén
K232	임차주택	C43	出租房屋	chūzū fángwū
		C363	租赁房屋	zūlìn fángwū
K233	잉여액	C209	仍有余额	réng yǒu yú'é
		C312	余额	yú'é
K234	자본금	C358	资本金	zīběnjīn
K235	자산	C359	资产	zīchǎn
K236	잔금	C266	尾款	wěikuǎn
K237	장기수선충당금	C24	长期维修准备金	chángqī wéixiū zhǔnbèijīn
K238	재건축	C34	重建	chóngjiàn
K239	재결	C17	裁决	cáijué
K240	재무실사	C18	财务尽职调查	cáiwù jìnzhí diàochá
K241	저당권	C63	抵押权	dǐyāquán
K242	저작권	C355	著作权	zhùzuòquán
K243	저작물	C356	著作物	zhùzuòwù
K244	적법성	C120	合法性	héfǎxìng
K245	적용법규위반사실	C264	违反适用法规	wéifǎn shìyòng fǎguī
K246	전속관할	C350	专属管辖	zhuānshǔ guǎnxiá
K247	전속관할법원	C351	专属管辖法院	zhuānshǔ guǎnxiá fǎyuàn

K248	전환	C341	转换	zhuǎnhuàn
K249	전환사채	C163	可转换公司债券	kězhuǎnhuàn gōngsī zhàiquàn
K250	정관	C321	章程	zhāng · cheng
K251	정관변경	C8	变更章程	biàngēng zhāngchéng
K252	제1심 관할법원	C64	第一审 管辖法院	dìyīshěn guǎnxiá fǎyuàn
K253	제3자 배정 유상증자	C61	第三方配股有偿增资	dìsānfāng pèigǔ yǒucháng zēngzī
K254	조건부계약	C80	附条件的合同	fùtiáojiànde hétong
K255	조정	C250	调解	tiáojiě
K256	존속(尊屬)	C365	尊属	zūnshǔ
K257	종결	C338	终结	zhōngjié
K259	주권 인도	C113	股票交割	gǔpiào jiāogē
K258	주권(株券)	C112	股票	gǔpiào
K260	주권미발행확인서	C262	未发行股票确认书	wèi fāxínggǔpiào quèrènshū
K261	주금 납입	C106	股份价款支付	gǔfèn jiàkuǎn zhīfù
K262	주사무소	C354	主要办公场所	zhǔyào bàngōng chǎngsuǒ
K263	주식	C104	股份	gǔfèn
K264	주식질권	C107	股份质押	gǔfèn zhìyā
K265	주식질권설정계약	C108	股份质押合同	gǔfèn zhìyā hétóng
K266	주식회사	C105	股份公司	gǔfèn gōngsī
K267	주주	C100	股东	gǔdōng
K268	주주명부	C103	股东名册	gǔdōng míngcè
K269	주주총회	C101	股东会议	gǔdōng huìyì
		C102	股东大会	gǔdōng dàhuì
K270	주택 임대차 계약	C73	房屋租赁合同	fángwū zūlìn hétong
K271	주택임대차보호법	C72	房屋租赁保护法	fángwū zūlìn bǎohùfǎ
K272	주택임대차분쟁조정위원회	C71	房屋租赁争议调解委员会	fángwū zūlìn zhēngyì tiáojiě wěiyuánhuì
K273	준거법	C353	准据法	zhǔnjùfǎ

K274	중도금	C339	中期款	zhōngqīkuǎn
K275	중재(仲裁, arbitration)	C336	仲裁	zhòngcái
K276	중화인민공화국 수출규제법	C337	中华人民共和国出口管制法	zhōnghuá rénmín gònghéguó chūkǒu guǎnzhìfǎ
K277	증권의 발행	C323	证券发行	zhèngquàn fāxíng
K278	증자	C316	增资	zēngzī
K279	지급	C325	支付	zhīfù
K280	지급거절	C159	拒不支付	jùbùzhīfù
		C160	拒付	jùfù
K281	지급불능	C326	支付不能	zhīfù bùnéng
K282	지급정지	C252	停止支付	tíngzhǐ zhīfù
K283	지목	C256	土地种类	tǔdì zhǒnglèi
K284	지방세	C58	地方税	dìfāngshuì
K285	지분비율	C30	持股比率	chígǔbǐlù
		C114	股权比例	gǔquán bǐlì
K286	지식재산권	C332	知识产权	zhīshíchǎnquán
K287	지연	C31	迟延	chíyán
		C294	延迟	yánchí
K288	지연배상금	C32	迟延赔偿金	chíyán péichángjīn
K289	지연손해금	C32	迟延赔偿金	chíyán péichángjīn
K290	지적재산권	C332	知识产权	zhīshíchǎnquán
K291	지정상품	C324	指定商品	zhǐdìng shāngpǐn
K292	지체	C294	延迟	yánchí
K293	직계비속	C334	直系卑属	zhíxì bēishǔ
K294	직계존속	C333	直系尊血亲	zhíxì zūnxuèqīn
K295	진술보증	C28	陈述和担保	chénshù hé dānbǎo
K296	질권	C330	质权	zhìquán
K297	질권설정자	C36	出质人	chūzhìrén

K298	질권실행	C227	实现质权	shíxiàn zhìquán
K299	질권자	C331	质权人	zhìquánrén
K300	집행불능	C269	无法执行	wúfǎ zhíxíng
K301	차용	C148	借用	jièyòng
K302	차임	C361	租金	zūjīn
K303	차입	C145	借入	jièrù
K304	채권액	C317	债权数额	zhàiquán shù é
K305	채권자	C318	债权人	zhàiquánrén
K306	채무	C319	债务	zhàiwù
K307	채무불이행	C16	不履行债务	bùlǚxíng zhàiwù
K308	채무완제	C197	清偿债务	qīngcháng zhàiwù
K309	채무이행	C176	履行债务	lǚxíng zhàiwù
K310	채무자	C320	债务人	zhàiwùrén
K311	채무초과	C357	资不抵债	zībùdǐzhài
K312	처분	C37	处分	chǔfèn
K313	처분권한	C38	处分权	chǔfènquán
K314	철거	C19	拆迁	chāiqiān
K315	청산	C198	清算	qīngsuàn
K316	체결	C193	签订	qiāndìng
K317	최고	C45	催告	cuīgào
K318	출자	C39	出资	chūzī
K319	출자회수금	C40	出资回收款	chūzī huíshōukuǎn
K320	취소	C29	撤销	chèxiāo
		C57	吊销	diàoxiāo
		C208	取消	qǔxiāo
K321	취업규칙	C155	就业规则	jiùyè guīzé
K322	취직인허증	C157	就职许可证	jiùzhí xǔkězhèng
K323	친권자	C200	亲权人	qīnquánrén

K324	침해	C196	侵犯	qīnfàn
		C199	侵害	qīnhài
K325	침해금지	C253	停止侵害	tíngzhǐ qīnhài
K326	통지	C255	通知	tōngzhī
K327	특허	C342	专利	zhuānlì
K328	특허권	C343	专利权	zhuānlìquán
K329	파산	C189	破产	pòchǎn
K330	파산관재인	C190	破产管理人	pòchǎn guǎnlǐrén
K331	판촉 활동	C46	促销活动	cùxiāo huódòng
K332	표준근로계약서	C9	标准劳动合同书	biāozhǔn láodòng hétóngshū
K333	하자	C272	瑕疵	xiácī
K334	하자보수	C273	瑕疵保修	xiácī bǎoxiū
K335	합병	C119	合并	hébìng
K336	합작	C126	合作	hézuò
K337	합작회사	C127	合作公司	hézuò gōngsī
K338	해산	C146	解散	jiěsàn
K339	해제	C141	解除	jiěchú
K340	행정처분	C287	行政处分	xíngzhèng chǔfèn
K341	허가	C291	许可	xǔkě
K342	현금출자	C274	现金出资	xiànjīn chūzī
K343	호혜적	C128	互惠	hùhuì
K344	확약사항	C25	承诺事项	chéngnuò shìxiàng
K345	확정일자	C207	确定日期	quèdìng rìqī
K346	회생	C35	重整	chóngzhěng
K347	효력	C278	效力	xiàolì
K348	후견인	C132	监护人	jiānhùrén
K349	흡수합병	C289	吸收合并	xīshōu hébìng

3

중문 용어 색인

중문 용어 순번	중문용어	병음	국문 용어 순번	국문용어
C1	保密	bǎomì	K130	비밀유지
C2	保密义务	bǎomì yìwù	K58	기밀보장의무
			K131	비밀유지의무
C3	保全处分	bǎoquán chǔfèn	K116	보전처분
C4	保证	bǎozhèng	K67	담보
			K117	보증
C5	保证金	bǎozhèngjīn	K118	보증금
C6	保证人	bǎozhèngrén	K119	보증인
C7	本息	běnxī	K202	원리금
C8	变更章程	biàngēng zhāngchéng	K251	정관변경
C9	标准劳动合同书	biāozhǔn láodòng hétóngshū	K332	표준근로계약서
C10	驳回	bóhuí	K55	기각
C11	不放弃	bùfàngqì	K129	불포기
C12	不可抗力	bùkěkànglì	K126	불가항력
C13	不履行	bùlǚxíng	K128	불이행
C14	不履行合同	bùlǚxíng hétong	K26	계약불이행
C15	不履行义务	bùlǚxíng yìwù	K208	의무불이행
C16	不履行债务	bùlǚxíng zhàiwù	K307	채무불이행
C17	裁决	cáijué	K239	재결

C18	财务尽职调查	cáiwù jìnzhí diàochá	K240	재무실사
C19	拆迁	chāiqiān	K314	철거
C20	偿还	chánghuán	K112	변제
C21	偿还地点	chánghuán dìdiǎn	K115	변제장소
C22	偿还期	chánghuánqī	K113	변제기
C23	偿还日期	chánghuán rìqī	K114	변제기일
C24	长期维修准备金	chángqī wéixiū zhǔnbèijīn	K237	장기수선충당금
C25	承诺事项	chéngnuò shìxiàng	K344	확약사항
C26	承租方	chéngzūfāng	K231	임차인
C27	承租人	chéngzūrén		
C28	陈述和担保	chénshù hé dānbǎo	K295	진술보증
C29	撤销	chèxiāo	K320	취소
C30	持股比率	chígǔbǐlù	K285	지분비율
C31	迟延	chíyán	K287	지연
C32	迟延赔偿金	chíyán péichángjīn	K288	지연배상금
			K289	지연손해금
C33	重复转让	chóngfù zhuǎnràng	K214	이중 양도
C34	重建	chóngjiàn	K238	재건축
C35	重整	chóngzhěng	K346	회생
C36	出质人	chūzhìrén	K297	질권설정자
C37	处分	chǔfèn	K312	처분
C38	处分权	chǔfènquán	K313	처분권한
C39	出资	chūzī	K318	출자
C40	出资回收款	chūzī huíshōukuǎn	K319	출자회수금
C41	出租	chūzū	K72	대여
C42	出租方	chūzūfāng	K226	임대인
C43	出租房屋	chūzū fángwū	K232	임차주택
C44	辞职书	cízhíshū	K139	사임서

C45	催告	cuīgào	K317	최고
C46	促销活动	cùxiāo huódòng	K331	판촉 활동
C47	大韩法律救助公团	dàhán fǎlǜ jiùzhù gōngtuán	K74	대한법률구조공단
C48	大韩商事仲裁院	dàhán shāngshì zhòngcáiyuàn	K75	대한상사중재원
C49	贷给	dàigěi	K72	대여
C50	贷款合同	dàikuǎn hétóng	K73	대여금계약
C51	带薪年休假	dàixīn niánxiūjià	K195	연차유급휴가
C52	担保	dānbǎo	K67	담보
C53	当事人	dāngshìrén	K69	당사자
C54	登记	dēngjì	K79	등기
C55	登记簿	dēngjìbù	K81	등록원부
C56	登记董事	dēngjì dǒngshì	K80	등기이사
C57	吊销	diàoxiāo	K320	취소
C58	地方税	dìfāngshuì	K284	지방세
C59	抵减	dǐjiǎn	K32	공제
C60	定金	dìngjīn	K23	계약금
C61	第三方配股有偿增资	dìsānfāng pèigǔ yǒucháng zēngzī	K253	제3자 배정 유상증자
C62	递延法人税借贷	dìyán fǎrénshuì jièdài	K211	이연 법인세 차대
C63	抵押权	dǐyāquán	K241	저당권
C64	第一审 管辖法院	dìyīshěn guǎnxiá fǎyuàn	K252	제1심 관할법원
C65	动产	dòngchǎn	K77	동산
C66	董事	dǒngshì	K149	상법상 이사
C67	董事会	dǒngshìhuì	K210	이사회
C68	独占使用许可	dúzhàn shǐyòng xǔkě	K76	독점적 이용허락
C69	法律尽职调查	fǎlǜ jìnzhí diàochá	K109	법률실사
C70	放弃行使权利	fàngqì xíngshǐ quánlì	K49	권리행사의 포기
C71	房屋租赁争议调解委员会	fángwū zūlìn zhēngyì tiáojiě wěiyuánhuì	K272	주택임대차분쟁조정위원회

C72	房屋租赁保护法	fángwū zūlìn bǎohùfǎ	K271	주택임대차보호법
C73	房屋租赁合同	fángwū zūlìn hétong	K270	주택 임대차 계약
C74	发起人	fāqǐrén	K102	발기인
C75	法人	fǎrén	K110	법인
C76	(韩国)法人税法 (=中国企业所得税法)	fǎrénshuìfǎ(qǐyè suǒdeshuìfǎ)	K111	법인세법
C77	发行公司债券	fāxíng gōngsī zhàiquàn	K143	사채발행
C78	发行公司	fāxíng gōngsī	K104	발행회사
C79	发行股份	fāxíng gǔfèn	K103	발행주식
C80	附条件的合同	fùtiáojiànde hétong	K254	조건부계약
C81	附加价值税	fùjiā jiàzhíshuì	K121	부가가치세
C82	附属合同	fùshǔ hétong	K123	부속계약
C83	负有责任	fùyǒu zérèn	K50	귀책사유
C84	负债	fùzhài	K125	부채
C85	盖印鉴章	gàiyìn jiànzhāng	K216	인감날인
C86	告知	gàozhī	K29	고지
C87	公共费用	gōnggòng fèiyòng	K30	공과금
C88	共济证书	gòngjì zhèngshū	K33	(부동산)공제증서
C89	工伤保险	gōngshāng bǎoxiǎn	K146	산재보험
C90	公示财务报表	gōngshì cáiwù bàobiǎo	K31	공시재무제표
C91	公司债券	gōngsī zhàiquàn	K142	사채
C92	公司债券认购	gōngsī zhàiquàn rèngòu	K144	사채인수
C93	工资	gōngzī	K224	임금
C94	工资支付日	gōngzī zhīfùrì	K225	임금지급일
C95	工作开始日	gōngzuò kāishǐrì	K51	근로개시일
C96	惯例	guànlì	K36	관습
C97	管理费	guǎnlǐfèi	K35	관리비
C98	管辖	guǎnxiá	K37	관할

C99	管辖法院	guǎnxiá fǎyuàn	K38	관할 법원
C100	股东	gǔdōng	K267	주주
C101	股东会议	gǔdōng huìyì	K269	주주총회
C102	股东大会	gǔdōng dàhuì		
C103	股东名册	gǔdōng míngcè	K268	주주명부
C104	股份	gǔfèn	K263	주식
C105	股份公司	gǔfèn gōngsī	K266	주식회사
C106	股份价款支付	gǔfèn jiàkuǎn zhīfù	K261	주금 납입
C107	股份质押	gǔfèn zhìyā	K264	주식질권
C108	股份质押合同	gǔfèn zhìyā hétóng	K265	주식질권설정계약
C109	国民年金	guómín niánjīn	K45	국민연금
C110	过失	guòshī	K34	과실
C111	国税	guóshuì	K46	국세
C112	股票	gǔpiào	K258	주권(株券)
C113	股票交割	gǔpiào jiāogē	K259	주권 인도
C114	股权比例	gǔquán bǐlì	K285	지분비율
C115	股息	gǔxī	K107	배당금
C116	故意	gùyì	K28	고의
C117	雇用保险	gùyòng bǎoxiǎn	K27	고용보험
C118	雇主	gùzhǔ	K132	사업주
C119	合并	hébìng	K335	합병
C120	合法性	héfǎxìng	K244	적법성
C121	合同	hé · tong	K17	계약
C122	合同更新请求权	hétóng gēngxīn qǐngqiúquán	K22	계약갱신청구권
C123	合同期满	hétong qīmǎn	K25	계약만료
C124	合同期限	hétōng qīxiàn	K24	계약기간
C125	合同终止	hétóng zhōngzhǐ	K19	계약 종료
C126	合作	hézuò	K336	합작

C127	合作公司	hézuò gōngsī	K337	합작회사
C128	互惠	hùhuì	K343	호혜적
C129	恢复原状义务	huīfù yuánzhuàng yìwù	K203	원상복구의무 (=원상회복의무)
C130	货款	huòkuǎn	K70	대금
C131	奖金	jiǎngjīn	K150	상여금
C132	监护人	jiānhùrén	K348	후견인
C133	健康保险	jiànkāng bǎoxiǎn	K11	건강보험
C134	监查	jiānchá	K6	감사
C135	减资	jiǎnzī	K8	감자
C136	交货	jiāohuò	K63	납품
C137	交付	jiāofù	K30	교부
			K218	인도
C138	交换	jiāohuàn	K40	교환
C139	缴款收据	jiǎokuǎn shōujù	K61	납입영수증
C140	交易终结日	jiāoyì zhōngjiérì	K10	거래종결일
C141	解除	jiěchú	K339	해제
C142	解除合同	jiěchú hétong	K20	계약 해제
			K21	계약 해지
C143	借贷	jièdài	K163	소비대차
C144	届满	jièmǎn	K88	만료
C145	借入	jièrù	K303	차입
C146	解散	jiěsàn	K338	해산
C147	结算书	jiésuànshū	K14	결산서
C148	借用	jièyòng	K301	차용
C149	记名盖章	jìmíng gàizhāng	K56	기명날인
C150	记名式普通股份	jìmíngshì pǔtōng gǔfèn	K57	기명식 보통주식
C151	经营权	jīngyíngquán	K16	경영권

C152	净资产	jìngzīchǎn	K172	순자산
C153	集体合同	jítǐ hétong	K66	단체협약
C154	救济措施	jiùjì cuòshī	K44	구제조치
C155	就业规则	jiùyè guīzé	K321	취업규칙
C156	纠正要求	jiūzhèng yāoqiú	K173	시정요구
C157	就职许可证	jiùzhí xǔkězhèng	K322	취직인허증
C158	记载保证	jìzǎi bǎozhèng	K59	기재 보증
C159	拒不支付	jùbùzhīfù	K280	지급거절
C160	拒付	jùfù		
C161	拒付事由	jùfù shìyóu	K122	부도
C162	可分性	kěfēnxìng	K2	가분성
C163	可转换公司债券	kězhuǎnhuàn gōngsī zhàiquàn	K249	전환사채
C164	扣除	kòuchú	K32	공제
C165	口头通知	kǒutóu tōngzhī	K41	구두통지
C166	韩国劳动基准法	hánguó láodòng jīzhǔnfǎ	K52	근로기준법
C167	劳动者	láodòngzhě	K53	근로자
C168	类似	lèisì	K204	유사
C169	两期租金	liǎngqī zūjīn	K1	2기의 차임액
C170	领取	lǐngqǔ	K169	수령
C171	临时处分	línshí chǔfèn	K5	가처분
C172	临时股东大会	línshí gǔdōng dàhuì	K229	임시주주총회
C173	临时扣押	línshí kòuyā	K3	가압류
C174	留置权	liúzhìquán	K206	유치권
C175	利息	lìxī	K212	이자
C176	履行债务	lǚxíng zhàiwù	K309	채무이행
C177	买方	mǎifāng	K91	매수인
C178	卖方	màifāng	K90	매도인
C179	免除	miǎnchú	K93	면제

C180	免责	miǎnzé	K94	면책
C181	灭失	mièshī	K95	멸실
C182	民法	mínfǎ	K101	민법
C183	偶发债务	ǒufā zhàiwù	K199	우발채무
C184	拍卖	pāimài	K15	경매
C185	排他性权利	páitāxìng quánlì	K108	배타적인 권한
C186	赔偿损失	péicháng sǔnshī	K165	손해 배상
C187	票额	piào'é	K182	액면금
C188	票面金额	piàomiàn jīn'é		
C189	破产	pòchǎn	K329	파산
C190	破产管理人	pòchǎn guǎnlǐrén	K330	파산관재인
C191	普通股	pǔtōnggǔ	K120	보통주식
C192	普通使用许可	pǔtōng shǐyòng xǔkě	K65	단순 이용 허락
C193	签订	qiāndìng	K316	체결
C194	签名捺印	qiānmíng nàyìn	K56	기명날인
C195	签字盖章	qiānzì gàizhāng	K158	서명날인
C196	侵犯	qīnfàn	K324	침해
C197	清偿债务	qīngcháng zhàiwù	K308	채무완제
C198	清算	qīngsuàn	K315	청산
C199	侵害	qīnhài	K324	침해
C200	亲权人	qīnquánrén	K323	친권자
C201	亲属关系证明书	qīnshǔ guānxì zhèngmíngshū	K4	가족관계증명서
C202	期票	qīpiào	K191	어음
C203	求偿款	qiúchángkuǎn	K42	구상 비용
C204	期限利益	qīxiàn lìyì	K60	기한의 이익
C205	权利质权	quánlì zhìquán	K48	권리질권
C206	权利人	quánlìrén	K47	권리자
C207	确定日期	quèdìng rìqī	K345	확정일자

C208	取消	qǔxiāo	K320	취소
C209	仍有余额	réngyǒu yú'é	K233	잉여액
C210	认购价款	rèngòu jiàkuǎn	K221	인수대금
C211	认购方	rèngòufāng	K222	인수자
C212	商标权	shāngbiāoquán	K151	상표권
C213	商标注册	shāngbiāo zhùcè	K152	상표등록
C214	商标注册编号	shāngbiāo zhùcè biānhào	K153	상표등록번호
C215	商标注册号	shāngbiāo zhùcèhào		
C216	商标注册证	shāngbiāo zhùcèzhèng	K154	상표등록증
C217	商品类别	shāngpǐn lèibié	K155	상품류
C218	商业惯例	shāngyè guànlì	K147	상관습
C219	商业秘密	shāngyè mìmì	K196	영업비밀
C220	社会保险	shèhuì bǎoxiǎn	K145	사회보험
C221	设立	shèlì	K161	설립
C222	生效日	shēngxiàorì	K105	발효일
C223	审计报告	shěnjì bàogào	K7	감사보고서
C224	事先书面合意	shìxiān shūmiàn héyì	K141	사전서면합의
C225	实缴资本	shíjiǎo zīběn	K62	납입자본
C226	实物抵押	shíwù dǐyā	K100	물상담보
C227	实现质权	shíxiàn zhìquán	K298	질권실행
C228	事先同意	shìxiān tóngyì	K140	사전 승인
C229	使用承诺	shǐyòng chéngnuò	K133	사용 승낙
C230	使用地区	shǐyòng dìqū	K138	사용지역
C231	使用费	shǐyòngfèi	K136	사용료
C232	使用期	shǐyòngqī	K135	(상표권)사용기간
C233	使用权人	shǐyòngquánrén	K134	(상표)사용권자
C234	使用限制	shǐyòng xiànzhì	K137	사용제한
C235	实用新型	shíyòng xīnxíng	K180	실용신안

C236	实用新型权	shíyòng xīnxíngquán	K181	실용신안권
C237	收到	shōudào	K169	수령
C238	收购	shōugòu	K219	인수
C239	收购终结	shōugòu zhōngjié	K220	인수 종결
C240	授权	shòuquán	K167	수권
C241	授权资本	shòuquánzīběn	K168	수권자본
C242	受让及转让	shòuràng jí zhuǎnràng	K188	양수도
C243	受让人	shòuràngrén	K190	양수인
C244	书面同意	shūmiàn tóngyì	K156	서면 동의
C245	书面通知	shūmiàn tōngzhī	K157	서면 통지
C246	送达证明	sòngdá zhèngmíng	K106	배달증명
C247	损害赔偿	sǔnhài péicháng	K165	손해배상
C248	损害赔偿请求	sǔnhài péicháng qǐngqiú	K166	손해배상청구
C249	所有	suǒyǒu	K164	소유
C250	调解	tiáojiě	K255	조정
C251	提供担保	tígōng dānbǎo	K68	담보 제공
C252	停止支付	tíngzhǐ zhīfù	K282	지급정지
C253	停止侵害	tíngzhǐ qīnhài	K325	침해금지
C254	同类	tónglèi	K78	동종
C255	通知	tōngzhī	K326	통지
C256	土地种类	tǔdì zhǒnglèi	K283	지목
C257	外观设计	wàiguān shèjì	K82	디자인
C258	外观设计权	wàiguān shèjìquán	K83	디자인권
			K209	의장권
C259	外观设计专利权	wàiguān shèjì zhuānlìquán	K83	디자인권
			K209	의장권
C260	外国人投资促进法	wàiguórén tóuzī cùjìnfǎ	K197	외국인투자촉진법
C261	外汇交易法	wàihuì jiāoyìfǎ	K198	외국환거래법

C262	未发行股票确认书	wèifāxíng gǔpiào quèrènshū	K260	주권미발행확인서
C263	未成年劳动者	wèichéngnián láodòngzhě	K194	연소근로자
C264	违反适用法规	wéifǎn shìyòng fǎguī	K245	적용법규위반사실
C265	违法行为	wéifǎ xíngwéi	K127	불법행위
C266	尾款	wěikuǎn	K236	잔금
C267	违约	wéiyuē	K18	계약 위반
C268	无偿增资	wúchángzēngzī	K96	무상증자
C269	无法执行	wúfǎ zhíxíng	K300	집행불능
C270	无效	wúxiào	K99	무효
C271	无形财产权	wúxíng cáichǎnquán	K98	무체재산권
C272	瑕疵	xiácī	K333	하자
C273	瑕疵保修	xiácī bǎoxiū	K334	하자보수
C274	现金出资	xiànjīn chūzī	K342	현금출자
C275	先决条件	xiānjué tiáojiàn	K160	선행조건
C276	先行条件	xiānxíng tiáojiàn		
C277	消灭	xiāomiè	K162	소멸
C278	效力	xiàolì	K347	효력
C279	销售业绩	xiāoshòu yèjì	K92	매출실적
C280	泄露	xièlù	K64	누설
C281	习惯	xíguàn	K36	관습
C282	新公司	xīngōngsī	K179	신회사
C283	新股	xīngǔ	K175	신주
C284	新股发行	xīngǔ fāxíng	K177	신주발행
C285	新股认购款	xīngǔ rèngòukuǎn	K176	신주 인수 대금
C286	新股认购协议	xīngǔ rèngòu xiéyì	K178	신주인수계약
C287	行政处分	xíngzhèng chǔfèn	K340	행정처분
C288	新设合并	xīnshè hébìng	K174	신설합병
C289	吸收合并	xīshōu hébìng	K349	흡수합병

C290	修缮	xiūshàn	K170	수선
C291	许可	xǔkě	K84	라이선스
			K215	인가
			K223	인허가
			K341	허가
C292	许可合同	xǔkě hétóng	K85	라이선스 계약
C293	许可权人	xǔkěquánrén	K86	라이선스권자
C294	延迟	yánchí	K287	지연
			K292	지체
C295	验收	yànshōu	K12	검수
C296	验收标准	yànshōu biāozhǔn	K13	검수기준
C297	业务保证关系证书	yèwù bǎozhèng guānxì zhèngshū	K192	업무보증관계증서
C298	业务执行指示者	yèwù zhíxíng zhǐshìzhě	K193	업무집행지시자
C299	一定期限	yīdìng qīxiàn	K148	상당한 기간
C300	已发行的证券	yǐfāxíngde zhèngquàn	K103	발행주식
C301	盈余	yíngyú	K148	상당한 기간
C302	印鉴证明书	yìnjiàn zhèngmíngshū	K217	인감증명서
C303	移转	yízhuǎn	K213	이전
C304	用人单位	yòngrén dānwèi	K132	사업주
C305	有表决权的股票	yǒubiǎojuéquánde gǔpiào	K207	의결권부주식
C306	有偿增资	yǒucháng zēngzī	K205	유상증자
C307	有面值股份	yǒumiànzhí gǔfèn	K183	액면주식
C308	有面值股票	yǒumiànzhí gǔpiào		
C309	优先购买权	yōuxiān gòumǎiquán	K200	우선매수권
C310	优先股	yōuxiāngǔ	K201	우선주
C311	优先顺序	yōuxiān shùnxù	K159	선순위
C312	余额	yú'é	K233	잉여액

C313	约束力	yuēshùlì	K43	구속력
C314	逾期兑付状态	yúqī duìfù zhuàngtài	K122	부도
C315	增值税	zēngzhíshuì	K121	부가가치세
C316	增资	zēngzī	K278	증자
C317	债权数额	zhàiquán shú'é	K304	채권액
C318	债权人	zhàiquánrén	K305	채권자
C319	债务	zhàiwù	K306	채무
C320	债务人	zhàiwùrén	K310	채무자
C321	章程	zhāng · cheng	K250	정관
C322	账外债务	zhàngwài zhàiwù	K124	부외채무
C323	证券发行	zhèngquàn fāxíng	K277	증권의 발행
C324	指定商品	zhǐdìng shāngpǐn	K291	지정상품
C325	支付	zhīfù	K279	지급
C326	支付不能	zhīfù bùnéng	K281	지급불능
C327	支付货款	zhīfù huòkuǎn	K71	대금지급
C328	支付凭证	zhīfù píngzhèng	K61	납입영수증
C329	支票	zhīpiào	K171	수표
C330	质权	zhìquán	K296	질권
C331	质权人	zhìquánrén	K299	질권자
C332	知识产权	zhīshīchǎnquán	K286	지식재산권
			K290	지적재산권
C333	直系尊血亲	zhíxì zūnxuèqīn	K294	직계존속
C334	直系卑属	zhíxì bēishǔ	K293	직계비속
C335	执业注册中介师	zhíyè zhùcè zhōngjièshī	K9	개업공인중개사
C336	仲裁	zhòngcái	K275	중재(Arbitration)
C337	中华人民共和国出口管制法	zhōnghuá rénmín gònghéguó chūkǒu guǎnzhìfǎ	K276	중화인민공화국 수출규제법
C338	终结	zhōngjié	K257	종결

C339	中期款	zhōngqīkuǎn	K274	중도금
C340	注销	zhùxiāo	K89	말소
C341	转换	zhuǎnhuàn	K248	전환
C342	专利	zhuānlì	K327	특허
C343	专利权	zhuānlìquán	K328	특허권
C344	转让	zhuǎnràng	K184	양도
C345	转让租赁权	zhuǎnràng zūlìnquán	K230	임차권 양도
C346	转让担保权	zhuǎnràng dānbǎoquán	K186	양도담보권
C347	转让对价	zhuǎnràng duìjià	K189	양수도 대금
C348	转让合同	zhuǎnràng hétong	K185	양도 계약
C349	转让人	zhuǎnràngrén	K187	양도인
C350	专属管辖	zhuānshǔ guǎnxiá	K246	전속관할
C351	专属管辖法院	zhuānshǔ guǎnxiá fǎyuàn	K247	전속관할법원
C352	转增股本	zhuǎnzēng gǔběn	K96	무상증자
C353	准据法	zhǔnjùfǎ	K273	준거법
C354	主要办公场所	zhǔyào bàngōng chǎngsuǒ	K262	주사무소
C355	著作权	zhùzuòquán	K242	저작권
C356	著作物	zhùzuòwù	K243	저작물
C357	资不抵债	zībùdǐzhài	K97	무자력
			K311	채무초과
C358	资本金	zīběnjīn	K234	자본금
C359	资产	zīchǎn	K235	자산
C360	资金借贷	zījīn jièdài	K54	금전소비대차
C361	租金	zūjīn	K302	차임
C362	租赁	zūlìn	K227	임대차
C363	租赁房屋	zūlìn fángwū	K232	임차주택
C364	租赁期间	zūlìn qījiān	K228	임대차기간
C365	尊属	zūnshǔ	K256	존속(尊屬)

제2부

상용계약서

1

국문 상용계약서 및 중문 번역

K1. 금전소비대차계약서
K54   K17
K163

TIP. 금전소비대차 계약서 작성의 필요성

금전소비대차 계약은 대주(채권자)와 차주(채무자)의 합의로 성립하는데(민법 제598조), 당사자가 반드시 계약서를 작성해야 금전소비대차계약이 성립하는 것은 아니며, 당사자의 구두합의를 통해서도 성립합니다. 그러나 계약서를 작성하지 않으면 차주가 금선거래 사실을 부인하여 돈을 짚지 잃거나 대주가 기한보다 일찍 돈을 요구하는 경우 등에 발생하는 분쟁을 해결하기 어렵게 되므로, 금전소비대차계약을 체결할 때에는 차용증(금전소비대차계약서, 이하 '차용증'이라고 합니다)을 작성하는 것이 좋습니다.

채권자[K305][   ](이하 '갑'이라고 한다)와 채무자[K310][   ](이하 '을'이라고 한다)는 다음과 같이 금전소비대차 계약을 체결[K316]한다.

TIP. 채권자 · 채무자의 인적사항

금전소비대차 계약의 당사자인 채권자와 채무자를 정확하게 작성해야 하는데, 당사자를 특정할 수만 있으면 별명 등을 사용하는 것도 무방하지만, 법적 분쟁을 예방하기 위해 실명과 주민등록번호, 주소, 전화번호를 정확히 기재해야 합니다.
계약 당사자는 상대방의 인적사항을 신분증과 대조하여 동일한 사람인지를 확인하고 계약해야 합니다(신분증 사본의 첨부 또는 인감도장 날인 및 인감증명서의 첨부).
계약당사자의 대리인이 있는 경우에는 차용증에 별도로 대리인의 자격을 표시한 다음 대리인의 인적사항을 별도로 기재하고 대리인의 신분증과 대조하여 신분을 확인해야 합니다.
대리인과 금전소비대차계약을 맺는 당사자는 대리인의 대리권을 증명할 수 있는 위임장을 반드시 받아두어야 합니다.

TIP. 작성 사항

차용증에는 다음과 같은 사항을 정확하게 작성합니다.
① 채권자·채무자의 인적사항(성명, 주민등록번호, 주소 등)
② 채무액(차용액)
③ 이자에 관한 사항
④ 변제기일 및 변제방법
⑤ 변제하지 않는 경우의 위약금 약정
⑥ 담보제공의 약정

TIP. 변제기의 약정 및 변제방법

변제기는 연·월·일을 정하여 정확히 기재하여야 하고, 변제기 약정이 없는 경우에는 차용증에 기재하지 않아도 좋으나, 채권자가 변제를 청구한 뒤 상당한 기간이 지나면 변제기가 도래한 것으로 됩니다(민법 제603조 제2항). 또한 금전소비대차 채무는 지참채무인바, 채무자가 채권자의 주소지에서 변제하는 것이 원칙이나(민법 제467조 제2항), 양당사자의 합의에 따라 변제장소를 지정(예를 들어 채권자가 지정하는 은행계좌로의 송금 등)하는 것도 가능합니다.

TIP. 차용금 및 이자 약정

가. 차용금: 차용증을 작성할 때 차용하는 금전의 원금을 기재해야 하는데, 정확성을 기하기 위해 한글과 아라비아 숫자를 함께 쓰는 것이 좋습니다. 금전소비대차가 이루어진 날(채권자가 채무자에게 금원을 대여한 날)도 기재해야 합니다.
예) 금일천만원(₩10,000,000)
나. 이자: 채권자가 금전을 무이자로 빌려주기로 합의한 것이라면 무이자소비대차임을 표시하여야 하고, 이자부 금전소비대차인 경우에는 이자있음을 기재해야 합니다. 이때 예금(禮金), 할인금, 수수료, 공제금, 체당금(替當金), 그 밖의 명칭에도 불구하고 금전의 대차와 관련하여 채권자가 받은 것은 이를 이자로 본다는 점을 주의하여야 합니다.
이자부 소비대차 약정을 하였으나 이율은 기재하지 않은 경우에는 법정이율인 연 5%가 적용됩니다.
※ 단, 상사거래에 기초한 금전거래인 경우에는 연 6%의 법정이율이 적용됩니다.

TIP. 변제하지 않는 경우의 위약금 약정

당사자는 금전소비대차계약을 체결할 때 특약사항으로 채무불이행에 관한 손해배상액을 예정할 수 있습니다.
손해배상액의 예정은 이행의 청구나 계약의 해제에 영향을 미치지 않습니다.
위약금을 약정하는 것은 손해배상액의 예정으로 추정됩니다(민법 제398조).

제1조(계약의 목적)

본 계약은 '갑'과 '을'간에 체결되는 금전소비대차 계약의 제반 사항을 정함을 목적으로 한다.

제2조(소비대차 합의)

'갑'은 20[ ]년 [ ]월 [ ]일 금 [   ]원을 '을'에게 대여[K72]해 주고, '을'은 제3조 이하의 조건에 따라 이를 변제[K112]하기로 한다.

제3조(변제기[K113] 및 이자 등)

① 본 건 대여금의 변제기일[K114]은 20[ ]년 [ ]월 [ ]일까지로 한다.
② 본 건 대여금에 대한 이자는 연 [ ]%로 한다.
③ '을'은 제2항에 따른 이자를 매월 [ ]일에 '갑'에게 지급한다.
④ '을'이 본 건 대여 원리금[K202]의 변제를 지체[K292]한 때에는 지체한 원리금에 대하여 연 [ ]%의 비율에 의한 지연[K287]손해금[K289]을 '갑'에게 지급하여야 한다.

제4조(변제 장소 및 방법)

본 건 대여금의 변제는 '갑'의 주소지 또는 '갑'이 지정하는 장소에 지참하여 변제하거나, '갑'이 지정하는 은행계좌에 송금하는 방법으로 변제하여야 한다.

KC1. 金钱消费借贷合同

债权人[   ](下称"甲方")和债务人[   ](下称"乙方")签订如下金钱消费借贷合同。

第一条(合同的目的)
本合同旨在约定甲方和乙方之间签订的金钱消费借贷合同的各项事项。

第二条(消费借贷合意)
甲方在20[ ]年[ ]月[ ]日将[   ]韩元借给乙方, 乙方同意根据本合同第三条约定偿还。

第三条(偿还期及利息等)
① 本项贷款的偿还日期为20[ ]年[ ]月[ ]日止。

② 本项贷款利息按年[ ]%计算。
③ 乙方每月[ ]日支付给甲方第2款的利息。

④ 乙方迟延偿还本项贷款本息时, 应当对迟延的本息按年[   ]%的利率向甲方支付迟延损害金。

第四条(偿还地点及方法)
本项贷款的偿还应在甲方住所或甲方指定的场所进行携带偿还或以汇入甲方指定的银行账户的方式进行偿还。

제5조(기한 이익의 상실)

① '을'에게 다음 각 호의 사유가 발생하는 경우, '갑'으로부터 별도의 **채무이행**[K309] **통지**[K326]나 **최고**[K317]가 없더라도 '을'은 그 즉시 **기한의 이익**[K60]을 상실하고 대여 원리금 전액을 '갑'에게 변제하여야 한다.

1. '을'이 제3조 소정의 이자 지급을 [ ]개월 이상 지체하였을 경우

2. '을'의 재산에 대하여 강제집행절차개시의 신청이 있거나 **보전처분**[K116](**가압류**[K3] · **가처분**[K5] 등)이 내려진 경우 및 기타 이에 준하는 경우

3. '을'이 **지급불능**[K281], **지급정지**[K282], **부도**[K122] 등의 상태에 빠지거나 **해산**[K338] 또는 청산사유나 회사 정리를 개시할 수 있는 사유가 발생한 경우

4. '을'이 아무런 통보도 없이 주소지를 이전하는 등 '갑'과의 신뢰를 훼손하는 일체의 행위를 하는 경우

② '갑'은 다음 각 호의 사유가 발생할 경우 7일 이상의 기간을 정하여 사유를 명시하여 시정을 최고할 수 있다. 그럼에도 불구하고 시정이 이루어지지 아니할 경우, 제1항과 같이 '을'은 기한의 이익을 상실하고 대여 원리금 전액을 '갑'에게 즉시 변제하여야 한다.

1. '을'이 본 계약상의 의무를 이행하지 아니할 때

2. '을'이 **고의**[K28]로 재산을 은닉하거나 기타 불성실 행위를 함을 인지하고 이에 대한 해명 요구에 불응하거나 해명이 불명확 한 때

第五条(期限利益的丧失)

① 乙方发生下列事由时，即使未收到甲方的债务履行通知或催告履行义务，乙方立即丧失期限利益，并应向甲方偿还全部贷款本息。

1. 乙方迟延支付第三条约定的利息[ ]个月以上时；

2. 对乙方的财产提出启动强制执行程序的申请或受到保全处分(临时扣押、临时处分等)及其他相应的情况；

3. 乙方处于支付不能、停止支付、逾期兑付等状态或发生解散、清算事由或公司整顿事由时；

4. 乙方在未通知甲方的情况下变更住所地等损害与甲方信任的一切行为时。

② 甲方发生下列事由时，可以定7天以上的期限，明示事由，催告纠正。经催告后在合理期限内仍未修正的，如第1款规定，乙方丧失期限利益，并应立即向甲方偿还全部贷款本息。

1. 乙方不履行本合同义务时；
2. 乙方故意隐匿财产或其他不诚实行为后甲方要求其解释，但乙方拒绝对此解释或解释不清时。

제6조(담보제공)

① '을'은 본 계약상의 채무이행을 보증[K117]하기 위하여 선택적으로 다음의 담보[K67]를 '갑'에게 제공하기로 한다.

1. '을'이 발행하는 액면금[K182]액 금 [   ]원의 공증 약속어음[K191]
2. '을'이 주식회사[K266] [   ]의 주식 [ ]주에 대하여 '갑' 명의로 질권[K296]을 설정하고, '갑'에게 그 주권[K258]을 교부(단, 주권이 미발행된 경우, '을'은 주식회사 [   ]에 질권설정 사실을 통지한다)
3. '을'은 본 계약 체결과 동시에 '을 소유[K164]의 [   ]부동산에 대하여 제1순위 저당권[K241]을 설정하여 주기로 하고 이에 필요한 제반 서류 일체를 '갑'에게 교부한다.

② 담보제공[K68]에 따른 비용은 '을'의 부담으로 한다.

③ 위 제1항에 따른 담보제공의 경우, '을'은 제공한 담보물에 대하여 제3자의 침해[K324]행위나 기타 담보물에 대한 주요 현상변경 및 담보물의 재산적 가치 감소를 가지고 오는 일체의 행위에 대하여 즉시 '갑'에게 이를 통지하여 사전에 관련 내용을 협의하여야 한다.

제7조(합의 관할[K37])

이 계약에 의하여 발생하는 분쟁에 관해서는 [채권자의 주소지를 관할하는 법원을 1심 관할로 하여 대한민국법에 따라 법원의 판결로서 해결한다/대한상사중재원[K75]에서 대한상사중재원 국제중재규칙에 따라 중재[K275]로 해결한다].

TIP. 채무자의 이행을 담보하기 위한 담보제공의 약정

채무자가 변제기까지 채무의 이행을 하지 못할 경우를 대비하여 채무자 소유 부동산, 동산, 채권 등에 대한 담보를 제공할 것을 약정할 수 있고, 채무자의 채무불이행시 일정한 요건에 따라 담보물을 처분하여 채권의 만족을 얻을 수 있습니다.

TIP. 기타사항

금전소비대차와 관련하여 분쟁이 발생할 경우 소제기 또는 중재신청에 대한 관할을 합의할 수 있습니다(관할합의).

第六条(提供担保)
① 乙方为保证本合同上的债务履行,选择性地向甲方提供下列担保。

 1. 乙方发行的票面金额为[   ]韩元的公证期票;

 2. 乙方以甲方名义对[   ]股份公司的股份[   ]股设定质权,并向甲方交付该股票
   (但, 未发行股票的, 乙方应向[   ]股份公司通知设定质权的事实)。

 3. 乙方在签订本合同的同时, 对乙方拥有的[   ]房地产设定第一顺序的抵押权,
   并将所需的所有文件交付给甲方。

② 提供担保的费用由乙方承担。
③ 根据第1款提供担保的, 针对乙方所提供的担保物, 发生第三方侵害行为或其他对
担保物主要现状发生变更并带来担保物财产价值减少的一切行为时, 乙方应立即通
知甲方, 且事先协商相关内容。

第七条(协议管辖)
基于本合同发生的纠纷, 债权人住所地的法院为一审管辖, 根据韩国法律, 通过
法院的判决解决。/在大韩商事仲裁院按照其国际仲裁规则进行仲裁解决。

제8조(계약 내용의 변경)

본 계약 내용의 변경은 양당사자의 서면 합의에 의하여서만 변경할 수 있다.

이상과 같이 계약했으므로 이 계약서 2부를 작성하여 각 당사자가 각기 서명날인^{K156}한
후 각 1부씩 보관한다.

20[ ]. [ ]. [ ].

채권자(갑)

상호: [   ]

주소: [   ]

연락처: [   ]

대표이사: [   ] (인)

채무자(을)

상호: [   ]

주소: [   ]

연락처: [   ]

대표이사: [   ] (인)

第八条(合同内容的变更)
本合同内容的变更只能以双方当事人的书面协议方可变更。

如上签约, 本合同一式两份, 双方签名并盖章后各执一份。

20[　]年[　]月[　]日

债权人(甲方)
名称: [　　　]
地址: [　　　]
联系方式: [　　　]
代表理事. [　　　] (印)

债务人(乙方)
名称: [　　　]
地址: [　　　]
联系方式: [　　　]
代表理事: [　　　] (印)

1. 물품공급계약의 개요

물품공급계약이란 물품공급자(매도인)는 수요자(매수인)에게 특정일자에 특정물품을 수량에 맞게 제공할 것을 약정하고, 수요자는 그에 따른 대가를 지급할 것을 약정하는 것으로 매매계약의 일종입니다. 물품공급계약이 성립되면 매도인은 물품공급의 의무를 부담하고, 매수인은 대금지급의 의무를 부담하게 됩니다.

물품공급계약은 소규모의 경우 구두로 약정되는 경우가 많으나, 구체적으로 물품공급계약 사실을 명확히 하기 위하여 물품 공급 계약서 작성에 의하여 이루어지고 있습니다.

물품공급계약의 약정 내용

물품공급계약의 경우 기계류와 그 부속품의 공급, 가공식품, 가구, 문구류와 의료, 의약품 등의 공급계약 뿐만 아니라 과일류와 채소류, 곡물류 등의 공급계약 등이 있습니다.

계약서의 기재사항

물품공급계약서를 작성할 때에는 우선 공급할 목적물을 특정하고 공급의 형태 즉, 계속적으로 공급할 것인지, 일시적(일회적)으로 공급할 것인지 여부, 물품공급계약에 따른 공급자와 수급자의 권리·의무의 발생 및 변경과 소멸에 따르는 책임 등을 명확히 작성하여야 합니다. 구체적으로 물품공급계약의 목적, 공급하고자 하는 물품의 종류, 수량, 공급방법, 공급기간, 대금의 지급방법에 관한 사항과 계약보증금, 위험부담, 지연배상금 등과 물품의 하자 등에 따른 손해배상에 관한 문제가 핵심적인 부분이고, 이러한 내용을 꼼꼼히 확인하여 계약서를 작성하여야 합니다.

K2. 물품공급계약서

[수요자, 매수인[K91] 명](이하 "매수인"이라 한다)와 [공급자, 매도인[K90] 명](이하 "매도인"이라 한다)는 "매도인"이 공급하는 제품(이하 "제품"이라 칭함)을 "매수인"이 구매함에 있어 아래와 같은 조건으로 거래할 것을 합의하며 계약(이하 "이 계약"이라 한다)을 체결한다.

제1조(목적)

이 계약은 매수인과 매도인 간 물품 매매에서 양 당사자 사이의 기본적인 권리와 의무를 정하는 것을 목적으로 한다.

제2조(거래 물품)

이 계약에서 거래의 대상이 되는 물품의 종류, 수량 및 가격은 다음과 같다.

구분	내역	비고
품 명		
단 가		
수 량		
금 액		
특기사항		

KC2. 供货合同

[需方、买方名称] (下称"买方")和[供方、卖方名称] (下称"卖方")就由"买方"购买"卖方"供应的产品(下称"货物")以下述条件交易达成一致，并签订合同(下称"本合同")。

第一条(合同的目的)
本合同旨在约定货物买卖中买卖双方当事人之间的基本权利和义务。

第二条(交易的货物)
作为本合同交易对象的货物的种类、数量及价格如下。

分类	明细	备注
货物名		
单价		
数量		
金额		
特别事项		

소유권의 이전 관계 및 지식재산권 관련 내용, 비밀유지의무 등의 기재

물품공급에 따른 권리·의무에 관하여 소유권의 이전 시기 등을 협의하여 기재하고, 소유권을 이전한다고 하더라도 공급하는 물품에 특허, 저작권 등 지식재산권이 포함되어 있는 경우에는 특허권이나 저작권 관련 사항을 명시해야 하며, 비밀유지가 필요하다면 당사자는 비밀유지에 필요한 사항을 설정하여 지킬 것을 특정할 수 있습니다.

비밀유지 사항을 설정한 경우, 계약 당사자는 필요한 사항을 엄수해야 하며, 이를 위반하여 상대방이 손해를 입었다면 그 손해에 대한 배상을 요구할 수 있으니 이에 대한 내용을 구체적으로 기재하여야 합니다.

담보제공시 구체적인 내용기재

공급계약의 당사자는 공급계약 시 공급된 물품의 하자보수를 위하여 보증보험이나 기타 손해보험 등에 가입하게 하거나 일정금액에 해당하는 하자보수보증금을 내도록 할 수 있으며, 담보권설정을 할 경우 그 담보권의 종류를 비롯하여 피담보채권의 내용, 담보에 제공될 물건, 담보한도액 등을 물품공급계약서에 명확하게 기재할 필요가 있습니다.

제3조(물품의 납품^{K63})

① 매도인은 20[ ]. [ ]. [ ].까지 [   ]에서 매도인에게 대상 물품을 인도^{K218}하여야 한다.

② 매도인은 지정된 납품일 내에 납품이 불가능한 경우, 사전에 구체적인 사유 및 납품 예정일을 명시한 서면을 매수인에게 제시한 후 매수인의 동의를 얻어 납품 일자를 연장할 수 있다.

③ 매도인은 매수인에게 「품질경영 및 공산품안전 관리법」, 「식품위생법」, 「농수산물 품질관리법」, 「상표법」, 「특허법」, 「디자인^{K82}보호법」, 「표시·광고의 공정화에 관한 법률」 등 이 계약 물품 관련 법령을 준수하여 납품하여야 한다.

④ 물품의 납품에 따르는 비용은 매도인의 부담으로 한다. 다만, 매수인이 특별한 포장이나 특별한 수송 또는 작업을 요청할 경우 그에 따른 추가비용은 매수인의 부담으로 한다.

⑤ 매수인은 매도인이 물품을 납품하면 제5조에 따라 검수^{K12}를 마친 후 다음 각 호의 어느 하나에 해당하는 경우를 제외하고는 매도인이 이 계약에 따라 납품하는 물품을 지체 없이 수령^{K169}한다.

1. 납품 받은 물품이 매도인의 책임 있는 사유로 인하여 훼손된 경우

2. 납품 받은 물품에 하자^{K333}가 있는 경우

3. 납품 받은 물품이 매수인이 주문한 물품과 다른 경우

4. 그 밖에 제1호부터 제3호까지의 규정에 준하는 사유로 매수인이 상품의 수령을 지체하거나 거부할 수 있는 정당한 사유가 있는 경우

第三条(货物交付)

① 卖方应于20[ ]年月[ ]日之前，在[   ]向卖方交付对象货物。

② 卖方在指定的交货日内无法交货时，可以事先向买方提交载明延迟交货的具体事由及交货预定日期的书面材料后，经买方同意，可以延长交货日期。

③ 卖方向买方交付货物，应遵守《质量经营及工业产品安全管理法》、《食品卫生法》、《农水产品质量管理法》、《商标法》、《专利法》、《外观设计保护法》、《标示、广告的公正化相关法律》等与本合同货物相关的法律。

④ 交货相关的费用由卖方承担。但，如果买方要求特别包装或特别运输或作业，因此而发生的追加费用由买方承担。

⑤ 卖方交货时，买方根据第五条进行验收后，除有下列情形之一的之外，应立即领受货物。

1. 货物因归责于卖方的事由毁损的;

2. 货物存在瑕疵的;
3. 货物与买方订购的不一致的;
4. 因发生与从第1项至第3项相当的其他事由，存在买方可以延迟领受货物或拒绝领受货物的正当理由的。

품질검사 및 불량품 처리사항 기재
계약을 적절하게 이행하도록 하기 위해 공급받은 상품의 검사에 관한 사정과 불합격된 상품의 처리사항 및 상표관리에 관한 사항 등을 기재할 수 있습니다. 이러한 사항을 기재할 때에는 품질검사의 방법과 검사횟수, 불합격된 물품의 처리방법과 상표관리에 관한 사항 등을 구체적으로 협의하여 명확하게 기재해야 합니다.

제4조(품질검사)

① 매수인은 매도인이 납품하는 물품에 대하여 품질검사 및 성분검사가 필요한 경우, 매도인에게 해당 검사를 요구할 수 있다. 이 경우 매도인은 공인된 검사기관으로부터 검사를 받은 후 검사결과를 해당 물품의 납품 전에 매수인에게 제출한다. 매수인은 검사가 필요한 물품의 경우 이를 계약 체결시에 미리 서면으로 매도인에게 고지[K29]해야 한다.

② 제1항에 따른 검사비용은 매도인이 부담한다. 다만 제1항에 따른 품질검사 및 성분검사 결과 매도인이 납품한 물품이 법적 기준을 충족하여 합격 또는 적합 판정을 받은 경우로서 다음 각 호의 어느 하나에 해당하는 경우에는 매수인이 검사비용을 부담한다.

1. 매도인이 제1항에 따른 검사 이전에 이미 해당 물품에 대한 적절한 품질검사 또는 성분검사 등을 거쳐 이미 합격 또는 적합 판정을 받은 경우

2. 물품의 특성상 추가적인 공인기관의 검사를 거치지 않더라도 해당 물품의 품질 적합 여부가 외관상 뚜렷이 판단될 수 있는 등 처음부터 품질검사 및 성분검사가 필요하지 않았다고 인정될 수 있는 경우

③ 품질검사 및 성분검사 결과 매도인이 납품한 물품이 법적 기준을 충족시키지 못하여 불합격 또는 부적합 판정을 받은 경우, 매수인은 해당 물품의 납품중지 및 상당한 기간[K148]을 정하여 시정을 요구할 수 있으며, 매도인이 이 시정요구[K173]에 불응할 경우 계약을 해제[K339]할 수 있다.

第四条(质量检验)

① 买方对卖方供应的货物需要进行质量检验及成分检验时, 可以要求卖方进行相应检验。在这种情况下, 卖方通过公认的检验机构检验后, 在该货物交付前将检验结果提交给买方。对于需要检验的货物, 买方在签订合同时, 应事先书面通知卖方。

② 第1款的检验费用由卖方承担。但, 根据第1款的质量检验及成分检验结果, 卖方供应的货物满足法定标准, 被认定合格或适当, 而且有下列情形之一的, 则由买方承担检验费用。

  1. 卖方在进行第1款的检验之前, 已对该货物进行适当的质量检验或成分检验等, 已被认定合格或适当的;

  2. 因货物的特性, 即使不经过公认机关的追加检验, 也能在外观上清晰判断该货物质量是否合格等, 从一开始就被认定不需要质量检验和成分检验的。

③ 质量检验及成分检验结果表明, 卖方供应的货物不符合法律标准, 被判定为不合格或不适当时, 买方可以要求停止供货及在一定的时间内予以纠正, 卖方拒绝纠正的, 买方可以解除合同。

제5조(검수 등)

① 매수인이 물품을 수령한 때에는 매수인의 **검수기준**[K13] 에 따라 지체 없이 이를 검수하여야 하며, 하자 또는 수량의 부족을 발견한 경우에는 즉시 매도인에게 그 통지를 발송하지 아니하면 매도인은 이로 인한 책임을 지지아니한다. 다만, 물품에 즉시 발견할 수 없는 하자가 있는 경우, 매수인은 수령일로부터 [6]개월 이내에 한하여 책임을 물을 수 있다.

② 매수인은 물품의 품질, 규격, 관련 법령의 허용기준 등 매도인이 납품하는 물품에 관한 검수기준을 사전에 매도인에게 서면으로 명확하게 알려야 한다.

③ 매도인은 검수 결과 물품의 하자 또는 수량의 부족이 발견된 경우 즉시 반품 및 새로운 제품으로의 **교환**[K40] 납품을 하여야 한다.

제6조(대금[K70]**의 지급**[K71]**)**

① 매수인은 납품일로부터 [14]일 이내에 물품 대금을 매도인이 지정하는 은행계좌에 입금하는 방식으로 지급[K279]한다.

② 매수인이 대금의 지급을 지체하는 경우, 지급기일 다음 날부터 다 지급하는 날까지 연 [　]%의 비율에 의한 금액을 지연손해금으로 지급하여야 한다.

제7조(지식재산권[K286] **등)**

① 매도인이 매수인에게 납품하는 물품은 제3자가 보유한 **특허**[K327]**권**[K328], **디자인권**[K83], 상표권 등 지식재산권을 침해하는 것이 아니어야 한다.

② 제1항의 지식재산권 침해와 관련하여 제3자로부터 법적 분쟁이 제기된 경우 매도인은 자신의 책임과 부담으로 이를 처리하여야 하고, 이로 인하여 매수인에게 발생한 손해를 배상한다.

대금의 지급과 방법

계약서를 작성할 때에는 공급기일과 공급기간 및 수량에 대하여 명확히 할 필요가 있고, 특히 대금의 지급을 물품을 공급받을 때마다 할 것인지, 일정 기간을 정하여 일괄 정산하여 지급할 것인지 여부를 정해야 하며, 대금지급방법(현금 변제 또는 대물 변제 등)도 명확하게 기재해야 합니다.

第五条(验收等)

① 买方收取货物时, 应立即按照买方的验收标准进行验收, 发现瑕疵或数量不足时, 如不立即向卖方发送通知的, 则卖方不承担由此带来的责任。但, 如果货物存在不能立即发现的瑕疵, 买方可以在领受之日起[6]个月内追究责任。

② 买方应事先书面明确告知卖方货物质量、规格、相关法律许可标准等有关卖方所供货物的验收标准。

③ 货物的验收结果有瑕疵或数量不足时, 卖方应立即退货并替换新货物交货。

第六条(货款结算)

① 买方自交货之日起[14]日内将货款汇付至卖方指定的银行账户。

② 买方延迟支付货款时, 从应支付货款的次日起到付清之日为止, 应按年[ ]%的比率支付迟延损害金。

第七条(知识产权等)

① 卖方向买方供应的货物不得侵犯第三方专利权、外观设计权、商标权等知识产权的货物。

② 关于第1款的知识产权侵权, 与第三方发生法律纠纷时, 卖方应自行承担责任赔偿买方由此遭受的损失。

제8조(비밀유지^{K130}의무^{K131})

매수인과 매도인은 상호간의 거래로 인하여 알게 된 상대방의 **영업비밀**^{K196}, 제품정보 등을 제3자에게 **누설**^{K64}하거나 공개하지 아니한다. 본 조의 영업비밀은 품질기준, 가격, 협력업체 정보, 구매전략과 관련된 각종 인쇄물과 회의록을 포함하며 이에 한하지 아니한다. 다만, 다른 법령에 근거한 정부 또는 공공기관의 요청에 따르거나 법원의 판결에 따라 공개하는 경우는 예외로 한다.

② 제1항의 의무는 계약 기간 중은 물론 계약 기간의 만료^{K88} 또는 해지·해제로 인한 계약의 종료 후에도 [　]년간 존속하며, 본 조를 위반하여 상대방에게 손해를 입힌 경우 이를 배상해야 한다.

제9조(권리·의무의 양도^{K184}금지)

양 당사자는 상대방의 사전 서면 동의^{K156} 없이 이 계약 또는 개별 약정서 상의 권리·의무의 전부 또는 일부를 제3자에게 양도 또는 담보로 제공할 수 없다.

제10조(계약의 효력^{K347})

이 계약은 체결일로부터 유효하다.

제11조(계약의 해제·해지)

① 매수인 또는 매도인은 상대방에게 다음 각 호의 어느 하나에 해당하는 사유가 발생할 경우 즉시 이 계약을 해제·해지할 수 있다.

1. 매수인 또는 매도인이 발행한 어음·**수표**^{K171}가 **지급거절**^{K280}되거나, 매수인 또는 매도인 자신에 의한 **회생**^{K346}·**파산**^{K329}절차의 신청이 있거나, 채권자의 신청에 의해 회생·파산절차가 개시된 경우
2. 매수인 또는 매도인이 영업정지, 영업취소 등의 행정**처분**^{K340}을 받아 더 이상의 이 계약 이행이 곤란하게 된 경우

계약해제(해지)와 손해배상 문제
계약의 기간은 일자를 특정하여 구체적으로 기재하고, 계약의 해제나 해지에 관한 사항은 그 사유를 분명하게 기재하되 해제 또는 해지에 따른 손해배상 등에 관하여도 명확하게 기재해야 합니다. 또한 물품공급에 관하여 분쟁이 발생할 경우를 대비하여 분쟁발생 시 어떠한 방법으로 해결할 것인가(소송 또는 중재 등)를 상호 협의하여 이를 계약서에 기재해야 합니다.

第八条(保密义务)
① 买方和卖方不得向第三方泄露或公开基于相互交易而得知的对方的商业秘密、货物信息等。本条的商业秘密包括但不限于质量标准、价格、合作企业信息、购买战略相关的各种印刷品和会议记录。但,根据其他法律, 依政府或公共机关的要求或根据法院的判决公开的情况除外。

② 第1款的义务不仅在合同期间,而且在合同期满或因解除合同而终止后, 仍存续[ ]年。因违反本条给对方造成损失的,应予以赔偿。

第九条(禁止转让权利及义务)
双方当事人未经对方事先书面同意,不得将本合同或个别协议书上的全部或部分权利、义务转让或作为担保提供给第三方。

第十条(合同的效力)
本合同自签订之日起生效。

第十一条(解除合同)
① 买方或卖方在对方发生下列情形之一时,可以立即解除本合同。

1. 买方或卖方发行的汇票、支票被拒付; 买方或卖方主动申请重整、破产程序; 依债权人申请, 开始重整、破产程序时;

2. 买方或卖方因受到停业、吊销营业等行政处罚而难以继续履行本合同时;

3. 매도인이 납품한 물품이 관계 법령에 저촉되거나, 매도인이 **라이선스권자**^{K86}와 체결한 라이선스계약이 종료되어 해당 물품의 납품 또는 판매가 불가능하게 된 경우

② 매수인 또는 매도인이 이 계약의 중요한 사항을 위반한 경우, 14일 이상의 기간을 정하여 상대방에 대한 서면 통보로써 그 시정을 요구하고, 이 기간 내에 시정이 이루어지지 않으면 이 계약을 해제·해지할 수 있다.

③ 본 조에 의하여 계약이 해제·해지될 경우, **계약 해제**^{K20}·해지에 관하여 책임 있는 당사자는 상대방에 대하여 계약 해제·해지로 인한 손해를 배상하여야 한다.

제12조(지체상금)

① 매수인에게 책임 없는 사유로 인하여 매도인의 물품 납품이 지연되는 경우, 매도인은 지체일수 1일당 지연 물품 해당액(합계)의 [　]%를 **지연배상금**^{K288}으로 매수인에게 지급하여야 한다. 다만, 본 항에 의한 지연배상금은 매수인이 주문한 상품 가격의 합계를 초과하지 않는다.

② 물품의 납품 지연 및 오·미배송이 매수인의 **귀책사유**^{K50}로 인한 것이거나 천재지변 기타 **불가항력**^{K126}의 사유로 인한 경우에는 매도인은 본 조의 의무를 부담하지 아니한다.

제13조 [손해배상 등]

당사자 일방이 이 계약에서 정한 사항을 위반하여 상대방에게 손해를 가한 경우, 귀책사유 있는 당사자는 상대방이 입은 손해를 배상해야 한다.

제14조(분쟁의 해결)

이 계약으로 발생되는 모든 분쟁은 [대한상사중재원에서 대한상사중재원 국제중재규칙에 따라 중재로 해결한다/서울중앙지방법원을 제1심의 관할로 하여 대한민국법에 따라 법원의 판결로써 해결하기로 한다].

3. 卖方供应的货物与相关法律相抵触; 卖方与许可权人签订的许可合同终止, 导致该货物无法供应或销售时。

② 买方或卖方违反本合同重要事项时, 一方可指定14天以上的期限, 以书面通知对方并要求纠正。如在此期限内对方未纠正的, 一方可解除本合同。

③ 依照本条规定解除合同时, 对解除合同负有责任的一方应当赔偿对方因解除合同所遭受的损失。

第十二条(迟延赔偿金)
① 非因归责于买方的事由导致卖方延迟供货时, 卖方每迟延1天按延迟供应货物相应货款(合计)的[　]%作为迟延赔偿金支付给买方。但, 本款的延迟赔偿金不应超过买方订购的商品价格的总额。

② 因归责于买方的事由或自然灾害等其他不可抗力事由而延迟供货及错误发货或未发货的, 卖方不承担本条的义务。

第十三条(损害赔偿等)
当事人一方违反本合同约定的事项给对方造成损失时, 负有责任的当事人应赔偿给对方造成的损失。

第十四条(纠纷解决)
因本合同引发的所有纠纷, [在大韩商事仲裁院根据其国际仲裁规则通过仲裁解决。/以首尔中央地方法院作为第一审管辖, 并根据韩国法律通过诉讼解决。]

기타 사항

계약서 작성일자를 기재하고, 당사자의 이름(상호), 주민등록번호(사업자등록번호)와 주소 등 인적사항을 명확하게 기재하고 날인하여야 합니다. 대리인에 의하여 계약이 체결되는 경우, 위임장을 반드시 첨부하여야 하고, 위임 여부에 대하여 당사자에게 확인하는 절차를 거쳐야 합니다.

제15조(기타)

① 이 계약을 증명하기 위하여 2부의 계약서를 작성하고 **기명날인**^{K56}하여 각각 1부씩 보관한다.

② 이 계약서에 기재된 내용만이 매수인과 매도인 사이에 합의된 내용이며, 이 이외의 내용에 대한 당사자 간의 어떠한 구두 합의도 당사자를 구속하지 않는다. 다만, 이 계약에서 이미 예정된 별도의 서면 약정은 이 계약에 우선하여 적용된다.

③ 이 계약서의 내용은 매수인과 매도인 사이의 서면 합의에 의해서만 변경되거나 수정될 수 있으며, 그 변경 또는 수정은 매수인과 매도인이 해당 서면에 서명 또는 기명날인함과 동시에 그 효력을 발생한다.

20[　]년 [　]월 [　]일

매수인
상호: [　　　　]
주소: [　　　　]
연락처: [　　　　]
대표이사: [　　　　] (인)

매도인
상호: [　　　　]
주소: [　　　　]
연락처: [　　　　]
대표이사: [　　　　] (인)

第十五条(其他)

① 为证明本合同，制作一式两份，双方记名、盖章后各执一份。

② 本合同中记载的内容为买方和卖方之间达成一致的内容。除此之外，当事人之间的任何口头合意均不约束当事人。但是， 在本合同中已经事先约定的其他书面约定将优先适用于本合同。

③ 本合同的内容只能根据买方和卖方之间的书面合意方可变更或修改，该变更或修改自买方和卖方在该等文件上签名或记名、盖章之日起生效。

20[　]年[　]月[　]日

买方

名称: [　　　　]

地址: [　　　　]

联系方式: [　　　　]

代表理事: [　　　　] (印)

卖方

名称: [　　　　]

地址: [　　　　]

联系方式: [　　　　]

代表理事: [　　　　] (印)

K3. 상표권 양도계약서
K151

상표권 양도계약 체결의 필요성
상표권 양도계약은 등록상표를 보유한 상표권자가 상대방에게 자신의 상표권을 양도하는 계약을 말합니다. 상표권은 상표권자가 해당 상품에 대한 표장(標章)을 사용할 권리를 독점적으로 가지는 독점배타권이기 때문에 상표권자의 상표를 적법하게 사용하기 위해서는 그 등록상표를 양수 받아 자신의 상표로 보유하거나 라이선스 계약(상표사용계약)을 체결하여 사용하여야 합니다.

대상 상표권의 명확한 규정
상표권 양도계약을 체결할 경우 양도의 대상이 되는 상표권을 구체적이고 명확하게 기재하여야 합니다. 등록상표의 등록번호와 등록원부, 상표등록증을 첨부하여 양도 대상 상표권을 특정할 필요가 있습니다. 뿐만 아니라 상표권을 양도받기 위해서는 특허청에 권리이전등록 신청을 하여 등록원부를 갱신하여야 양도의 효력이 발생하기 때문에 권리이전등록 신청에 필요한 자료를 모두 교부받아야 합니다(양도증, 양도인의 인감증명서, 변경 전후 권리자의 위임장 등).

상표권 양도에 대한 대가(보상금 또는 양도대금) 및 지급일, 지급방법을 명시
상표권 양도 대금 및 지급일시, 지급방법 등을 명시적으로 기재하고, 관련하여 양도인이 본 건 상표를 사용하여 영위하던 영업도 이전하는 경우에는 해당 영업 양도에 대한 계약을 별도로 체결한다는 규정을 두는 것이 좋습니다.

상표권 이전 후 사용금지 등
양도인은 향후 동일하거나 유사한 상표를 출원하거나 사용하지 않겠다는 확인 규정을 구체적으로 적시합니다.

"갑"과 "을"은 "갑" 소유의 상표권을 "을"에게 이전[K213]함에 있어, 상호간의 권리와 의무를 명확히 하기 위해서 다음과 같이 계약을 체결한다.

제1조(상표권 이전)
"갑"은 특허청 제[   ]호로 등록된 "갑"소유의 [   ]상표를 금 [   ]원에 "을"에게 이전한다.

제2조(상표권의 이전 및 대금지급의 방법)
① "갑"은 20[   ]년 [ ]월 [ ]일까지 [   ]장소에서 제1조의 상표를 "을"에게 이전하여 "을"명의로 상표등록[K152]하기 위하여 필요한 일체의 서류 및 상표등록증[K154]을 "을"에게 교부[K39]하여야 한다.
② "을"은 위 서류 및 상표등록증을 교부 받음과 동시에 제1조에서 정한 대금을 "갑"에게 지급해야 한다.

제3조(영업의 양도)
"갑"은 위 상표를 사용하여 경영하던 [ ]영업을 "을"에게 양도한다. 이와 관련된 양도 계약은 별도로 체결하기로 한다.

제4조(이전 후 사용 금지)
제1조에 기재된 상표는 제2조 기재의 날로부터 "을"이 사용하고 그 이후 "갑"은 어떠한 방법으로든 제1조에 기재된 상표와 동종[K78] 또는 이와 유사[K204]한 상표를 사용하여서는 아니 된다.

KC3. 商标权转让合同

甲方和乙方就甲方将其所有的商标权转让给乙方的事宜，为了明确双方的权利和义务，签订如下合同。

第一条(商标权转让)
甲方将注册为专利厅第[ ]号的甲方所有的[ ]商标，以[   ]韩元转让给乙方。

第二条(商标权转让及转让费支付方式)
① 甲方应于2022年[ ]月[ ]日前，在[ ]将第一条约定的商标转让给乙方并向乙方交付以乙方名义注册商标所需的一切文件及商标注册证。

② 乙方在收到上述文件及商标注册证的同时，应向甲方支付第一条约定的转让费。

第三条(营业转让)
甲方将其使用上述商标经营的[ ]营业转让给乙方。与此相关的转让合同另行签订。

第四条(转让后禁止使用)
第一条所记载的商标，自第二条所记载之日起归乙方使用，从此之后甲方不得以任何方式使用与第一条所记载的商标同种或近似的商标。

제5조(이중양도K214의 금지)

"갑"은 이 계약 성립일 이후 위 상표권을 "을" 이외의 어떠한 타인에게도 대여·양도·시용 승낙K133할 수 없고, 스스로 상표권에 대한 변경·말소K89·소멸K162에 관한 행위를 하여서는 아니 된다.

제6조(손해배상액의 예정)

① "갑"이 위 각 조항의 의무를 불이행K128하거나 위반한 경우 "갑"은 "을"이 지불한 대금액 만큼을 손해배상으로 "을"에게 지급하여야 한다.

② "갑"의 의무 불이행으로 "을"에게 실제 발생한 손해액이 "을"이 지급한 대금액을 초과하는 경우 "갑"은 초과액에 대하여도 책임을 져야 한다.

제7조(계약의 해제)

① "을"은 "갑"이 각 조항을 위반하거나 제3조의 영업양도 절차를 불이행하는 경우에 계약을 해제하고 손해의 배상을 청구할 수 있다.

② "갑"은 "을"이 제2조 제2항의 대금지급을 지체할 경우 본 계약을 해제할 수 있다.

제8조(계약의 효력)

본 계약은 "갑" 과 "을"이 서명 날인한 날로부터 효력이 있다.

제9조(관할 법원K38)

본 계약에 대하여 법적인 분쟁이 발생하였을 경우 서울중앙지방법원을 제1심의 관할 법원으로 한다.

기타
이중양도의 금지, 의무 위반시 손해배상액의 예정, 계약해제, 분쟁해결방법 등에 대하여도 당사자 사이에 협의를 통하여 구체적으로 적시하여야 합니다. 필요한 경우에는 계약 체결 사실 자체에 대한 비밀유지의무 규정을 추가할 수 있습니다.

第五条(禁止重复转让)
本合同成立以后，甲方不得向乙方以外的任何第三方出借、转让、许可使用上述商标权。并且，甲方不得做出自行变更、注销、消灭商标权的行为。

第六条(损失赔偿额的预定)
① 甲方不履行或违反上述各条款义务时，甲方应当向乙方支付相当于乙方已支付转让费的金额作为损害赔偿。

② 因甲方不履行义务而给乙方实际造成的损失超过乙方已支付的转让费金额时，甲方对差额也要承担责任。

第七条(解除合同)
① 甲方违反各条款或不履行第三条的营业转让程序时，乙方可以解除合同并要求赔偿损失。

② 乙方延迟支付第二条第2款的转让费时，甲方可以解除本合同。

第八条(合同的效力)
本合同自甲方和乙方签字、盖章之日起生效。

第九条(管辖法院)
因本合同发生法律纠纷时以首尔中央地方法院为第一审管辖法院。

본 계약의 체결 사실 및 계약내용을 증명하기 위하여 본 계약서를 2통 작성하여 계약당사자가 각 (전자)서명 또는 날인한 후 각 1통씩 보관한다.

20[　]. [　]. [　].

양도인^{K187}(갑)

회사명: [　　　]

주소: [　　　]

연락처: [　　　]

대표이사: [　　　] (인)

양수인^{K190}(을)

회사명: [　　　]

주소: [　　　]

연락처: [　　　]

대표이사: [　　　] (인)

为证明本合同的签订事实及合同内容, 本合同书一式两份制作, 各合同当事人(电子)签名或者盖章后各执一份。

20[ ]年[ ]月[ ]日

出让方(甲方)

公司名称: [   ]

地址: [   ]

联系方式: [   ]

代表理事: [   ] (印)

受让人(乙方)

公司名称称: [   ]

地址: [   ]

联系方式: [   ]

代表理事: [   ] (印)

K4. 상표권 사용계약서

상표권 사용계약 체결의 필요성

상표권 사용계약은 등록상표를 보유한 상표권자가 상대방에게 자신의 등록상표를 사용·수익할 수 있는 권한만을 부여하고, 그에 따른 수수료를 지급받는 계약입니다.

상표권자가 자신의 상표권을 상대방이 사용할 수 있도록 하는 여러 가지 방법이 있는데, 주로 전용사용권, 통상사용권 등을 설정하는 방법을 사용합니다. **전용사용권**이란 등록상표를 독점적으로 사용할 수 있는 준물권적 권리이고 따라서 이 경우 상표권자도 특약이 없는 한 상표사용을 할 수 없습니다.

통상사용권이란 등록상표를 지정상품에 대하여 설정행위로 정한 범위 내에서 비독점적으로 사용할 수 있는 권리입니다. 위와 같은 상표권 사용계약을 체결할 경우 전용사용권 설정을 할 것인지 통상사용권 설정을 할 것인지를 먼저 명확히 하여야 하고, 그 특성에 따라 계약 내용을 구체적으로 작성하여야 합니다.

대상 상표권을 명확히 규정하는 것, 상표권 사용대금에 관한 내용 등에 대하여 명확히 규정하는 것은 계약 일반의 내용과 동일하고, 아래에서는 몇 가지 유의사항만 안내해드리고자 합니다.

권리자(상표권자)의 의무

권리자(상표권자)는 사용권자의 사용에 대한 관리감독의무가 있습니다.

사용권자의 상표사용으로 인하여 품질오인이나 출처혼동이 발생하였는데 상표권자가 상당한 주의를 하지 않은 경우에는 상표 등록이 취소될 수 있다는 점은 유의하여야 합니다(상표등록이 취소되는 경우 손해배상의 문제가 발생하니 이 점을 특히 유의해야 합니다).

그리고 권리자(상표권자)는 전용사용권자, 통상사용권자의 동의를 받지 아니하면 상표권을 포기할 수도 없다는 점을 유의하여야 합니다.

사용권자의 의무

사용권자는 그 상품에 자기 성명이나 명칭을 표시하여야 하고, 사용권자 또한 품질오인 출처혼동이 발생되지 않도록 정당하게 상표를 사용하여야 할 의무가 있으며, 이를 위반할 경우에는 사용권등록이 취소될 수 있다는 점을 유의하여야 합니다(손해배상의 문제가 발생합니다).

[권리의 표시]

상표등록번호[K153] 상표 제[   ]호

상표견본 [   ]

[당사자의 표시]

권 리 자

성명(명칭): 이○○

주소(회사본점 소재지): [   ]

주민등록번호(법인등록번호): [   ]

사용권자

성명(명칭): 홍○○

주소(회사본점 소재지): [   ]

주민등록번호(법인등록번호): [   ]

[계약내용]

다음과 같이 상표권 사용에 관한 계약을 체결한다.

1. **사용기간**[K135]: 20[ ]년 [ ]월 [ ]일~20[ ]년 [ ]월 [ ]일

2. **사용지역**[K138]: 대한민국 전지역

3. **상품류**[K155] 및 **지정상품**[K291]: [   ]

(특허, **실용신안**[K180], 디자인의 경우 실시내용 기재)

제20류: 의장, 의자

제24류: 직물제 또는 플라스틱제 커튼(샤워커튼은 제외)

4. 대가의 금액(**사용료**[K136])   [   ]원

KC4. 商标权使用合同

[权利标识]

商标注册编号: 商标第[   ]号
商标图样: [   ]

[当事人信息]

权利人
姓名(名称): 李○○
地址(公司总部所在地): [   ]
居民身份证号(法人注册号码): [   ]

使用权人
姓名(名称): 洪○○
地址(公司总店所在地): [   ]
居民身份证号(法人注册号码): [   ]

[合同内容]

签订如下商标权使用许可合同。
　1. 使用期限: 20[ ]年[ ]月[ ]日~20[ ]年[ ]月[ ]日
　2. 使用地区: 韩国全境
　3. 商品分类及指定商品: [   ]
　(若为专利、实用新型或外观设计, 应记载实施内容)
　第20类: 装横、椅子
　第24类: 纺织品制或塑料制帘(浴帘除外)
　4. 对价金额(使用费): [ ]韩元

[특약사항]

1. **사용권자**^{K134}는 사용료를 이 계약 체결일로부터 30일 이내에 **권리자**^{K47}가 지정히는 은행에 납부하여야 하며, 사용료 납부 전에는 이 상표권을 사용할 수 없다.

2. 사용권자가 계약기간 중 사용권자의 사정으로 인하여 상표권을 사용하지 못한 경우, 이미 납부한 사용료의 반환을 청구할 수 없다.

3. 권리자와 사용권자는 상호 협의하여 사용기간 및 사용료를 변경할 수 있다.

4. 사용권자는 권리자의 서면 동의 없이 이 건 상표 사용권을 제3자에게 이전할 수 없다.

5. 사용권자는 이 사용권에 대한 침해가 있음을 알게 된 경우 지체없이 그 사실을 권리자에게 서면으로 통지하여야 한다. 권리자는 서면 통지^{K157}를 받은 즉시 사용권을 침해한 자에 대하여 침해 금지에 관한 필요한 조치를 취해야 한다.

6. 권리자와 사용권자는 다음 각 호의 1에 해당하는 행위가 있을 경우 서면으로 통지 후 해명을 요구할 수 있고, 통지를 받은 자는 10일 내에 해명을 하여야 한다. 충분한 해명이 없을 경우 권리자 또는 사용권자는 그 상대방에게 서면으로 계약을 해지할 수 있다.

   가. 이 계약의 각 조항을 위반한 경우

   나. 사용권과 관련한 **불법행위**^{K127}가 있는 경우

20[　]. [　]. [　].

권리자
회사명: [　　　　]
주소: [　　　　　]
연락처: [　　　　]
대표이사: [　　　　] (인)

사용권자
회사명: [　　　　]
주소: [　　　　]
연락처: [　　　　]
대표이사: [　　　　] (인)

[特约事项]

1. 使用权人应当自本合同签订之日起30日内向权利人指定的银行账户支付使用费, 在支付使用费前不得使用该商标权。

2. 使用权人在合同期间内因使用人自身的原因未能使用商标权的, 不得要求退还已支付的使用费。

3. 权利人和使用权人可以相互协商变更使用期限及使用费。

4. 使用权人未经权利人书面同意, 不得将本商标的使用权转让给第三方。

5. 使用权人发现本使用权遭受侵害时, 应立即将该事实书面通知权利人。权利人接到书面通知后, 应立即对使用权的侵权人采取停止侵害所需的措施。

6. 权利人和使用权人如有下列情况之一的, 可以书面形式要求解释, 接到通知的一方应在10日内做出解释。如没有充分解释的, 权利人和使用权人可以通过书面方式要求解除合同。

    (1) 违反本合同各条款的;
    (2) 发生使用权相关违法行为的。

20[　]年[　]月[　]日

权利人

公司名称: [　　　　]

地址: [　　　　]

联系方式: [　　　　]

代表理事: [　　　　](印)

使用权人

公司名称: [　　　　]

地址: [　　　　]

联系方式: [　　　　]

代表理事: [　　　　](印)

K5. 저작권라이선스 계약서
K242   K84   K85

"갑"과 "을" 사이의 라이선스 사용 계약을 아래와 같이 체결한다.

제1조 목적
본 계약은 "을"의 제품생산 및 판매에 "갑"의 저작권을 사용함에 있어, 그 사용에 대한 상호간의 권리와 의무를 명확히 함을 그 목적으로 한다.

제2조 권리 범위
① "을"은 저작권자인 "갑"에게 제4조의 의무를 이행하고 "갑"의 저작물K243을 이용하여 제품을 생산, 판매할 수 있다.
② 저작물 구분: [   ]
③ 저작물 이용의 구분: 독점적 이용K76 / 단순 이용K65

제3조 계약 기간K24
본 계약서의 계약기간은 계약일로부터 1년까지로 하며 "을"이 본 계약기간 경과 후에도 저작물 사용 권한 보유를 원할 경우, "갑"은 "을"에게 계약 연장의 우선권을 보장한다.

제4조 사용대가 및 결제
① "을"은 제2조 제2항의 저작물을 사용하는 로열티K87를 [   ]수량에 한해 출고가의 [   ]%로 하며, 계약일로부터 [   ]일 이내에 "갑"에게 지불한다(VAT별도).
② 추가 제작 시 "을"은 제2조 제2항의 저작물을 사용하는 로열티로 계약금 [   ]원을 추가 제작 전 "갑"에게 지불하며 로열티는 출고가의 [   ]%로 한다(VAT별도).
③ "을"의 대금 지급은 현금으로 한다.

KC5. 著作权使用许可合同

甲方和乙方之间签订使用许可合同如下。

第一条(目的)
本合同旨在明确乙方生产和销售产品中使用甲方著作权时相互之间对其使用的权利和义务。

第二条(权利范围)
① 乙方向著作权人甲方履行第四条约定的义务为前提条件, 可以使用甲方的作品生产、销售产品。

② 目标作品: [   ]
③ 作品使用方式的种类: 独占使用/普通使用

第三条(合同期限)
本合同的期限为自合同签订之日起1年。乙方在合同期满后仍希望拥有作品使用权限时, 甲方保障乙方的合同展期优先权。

第四条(使用费及支付)
① 乙方使用第二条第二款作品的使用费仅限于[   ]数量, 以出厂价的[   ]%为准, 自合同签订之日起[   ]日内支付给甲方(不含增值税)。

② 追加制作时, 作为第二条第二款作品的使用费, 乙方应在制作前向甲方支付[   ]韩元定金, 使用费按出厂价的[   ]%支付。(不含增值税)

③ 乙方以现金方式支付使用费。

제5조 판매 지역

"을"은 본 제품을 대한민국에서만 판매할 수 있다.

제6조 저작물의 사용

"을"은 제품을 제작, 판매하는데 필요한 제2조 제2항의 저작물을 "갑"으로부터 공급 받는다.

제7조 사전 승인[K140]

① 저작물에 악영향을 줄 수 있는 요인을 제거하기 위해 "을"은 개별 제품의 출고 승인 조건(품질/가격)에 관하여 "갑"으로부터 사전 승인을 받아야 한다.

② "을"은 제품 생산 전에 "갑"에게 견본 디자인 당 3개씩 제출하여 검수를 받아야 하며, 검수 결과 "갑"의 시정 요구가 있을 시 "을"은 지체 없이 이를 수정하여야 한다.

제8조 광고 및 판촉활동[K331]

광고 및 홍보의 문안 등 제품의 판매에 관련된 광고 및 판촉 활동의 전반적인 사항에 대하여 "을"은 "갑"의 사전 승인을 받고 시행한다.

제9조 특수 공급에 대하여

① "을"은 저작물 프로모션을 위하여 "갑"이 지정하는 유통경로에 대해 제품을 공급할 의무가 있다.

② "을"은 "갑"의 필요에 의해 저작물의 전체적인 홍보활동에 필요하여 최종 소비자에게 무상으로 지급되는 상품을 원가 혹은 협의가로 "갑"에게 공급하여야 한다.

제10조 법적 공고 표시의 의무

"을"은 "갑"의 저작물을 사용하는 제품, 포장, 광고, 판촉 및 전시 자료에 "갑"이 규정하는 저작권 표기를 해야 한다.

제11조 자료제출의 의무

① "갑"은 "을"의 계약 제품 제작에 필요한 저작물의 기본 자료에 대하여 공개할 의무가 있다.

② "을"은 "갑"에게 매월 5일 전월 매출실적[K92]을 소정 양식에 의한 서면으로 제출하여야 한다.

第五条(销售地区)
乙方仅限于在大韩民国销售本产品。

第六条(作品的使用)
乙方制作、销售产品所需的第二条第二款作品应由甲方供应。

第七条(事先同意)
① 为消除可能对作品产生不良影响的因素， 就个别产品的出厂许可条件(质量/价格)，乙方应事先取得甲方的同意。
② 乙方在生产产品前，就每种产品，应向甲方提交3个样品设计，并接受验收。甲方根据验收结果要求纠正时，乙方应立即纠正。

第八条(广告和促销活动)
针对广告及宣传的文案等与产品销售有关的广告及促销活动的全部事宜， 乙方应事先取得甲方的认可后施行。

第九条(关于特殊供应)
① 为推广作品，乙方有义务向甲方所指定的分销渠道供应产品。

② 针对甲方依其所需在整体宣传活动中需要向最终消费者免费赠送的商品，乙方应以成本价或协议价向甲方供货。

第十条(标注法定公告的义务)
乙方在使用甲方作品的产品、包装、广告、促销及参展资料上应标注甲方规定的著作权标记。

第十一条(提交资料的义务)
① 甲方有义务披露乙方制作合同产品所需要的作品的基本资料。

② 每月五日，乙方应以指定的格式，向甲方提交上个月销售业绩的书面材料。

제12조 양도의 금지
"갑"은 계약기간동안 저작물 사용에 대해 "을"에게 부여하는 제2조의 권리를 동일 업종의 제3자에게 판매하지 않는 것을 원칙으로 하며 "을"은 "갑"의 승인 없이는 "갑"으로부디 부여 받은 제2조의 이용권을 제3자에게 양도할 수 없다.

제13조 계약위반과 손해배상
"갑"과 "을"은 본 계약의 규정을 성실히 수행하여야 하며, 일방이 본 계약을 위반하거나 의무를 지체 하였을 시 다른 일방은 상대방에게 서면으로 시정을 요청하고, 위 시정 요청에도 불구하고 시정하지 아니할 때는 손해배상을 청구할 수 있다.

제14조 계약 해지[K21]
일방에게 아래에 명시된 사항이 발생하였을 때 다른 일방은 본 계약을 해지할 수 있다.
1. 파산 또는 무자력[K97]이 된 경우
2. 파산 또는 무자력으로 인한 파산 등 청구
3. 일부 채권자들만의 이익을 확보해 주기 위한 사해행위
4. 파산관재인[K330]이 임명되고 그로부터 90일 이내에 임명이 취소되지 않을 때
5. 파산 또는 무자력을 이유로 제3자로부터 제기된 청구가 그로부터 90일 이내에 기각[K55]되지 않았을 때
6. "을"이 "갑"의 사전 동의 없이 계약 자체 또는 계약상의 권리를 양도하려고 시도하는 경우
7. 영속기업으로서의 기능 또는 정상적인 영업활동을 중지한 경우

제15조 계약만료[K25] 후 재고의 취급
① "을"은 본 계약의 유효기간 만료 후 또는 해지 후 본 제품을 제조, 판매할 수 없다. 단, 재고가 있거나 부득이한 경우 별도로 서면 합의하여 정한다.
② 계약기간이 만료되는 시점에 판매되지 않은 재고 중에서 계약만료 이후에 판매되는 제품 등으로 발생하는 모든 수익 대금에 대해서도 제4조의 규정을 동일하게 적용한다.

제16조 계약의 효력
본 계약은 "갑" 과 "을"이 서명 날인한 날로부터 효력이 있다.

第十二条(禁止转让)

原则上, 甲方在合同期间内, 就作品的使用, 不得将根据第二条赋予乙方的权利出售给同一行业的第三方。乙方未经甲方许可, 不得将甲方赋予的第二条的使用权转让给第三方。

第十三条(违反合同和损害赔偿)

甲方和乙方应诚实履行本合同的规定。一方违反本合同或迟延履行义务时, 另一方可书面要求对方纠正; 不顾上述纠正要求拒不改正时,可要求损害赔偿。

第十四条(解除合同)

一方发生下列事项时, 另一方可以解除本合同。

  1. 破产或资不抵债时;

  2. 破产或因资不抵债而请求破产等时;

  3. 只为确保部分债权人的利益而进行欺诈行为时;

  4. 破产管理人被任命后90天内未被取消任命时;

  5. 以破产或资不抵债为由被第三方提出的请求在90天内未被驳回时;

  6. 乙方未经甲方事先同意, 试图转让合同本身或合同项下的权利时;

  7. 停止作为永续企业的功能或正常营业活动时。

第十五条(合同期满后库存的处理)

① 乙方在本合同有效期届满或解除后不得制造和销售本产品。但, 尚有库存或不得已时, 另行书面协议确定。

② 合同期满时尚未销售的库存中, 因合同期满后销售的产品等而产生的所有收益, 将同样适用第四条规定。

第十六条(合同的效力)

本合同自甲方和乙方签字、盖章之日起生效。

제17조 관할 법원

본 계약에 대하여 법적인 문제가 발생하였을 경우 서울 중앙지방법원을 제1심의 관한 법원으로 한다.

본 계약의 체결 사실 및 계약내용을 증명하기 위하여 본 계약서를 2통 작성하여 계약당사자가 각 (전자)서명 또는 날인한 후 각1통씩 보관한다.

20[　]. [　]. [　].

갑
주식회사 [　　　]
주소 [　　　　　]
연락처 [　　　　　]
대표이사 [　　　] (인)

을
주식회사 [　　　]
주소 [　　　　　]
연락처 [　　　　　]
대표이사 [　　　] (인)

라이선스 계약과 관련하여 특별히 약정할 사항이 있으면 그러한 내용을 특약사항에 빠짐없이 기재해야 합니다. 또한 계약서 작성일자를 기재하고, 당사자 간의 이름, 주민등록번호와 주소 등 인적사항을 기재하여 반드시 기명날인해야하는 점도 확인해야 합니다.

第十七条(管辖法院)

因本合同发生法律纠纷时, 以首尔中央地方法院为第一审管辖法院。

为证明本合同的签订事实及协议内容, 本合同书制作一式二份, 各合同当事人签名(或电子签名)或盖章后各执1份。

20[　]年[　]月[　]日

甲方

名称: [　　　]株式会社

地址: [　　　]

联系方式: [　　　]

代表理事: [　　　] (印)

乙方

名称: [　　　]株式会社

地址: [　　　]

联系方式: [　　　]

代表理事: [　　　] (印)

K6. 신주인수계약서

K175   K219

신주인수계약서 작성의 필요성

신주인수계약서는 일반적으로 회사가 자금조달을 위해서 투자유치를 하는 과정에서 회사와 투자자 사이에 작성됩니다. 회사의 경우 대출을 실행하는 방법으로 자금을 조달할 수도 있으나, 신용상의 문제가 있을 경우 충분한 대출금을 마련하기 어려운 점이 있어 투자를 선호하고 있습니다.

투자자의 경우 사업의 성공여부에 따라 고수익을 얻을 수 있다는 기회비용의 차원에서 투자를 진행하기에 일부 투자자는 경영에 관여하는 경우도 있습니다 (이사 선임권의 보장 등).

이때 투자를 받는 회사와 투자를 하는 투자자 사이에 작성하는 신주인수계약서에는, 발행하여 인수할 신주의 내용(신주의 종류, 주식수, 발행가액, 납입기일 등), 발행회사와 인수자(투자자)가 투자와 관련하여 확인하여야 할 내용(진술과 보장), 거래완결 전 회사의 의무(선행조건) 등 신주의 발행 및 인수를 통하여 투자할 내용을 명확히 작성하여야 추후 분쟁을 예방할 수 있습니다.

신주의 발행 및 인수와 관련한 사항

1) 정관상 발행할 수 있는 총 주식 수 및 발행가능한 주식의 종류
2) 현재까지 발행된 주식의 총 수
3) 본 건 계약으로 발행할 신주의 종류(보통주, 우선주 여부) 및 수량
4) 액면가(등기사항전부증명서상)
5) 1주당 발행가액(액면가와는 달리 피투자 회사를 평가하여 산정한 1주당 평가액)
6) 본 건 신주의 인수대금(투자금)
7) 납입기일(인수종결일)
8) 인수종결일까지 이행하여야 할 회사의 의무[주주명부 기재 및 등기, 주권교부 또는 주권미발행확인서(해당시) 그외 투자자가 요청하는 자료의 교부의무 등] 기재

본 신주인수계약[K178](이하 "본 계약")은
[   ]년 [ ]월 [ ]일(이하 "본 계약 체결일")에 다음 당사자들 사이에 체결한다.

1. 인수자[K222] [   ]
주소: [   ]

2. 발행회사[K104] [   ] (이하 "회사")
주소: [   ]

(이하 인수자 및 발행회사는 그 일방을 지칭할 경우에는 "당사자"라 하고, 총칭하여 "당사자들"이라고 한다.)

제1조 주식의 발행 및 인수

1.1 회사는 본 계약에서 정하는 조건에 따라, '제3자 배정 유상증자[K205][K253]'의 방식으로 신주(이하 "본 건 신주")를 발행하고, 인수자는 본 건 신주를 인수하기로 한다.

1.2 본 계약에 의하여 발행되는 본 건 신주의 수량 및 인수자가 지급할 신주인수대금[K176]은 아래와 같다.

 (1) 본 건 우선주[K201] 발행수량: [ ]주

 (2) 1주당 발행가액: 금 [ ]([ ])원

 (3) 신주인수대금: 금 [ ]([ ])원

1.3 인수대금의 지급방법: 인수자는 본 계약서에서 정하는 바에 따라, 20[ ]년 [ ]월 [ ]일(이하 "인수종결[K220]일")에 인수대금 전액을 발행회사가 지정하는 입금계좌로 지급하여야 한다.

KC6. 新股认购合同

本新股认购合同(下称"本合同")于[ ]年[ ]月[ ]日(下称"本合同签订日")在下列各方当事人之间签订。

1. 认购方: [   ]
地址: [   ]

2. 发行公司: [   ] (下称"公司")
地址: [   ]

(以下指认购方或发行公司一方时统称为"当事人", 指双方时称为"各方当事人"。)

第一条(股份发行及认购)

1.1 公司根据本合同约定的条件, 以"第三方配股有偿增资"的方式发行新股(下称"本项新股"), 认购方收购本项新股。

1.2 根据本合同发行的本项新股的数量及认购方支付的新股认购价款如下:

(1) 本项优先股发行数量: [ ]股;
(2) 每股发行价额: [ ]韩元;
(3) 新股认购价款: [ ]韩元。

1.3 认购价款的支付方式: 认购方应根据本合同约定, 于20[ ]年[ ]月[ ]日(下称"认购终结日")将认购价款全额付至发行公司指定的账户。

1.4 인수종결: 발행회사는 인수종결일에 다음 각호의 서류를 인수자에게 교부하여야 한다.

    a. 본 건 우선주를 표창하는 주권 또는 주권미발행 확인서^{K260}

    b. 주식인수대금 납입영수증^{K61}

    c. 투자자를 본 건 신주의 주주^{K267}로 기재한 주주명부^{K268}

    d. 기타 서류

제2조 발행회사의 진술 및 보장

회사와 투자자의 진술 및 보장

본 건 신주발행과 관련하여 행한 회사와 투자자의 진술이 사실과 다르지 않음을 보증하는 규정으로서, 신주발행회사는 현재 유효하게 존속 중인 주식회사라는 사실, 신주발행과 관련한 모든 절차적 요건을 준수하고 있고 인수자가 인수하는 주식은 적법하고 유효하게 발행되었다는 사실 등에 대한 진술 및 보장을 하여야 하고, 인수자 또한 본 건 계약과 관련하여 적법하고 유효하게 주식을 인수한다는 사실에 대한 진술 및 보장을 하여야 합니다.

이러한 진술과 보장 조항에 위배되는 사실이 밝혀진 경우 본 건 계약을 해제할 수 있기 때문에 관련 진술에 대한 명확한 자료를 첨부하는 것이 필요합니다.

발행회사는 본 계약 체결일 및 인수종결일에 인수자에게 아래 사항이 모든 주요한 측면에서 진실하고 정확하며 완전함을 진술하고 보증한다.

2.1 발행회사는 대한민국의 법률에 따라 적법하게 설립^{K161}되어 유효하게 존속 중인 주식회사이다.

2.2 본 계약의 체결 및 그 이행은 발행회사의 이사회 및 **주주총회**^{K269}에서 적법하게 승인되었으며, 발행회사는 본 계약을 체결하고 본 계약에 따른 의무를 이행하는 데 필요한 법률상 및 사실상의 모든 권한 및 자격을 가지고 있다.

2.3 본 계약은 발행회사에 의하여 적법하게 체결되었고, 발행회사에 대하여 본 계약의 조건들에 따라 집행할 수 있는 유효하고 **구속력**^{K43}이 있는 의무를 구성한다.

2.4 본 계약 체결일 현재, 발행회사의 **발행주식**^{K103}은 모두 적법하고 유효하게 발행되었다.

2.5 인수자가 본 계약서에 따라 인수하는 신주는 적법하며 유효하게 발행되었다.

2.6 기타

1.4 认购终结: 发行公司在认购终结日应将下列文件交付给认购方。

    a. 代表本项优先股的股票或者未发行股票确认书;

    b. 股份认购价款支付凭证;

    c. 将投资者记载为本项新股股东的股东名册;

    d. 其他文件。

第二条(发行公司的陈述和保证)

发行公司在本合同签订日及认购终结日, 向认购方陈述并保证下列事项在所有主要方面真实、准确、完整。

2.1 发行公司是根据大韩民国法律合法设立并有效存续的株式会社。

2.2 本合同的签订及其履行已被发行公司董事会及股东大会合法批准, 发行公司拥有签订本合同并履行本合同义务所需的法律及事实上的所有权限及资格。

2.3 本合同由发行公司合法签订, 对发行公司构成按照本合同条件可执行的有效且有约束力的义务。

2.4 截至本合同签订日, 发行公司股份的发行均合法有效。

2.5 认购方根据本合同认购的新股是合法有效发行的股份。

2.6 其他。

제3조 인수자의 진술 및 보장

인수자는 본 계약의 체결일 및 인수종결일에 발행회사에게 아래 사항이 진실하고 정확하며 완전함을 진술하고 보증한다.

3.1 인수자는 대한민국의 법률에 따라 적법하게 설립되어 유효하게 존속 중인 주식회사이다.

3.2 본 계약의 체결 및 그 이행은 인수자의 이사회 및 주주총회에서 적법하게 승인되었으며, 인수자는 본 계약을 체결하고 본 계약에 따른 의무를 이행하는 데 필요한 법률상 및 사실상의 모든 권한 및 자격을 가지고 있다.

3.3 본 계약은 인수자에 의하여 적법하게 체결되었고, 인수자에 대하여 본 계약의 조건들에 따라 집행할 수 있는 유효하고 구속력이 있는 의무를 구성한다.

3.4 인수자는 본 계약서의 체결과 관련하여 관계법령을 위반하지 아니하며, 인수자의 정관[K250] 등에 위배되지 아니하고, 인수자가 당사자로 있는 계약의 위반이나 채무불이행[K307]을 가져오지 아니한다.

3.5 기타 사항

제4조 확약사항[K344]

4.1 발행회사는 본 계약 체결 이후 인수종결일까지 발행회사의 사업을 관계법령 및 정상적인 상관행에 따라 운영한다.

4.2 기타

제5조 인수종결의 선행조건[K160]

인수자의 본 계약상 인수종결 의무는 다음 각호의 조건이 인수종결일에 또는 그 이전에 모두 성취되는 것(또는 발행회사가 그 조건의 충족을 면제[K93]하는 것)을 그 선행조건으로 한다.

거래완결 전 선행조건

회사는 주식발행에 필요한 모든 절차를 이행하여야 하고, 이러한 의무를 이행한 경우 인수자의 인수대금 납입의무가 발생하게 됩니다. 만약 회사가 이러한 의무를 이행하지 않거나 일부 의무를 이행하지 못한 경우 인수자에게 인수대금 납입을 요구할 수 없습니다. 따라서 선행조건을 명백히 구체적으로 작성하여야 당사자 간의 분쟁을 사전에 예방할 수 있습니다.

第三条(认购方的陈述和保证)

认购方在本合同签订日及认购终结日，向发行公司陈述并保证下列事项真实、准确、完整。

3.1 认购方是根据大韩民国法律合法设立并有效存续的株式会社。

3.2 本合同的签订及其履行已被认购方董事会及股东大会合法批准，认购方具有签订本合同并履行本合同义务所需的法律及事实上的所有权限及资格。

3.3 本合同由认购方合法签订,对认购方构成按照本合同条件可执行的有效且有约束力的义务。

3.4 与本合同签订相关,认购方不违反相关法令和其章程等,且不会造成认购方作为当事人的合同违约或不履行债务的情况。

3.5 其他事项。

第四条(承诺事项)

4.1 发行公司从本合同签订日到认购终结日为止，按照相关法令及正常的商业惯例经营发行公司的业务。

4.2 其他。

第五条(认购终结的先决条件)

认购方在本合同项下的认购终结义务，以下列各项条件在认购终结日或之前全部成就(或发行公司免除其条件的满足)作为其先决条件。

5.1 발행회사가 본 계약에 규정된 진술 및 보장 사항을 중요한 면에서 위반하지 아니할 것

5.2 발행회사기 인수종결일 또는 그 이전까지 이행하거나 준수하여야 하는 확약과 의무를 이행할 것

5.3 인수종결일 이전까지 발행회사가 내부 수권^{K167}절차를 거쳐 본 계약의 체결 및 종결에 대한 승인을 득하고 이를 입증할 수 있는 서류(예컨대, 이사회결의서 등)를 제출할 것

5.4 본 계약에 따른 의무 이행을 제한하거나 금지하는 정부기관으로부터의 조치가 존재하지 아니할 것

5.5 기타 사항

제6조 해제

6.1 계약의 해제: 당사자^{K69}들은 인수종결일 이전에 다음 각 호의 1에 정한 사유가 발생하는 경우 상대방에 대한 서면 통지로써 본 계약을 즉시 해제할 수 있다.

a. 당사자들이 본 계약상 진술 및 보장, 합의 또는 확약사항 또는 의무사항을 위반하고, 해제당사자에 의한 서면 시정요구를 받고도 [ ]영업일 이내에 위반사항을 시정하지 못한 경우

b. 상대방 당사자에 대하여 부도사유가 발생한 경우

c. 기타

6.2 해제의 결과: 본 계약의 해제는, 본 계약의 해제 이전에 본 계약의 위반 등으로 인하여 발생한 당사자의 권리 및 의무(손해배상의무 포함)에 영향을 미치지 아니한다.

제7조 손해배상

각 당사자는 본 계약에 규정된 자신의 진술 및 보장, 합의, 면책^{K94} 또는 확약사항 기타 의무의 위반으로 인하여 상대방 당사자가 입은 상당인과관계에 있는 손해를 배상하여야 한다.

거래완결 전 해제 가능
본 건 계약상 규정된 회사 또는 인수인의 의무를 이행하지 아니하는 경우 상대방은 본 건 계약을 해제할 수 있고, 그에 대한 손해배상을 청구할 수 있으므로 결국 본 건 계약상 회사와 인수인의 의무를 구체적으로 적시하여야 분쟁을 예방할 수 있습니다.

5.1 发行公司在重要方面上不违反本合同约定的陈述及保证事项。

5.2 发行公司在认购终结日或之前履行需履行或遵守的承诺和义务。

5.3 在认购终结日前，发行公司经内部授权程序获得有关本合同的签订及终止的批准，并提交可证明该事实的文件(例如董事会决议书等)。

5.4 不存在限制或禁止履行本合同义务的政府机关措施。

5.5 其他事项。

第六条(解除)

6.1. 解除合同：各方当事人在认购终结日之前发生下列情形之一时，经书面通知对方可以立即解除合同。

a. 各方当事人违反本合同项下的陈述及保证、合意或承诺事项或义务事项，并接到解除当事人的书面纠正要求后，未能在[ ]工作日内纠正违反事项时；

b. 对于对方当事人发生拒付事由时；

c. 其他。

6.2. 解除的结果：本合同的解除，不影响在本合同解除前因违反本合同等而产生的当事人的权利及义务(包括损害赔偿义务)。

第七条(损失赔偿)

各方当事人应赔偿因违反本合同约定的陈述及保证、合意、免责或承诺事项以及其他义务而给对方当事人造成的具有相当因果关系的损失。

기타 비밀유지, 비용의 부담, 분쟁해결
의 방법 등을 회사와 인수자가 협의하여
기재할 수 있습니다.

제8조 기타 사항

8.1 비밀유지: 당사자들은 법령 또는 정부기관의 명령이
있는 경우를 제외하고는, 상대방 당사자의 시면동의
가 없는 한, 본 계약의 체결 사실, 본 계약의 내용 및
본 계약 관련 사항을 공개하거나 누설하여서는 아니
된다.

8.2 수수료와 비용: 본 계약 또는 본 건 거래와 관련하여
자신이 지출한 또는 지출할 예정인 모든 경비와 비용
및 세금을 각자 부담하기로 한다.

8.3 준거법^{K273}: 본 계약 그리고 이로부터 또는 이와 관련
하여 발생하는 모든 분쟁은 대한민국 법령에 의하여
규율, 해석 및 집행된다.

8.4 분쟁해결: 본 계약과 관련하여 분쟁이 발생하는 경
우 각 당사자는 상호협의를 통해 해결책을 모색하며,
협의에도 불구하고 분쟁이 해결되지 않는 경우, 이는
[서울중앙지방법원]을 제1심 전속관할^{K246}로 하는 재
판에 의해 해결하기로 한다.

8.5 가분성^{K2}: 본 계약의 어느 규정이 행정, 입법, 사법
기타 명령 또는 결정에 의하여 무효^{K99}, 위법 기타 집
행불가능한 것으로 인정되는 경우, 나머지 규정들은
계속 유효, 적법하고 그 조건에 따라 집행이 가능한
것으로 인정된다.

8.6 변경: 본 계약의 개정 또는 변경은 당사자들이 서면
으로 체결한 경우에만 당사자들을 구속한다.

8.7 양도 등: 일방 당사자는 다른 당사자들의 사전 서면
동의 없이는 본 계약상의 지위 또는 본 계약에 따른
권리 또는 의무를 양도, 담보제공, 처분^{K312} 또는 이전
할 수 없다.

第八条(其他事项)

8.1 保密义务: 除有法令或政府机关的命令以外, 各方当事人未经对方当事人的书面同意, 不得公开或泄露本合同签订事实、本合同内容及本合同相关事项。

8.2 手续费和费用: 有关本合同或本项交易, 己方已支出或预计支出的所有经费、费用及税金将各自承担。

8.3 准据法: 本合同以及由此发生或与此相关的所有纠纷, 均依据大韩民国法令约束、解释及执行。

8.4 解决纠纷. 发生本合同相关纠纷时, 各方当事人通过相互协商寻求解决方案。经协商仍不能解决纠纷时, 将以 [首尔中央地方法院作] 为第一审专属管辖, 通过审判解决。

8.5 可分性: 根据行政、立法、司法或其他命令或决定, 本合同项下的任何约定被认定为无效、违法或其他无法执行时, 其余约定继续有效、合法, 并认为根据其条件可以执行。

8.6 变更: 本合同的修改或变更仅在各方当事人签订书面文件的情况下方可约束各方当事人。

8.7 转让等: 一方当事人未经其他当事人的事前书面同意, 不得转让、提供担保、处分或转移本合同项下的地位或权利、义务。

상기 내용을 증명하기 위하여, 각 당사자들은 아래 날짜에 각자 적법한 서명권자로 하여
금 본 계약서 [ ]부를 작성하고 서명 또는 기명날인한 후 각 1부씩 보관한다.

20[ ]. [ ]. [ ].

발행회사
주식회사: [   ]
주소: [   ]
연락처: [   ]
대표이사: [   ] (인)

인수자
주식회사: [   ]
주소: [   ]
연락처: [   ]
대표이사: [   ] (인)

为证明上述内容，各方当事人在下列日期由各自合法的有权签字人制作本合同一式[ ]份，并签名或记名、盖章后各执一份

20[ ]年[ ]月[ ]日

发行公司

名称: [　　　　]株式会社

地址: [　　　　]

联系方式: [　　　　]

代表理事: [　　　　] (印)

认购方

名称: [　　　] 株式会社

地址: [　　　　]

联系方式: [　　　　]

代表理事: [　　　　] (印)

전환사채인수계약서 작성의 필요성
회사가 자금조달을 위해서 투자유치를 할 때 신주발행이 아닌 사채를 발행하는 경우, 실무상 투자자가 제안한 전환사채의 전환가격을 조정하는 방식으로 전환사채를 발행하고 있습니다.
전환사채(CB)는 발행회사의 주식으로 전환할 수 있는 권리가 포함되어 있는 사채를 의미하는데, 투자자 입장에서는 사채와 주식의 이점을 모두 누릴 수 있고, 회사의 경우에는 전환시 사채 상환의 효과는 누리면서도 자금조달비용이 저렴하여 사채의 모집을 쉽게 할 수 있는 장점이 있습니다.
기본적으로 신주발행의 경우와 유사하고, 다만 아래 몇 가지 내용에 대해서 유의할 필요가 있습니다.

작성사항 및 유의사항
가. 정관상 근거 조항 확인은 필수입니다. 정관상 전환사채 발행과 관련한 규정이 없으면 주주총회의 특별결의에 의하여야 합니다.
나. 투자자가 전환권을 행사할 경우, 결국 회사의 주식을 취득하는 것이므로 그에 따른 지분의 변동사항을 확인할 필요가 있습니다. 전환가격 조정조항에 따라서 전환가격이 낮은 상태에서 전환이 이루어지면 투자자의 지분이 예상과 달리 높아지는 경우가 발생할 수 있기 때문에 이점은 유의하여야 합니다.
다. 위 나.에서 적시한 바와 같이 전환가액에 따라 지분이 달라질 위험이 있기 때문에 전환가격 조정방식을 꼼꼼히 살펴봐야 합니다.
라. 기타 일반적인 투자계약과 마찬가지로 거래완결 전 선행조건, 진술과 보증, 해제조항, 비밀유지, 비용의 부담, 분쟁해결의 방법 등을 구체적으로 기재하여 향후 분쟁을 예방하여야 합니다.

K7. 전환사채인수계약서
K248 K249 K142 K144

이 전환사채인수계약서("본 계약서")는 [ ]년 [ ]월 [ ]일 아래의 당사자들 사이에 체결한다.

(1) [ ] (이하 "발행회사")
주소: [ ]

(2) [ ] (이하 "사채인수인")
주소: [ ]

(이하 발행회사, 사채인수인을 개별적으로 "당사자", 총칭하여 "당사자들"이라 함)

전문

당사자들은 본 건 사채의 발행조건과 본 건 전환사채의 발행 및 인수와 관련된 제반 사항에 관하여 당사자들의 권리와 의무를 명확히 하기 위하여 아래와 같이 약정한다.

제1조 사채발행 및 인수
(1) 발행회사는 20[ ]년[ ]월[ ]일 (이하 "본 건 사채 발행일"이라고 한다)에 본 계약에서 정하는 바에 따라 본 건 사채를 발행하고, 이를 사채인수인에게 배정하며, 사채인수인은 인수금액 [ ]원을 납입하여 본 건 사채를 인수하기로 한다.

KC7. 可转换公司债券认购协议

本可转换公司债券认购协议(以下简称"本合同")于[ ]年[ ]月[ ]日在下列当事人之间签订。

(一) [　　　　　](下称"发行公司")
地址: [　　　　　]

(二) [　　　　　](下称"公司债券认购人")
地址: [　　　　　]

(以下指发行公司或公司债券认购人一方时称为"当事人"，　指双方时统称为"各方当事人")。

鉴于

双方当事人就本公司债券的发行条件和本可转换公司债券的发行及认购相关各项事宜，为明确各方当事人的权利和义务，约定如下:

第一条(公司债券的发行及认购)
(一) 发行公司拟于20[ ]年[ ]月[ ]日(下称"本公司债券发行日")按照本合同约定发行本公司债券，并将其分配给公司债券认购人。公司债券认购人缴纳[ ]元价款，并认购本公司债券。

(2) 사채인수인은 본 건 사채 발행일에 본 건 사채의 인수대금을 발행회사의 계좌
(계좌개설기관: [   ], 계좌번호: [   ])에 납입하여야 한다.

제2조 사채인수대금의 사용
(1) 발행회사는 사채인수대금을 [   ]용도로 사용하여야 한다.
(2) 발행회사는 인수대금의 용도를 변경하고자 하는 경우에는 사채인수인의 사전 서면
동의를 얻어야 한다.

제3조 사채의 발행조건
발행회사가 발행하는 본 건 사채의 발행조건은 부록 1. 기재와 같다.

제4조 선행조건
(1) 본 계약에 따라 본 건 사채를 인수할 사채인수인의 의무는 다음 각호의 사항을 모두
충족하는 것을 선행조건으로 한다.
   1. 발행회사에 대하여 지급불능, 도산사유 또는 재정적 상태나 사업수행의 전망과 관
      련하여 중대한 부정적 영향을 미치는 사태가 발생하거나 발생할 가능성이 없을 것
   2. 본 계약서 제5조에 따른 발행회사의 진술 및 보장 사항이 사실과 다른 것으로 판명
      되지 않을 것
   3. 발행회사가 본 계약상의 의무사항을 위반하지 않을 것
   4. 기타
(2) 위 제(1)항에 규정된 조건들 중 어느 하나라도 만족되지 않거나 발행일 또는 그 이전
에 면제되지 않는 경우, 본 계약상 사채인수인의 본 건 사채의 인수의무는 효력을 상실하
며, 발행회사는 사채인수인에 대하여 일체의 이의나 손해배상을 청구할 수 없다.

제5조 발행회사의 진술 및 보장 등
발행회사는 사채인수인에게 본 계약 체결일 및 사채발행일 현재 다음 각 호의 사항들을
진술하고 보장한다.
   1. 발행회사는 대한민국법 또는 준거법에 따라 적법하게 설립되고 유효하게 존속하고
      있는 법인[K110]이다.
   2. 발행회사는 본 계약의 체결 및 이행에 필요한 모든 법적 능력과 권한을 보유하고
      있다.

(二) 公司债券认购人应在本公司债券发行日将本公司债券的认购款汇入发行公司的账户(开户机构: [   ], 账号: [   ])。

第二条(公司债券认购款的使用)
(一) 发行公司应将公司债券认购款用于[   ]。
(二) 发行公司拟变更认购款的用途时, 须获得债券认购人的事先书面同意。

第三条(公司债券的发行条件)
发行公司所发行的本公司债券的发行条件如附件1所示。

第四条(先决条件)
(一) 公司债券认购人按照本合同约定认购本公司债券时的义务以满足下列各项为先决条件。
 1. 发行公司不会发生支付不能、破产事由、财务状况或项目执行前景相关的具有重大负面影响的事态, 也不存在发生上述事态的可能性。
 2. 本合同第五条约定的发行公司的陈述及保证事项不会被判定为与事实不符。

 3. 发行公司不违反本合同项下的义务。
 4. 其他
(二) 上述第(一)款约定的条件中, 任何一项得不到满足, 或者未在发行日或之前被免除时, 本合同项下公司债券认购人的本公司债券的认购义务将失效, 发行公司不得对公司债券认购人提出任何异议或损害赔偿请求。

第五条(发行公司的陈述及保证等)
发行公司在本合同签订日及公司债券发行当日向公司债券认购人陈述并保证如下各项事宜。
 1. 发行公司是依据大韩民国法律或准据法合法设立并有效存续的法人。

 2. 发行公司具有签订和履行本合同所需的全部法律能力和权限。

3. 발행회사는 본 계약의 체결 및 이행에 필요한 이사회결의, 주주총회의 결의 등 발행
회사 내부의 모든 법적 조치를 취하였다.

4. 발행회사는 본 계약의 체결 및 이행에 필요한 정부 및 제3자의 제반 인·허가[K341]
및 승인을 적법하고 유효하게 취득하였다.

5. 기타

제6조 발행회사의 약정사항

(1) 발행회사는 본 건 사채를 발행함에 있어서 상법 등 관련 법령 및 정관에 위배되지
아니하도록 이사회의 결의, 주주총회 결의, **정관변경**[K251], **등기**[K79] 등 필요한 제반조치를 취
하여야 한다.

(2) 본 건 사채 발행과 직접적으로 관련하여 발생되는 제비용은 발행회사가 부담한다.

(3) 발행회사는 사채인수인의 사전 서면동의 없이는 다음 각 호의 행위를 해서는 안 된다.

1. 본 계약과 관련되거나 중대한 영향을 미치는 중요계약의 체결

2. 신규 자금 **차입**[K303] 또는 다른 채무의 부담

3. 사업의 전부 또는 일부의 중단 또는 포기

4. 기타

(4) 발행회사는 본 계약에 대한 발행회사의 **의무불이행**[K208]사유가 발생하는 경우, 발행회
사에 중대한 부정적 영향을 초래하였거나 초래할 우려가 있는 사항이 발생한 경우 즉시
사채인수인에게 통지하여야 한다.

(5) 발행회사는 사채인수인이 요청하는 경우 다음 서류들을 사채인수인에게 제출하여야
한다.

1. 발행회사의 **감사**[K6]**보고서**[K7] 및 **결산서**[K14]

2. 발행회사의 주주명부 사본

3. 기타 재정상태나 영업에 관한 자료 및 정보

(6) 기타

제7조 계약의 해제

(1) 다음 각 호의 어느 하나에 해당하는 사유가 발생하는 경우 사채인수인은 본 건 사채
발행일 전까지 발행회사에 대한 서면 통지로써 본 계약을 해제할 수 있다.

1. 발행회사가 본 계약에 따른 진술 및 보장 사항 또는 약정사항의 중대한 위반 또는
본 계약상 중대한 의무 위반이 있어, 사채인수인이 발생회사 등에게 그 시정을 요구
하는 서면 통지를 송부한 날로부터 [ ]일 이내에 이를 시정하지 아니하는 경우

3. 发行公司采取了签订及履行本合同所需的董事会决议、股东大会决议等其内部的全部法律措施。

4. 发行公司合法有效地取得了签订及履行本合同所需的政府及第三方的全部许可、认可及批准。

5. 其他

第六条(发行公司的约定事项)

(一) 发行公司在发行本公司债券时,应采取董事会决议、股东大会决议、章程变更和登记等必要的各项措施,以免违反商法等相关法律及章程。

(二) 与本公司债券发行直接相关产生的各种费用由发行公司承担。

(三) 发行公司未经公司债券认购人的事先书面同意,不得进行下列任何一项行为。

1. 与本合同相关或具有重大影响的重要合同的签订;

2. 借入新资金或负担其他债务;

3. 中断或放弃全部或部分事业;

4. 其他

(四) 发行公司若发生不履行本合同相关义务的事由时,或者发生对其造成或可能造成重大负面影响的事由时,应立即通知公司债券认购人。

(五) 若公司债券认购人提出要求,则发行公司应向其提交下列文件。

1. 发行公司的审计报告及结算书;

2. 发行公司的股东名册复印件;

3. 其他有关财务状况或营业的资料及信息。

(六) 其他

第七条(解除合同)

(一) 发生下列情形之一的事由时, 在本公司债券发行日之前,公司债券认购人有权以书面通知方式解除本合同。

1. 因发行公司严重违反本合同项下的陈述及保证事项, 或发生违反本合同约定的重大义务, 而公司债券认购人向发行公司等发出要求改正的书面通知之日起[ ]日内仍不予改正时;

2. 발행회사에 대하여 본 건 사채에 대한 기한의 이익 상실사유가 발생한 경우

3. 본 계약 제4조 선행조건이 충족되지 않은 경우

(2) 위 제(1)항에 의하여 본 계약이 해제되는 경우, 사채인수인은 해제 전끼지 본 계약과 관련하여 발생한 모든 비용에 대하여 발행회사에게 그 지급을 청구할 수 있다.

제8조 손해배상

발행회사는 본 계약상 의무의 위반으로 인해 사채인수인에게 손해를 입힌 경우, 이를 배상하여야 한다.

제9조 준거법

본 계약은 대한민국의 법률에 따라 규율되고 해석된다.

제10조 분쟁의 해결 및 관할

(1) 본 계약에 따른 당사자간의 분쟁이 발생할 경우 계약 당사자는 신의와 성실로써 상호 원만한 합의에 의하여 해결하고자 노력하여야 한다.

(2) 만일 당사자간 분쟁이 원만히 해결될 수 없을 때에는 사채인수인의 선택에 따라 대한상사중재원의 중재로 해결한다.

(3) 당사자가 본 계약과 관련한 소송을 제기하는 경우에는 [서울중앙지방법원]을 전속관할법원K247으로 정한다.

제11조 특약 사항

(1) [   ]

(2) [   ]

제12조 기타 조항

(1) 당사자는 상대방의 사전 서면동의 없이 본 계약 상의 권리 또는 의무를 양도하거나 이전할 수 없다.

(2) 본 계약은 당사자들 전원의 서면 합의에 의해서만 변경될 수 있다.

(3) 본 계약에 명시된 한 개 또는 수 개의 조항이 법령에 따라 무효, 위법 또는 집행불능K300으로 되더라도 나머지 조항의 효력, 적법성K244 및 집행가능성은 그로 인하여 아무런 영향을 받지 않는다.

(4) 기타

2. 对发行公司发生有关本公司债券期限利益丧失的事由时;

3. 本合同第四条约定的先行条件未得到满足时。

(二) 本合同因上述第(一)款被解除时,就解除之前发生的有关本合同的全部费用, 公司债券认购人有权请求发行公司支付。

第八条(损害赔偿)

发行公司因违反本合同项下的义务而给公司债券认购人造成损害的, 应予以赔偿。

第九条(准据法)

本合同根据大韩民国的法律进行规范和解释

第十条(争议的解决和管辖)

(一) 当事人之间因本合同发生争议时, 应以诚实信用为原则,通过互相协商, 力争圆满解决。

(二) 当事人之间的争议得不到圆满解决时, 根据公司债券认购人的选择, 通过大韩商事仲裁院的仲裁予以解决。

(三) 当事人提出与本合同相关的诉讼时, 将首尔中央地方法院指定为专属管辖法院。

第十一条(特约事项)

(一) [   ]

(二) [   ]

第十二条(其他条款)

(一) 未经对方事先书面同意, 当事人不得转让或移转本合同项下的权利或义务。

(二) 本合同仅通过全体当事人的书面协议方可予以变更。

(三) 即使本合同中明示的一个或多个条款根据法令被认定为无效、违法或无法执行, 其余条款的效力、合法性及执行可能性也不会因此而受到任何影响。

(四) 其他

위 내용을 증명하기 위하여 이 계약서의 당사자들은 본 계약을 [ ]부 작성하여 각자 기명
날인 또는 서명하도록 한 후 당사자들이 각 1부씩 보관하기로 한다.

[   ]년 [   ]월 [   ]일

발행회사
주식회사: [   ]
주소: [   ]
대표이사: [   ] (인)

사채인수인
주식회사: [   ]
주소: [   ]
대표이사: [   ] (인)

为证明上述内容，本合同各方当事人共制作[ ]份本合同，并由各方当事人盖章或签字后各执1份。

[   ]年 [   ]月 [   ]日

发行公司

株式会社: [   ]

地址: [   ]

代表理事: [   ] (印)

公司债券认购人

株式会社: [   ]

地址: [   ]

代表理事: [   ] (印)

부록 1. 사채 발행 조건

1. 사채조건

(1) 발행에 관한 사항

  1. 회사의 상호:

  2. 사채의 명칭:

  3. 사채의 종류:

  4. 사채의 권면총액:

  5. 사채의 발행가액:

  6. 사채인수인의 인수금액:

  7. 사채권의 권종 및 수량:

  8. 사채권의 분할 및 병합금지:

  9. 사채의 이자:

  10. 사채의 청약일:

  11. 사채의 납입일 및 발행일:

  12. 사채의 만기:

  13. 사채의 납입장소:

  14. 사채의 발행방법:

  15. 기타

(2) 상환에 관한 사항

  1. 사채의 상환방법과 기한:

  2. 이자지급 방법과 기한:

  3. 연체이자:

  4. 원금상환 및 이자지급장소: 발행회사의 본점

  5. 기타

(3) 전환[K248]권에 관한 사항

  1. 전환권 행사에 따라 발행할 주식의 종류:

  2. 전환권 행사비율:

  3. 전환권 행사가액:

附件 1. 公司债券发行条件

一、公司债券条件

(一) 发行相关事项

1. 公司名称:

2. 公司债券的名称:

3. 公司债券的种类:

4. 公司债券的券面总额:

5. 公司债券的发行价额:

6. 公司债券认购人的认购金额:

7. 公司债券券种及数量:

8. 禁止分割和合并公司债券;

9. 公司债券的利息:

10. 公司债券的认购日:

11. 公司债券的缴纳日及发行日:

12. 公司债券的到期:

13. 公司债券的缴纳地点:

14. 公司债券的发行方法:

15. 其他

(二) 偿还相关事项

1. 公司债券的偿还方法和期限:

2. 利息支付方法和期限:

3. 逾期利息:

4. 本金偿还及利息支付地点: 发行公司的总店

5. 其他

(三) 转换权相关事项。

1. 因行使转换权而发行的股份种类:

2. 转换权行使比率:

3. 转换权行使价额:

4. 전환권 행사가액의 조정^K255:

5. 전환권 행사청구기간:

6. 전환권 행사장소:

7. 전환권 행사절차 및 방법:

8. 전환권 행사의 효력 발생시기:

9. 전환권 행사로 발행된 주권의 교부방법 및 장소:

10. 전환권 행사로 발행된 주식의 최초 배당금^K107 및 이자:

11. 미발행 주식의 보유:

12. 전환권 행사로 인한 증자 등기:

13. 기타

2. 기한의 이익 상실 사유

(1) 발행회사의 기한이익 상실사유

발행회사에 대하여 다음 어느 하나의 항목에 해당하는 사유가 발생한 경우 발행회사는 본 건 사채에 관한 기한의 이익을 상실하고, 사채인수인은 발행회사에게 본 건 사채의 미상환 원리금의 상환을 요구할 수 있다. 발행회사는 기한전 상환 요구일로부터 [ ]일 이내에 원리금을 상환하여야 한다.

    1. 발행회사가 파산, 회생 절차 개시의 신청을 하거나 이에 동의한 경우, 또는 발행회사에게 파산이 선고되거나 회생절차가 개시된 경우

    2. 발행회사에게 존립기간의 만료 등 정관으로 정한 해산사유의 발생, 법원의 해산명령 또는 해산판결, 주주총회의 해산결의가 있는 경우

    3. 기타

(2) 기한이익상실에 따른 연체이자

발행회사가 본 건 사채에 관한 기한의 이익을 상실함으로써 지급하여야 할 원리금을 기한 내에 지급하지 아니하는 경우에는 해당 지급기일 다음날부터 실제 지급일까지 연 [ ]% 이율을 적용한 연체이자를 가산한다.

(3) 기한이익상실사유의 통지

발행회사가 기한이익상실사유의 발생사실을 인지하는 즉시, 관련 내용을 사채인수자에게 서면 통지하여야 한다.

4. 转换权行使价额的调整:

5. 转换权行使请求期限:

6. 转换权行使地点:

7. 转换权行使程序及方法:

8. 转换权行使的效力发生时间:

9. 因行使转换权而发行的股票的交付方法及地点:

10. 因行使转换权而发行的股份的最初红利及利息:

11. 未发行股份的持有:

12. 因行使转换权而进行的增资登记:

13. 其他

二、丧失期限利益的事由

(一) 发行公司丧失期限利益的事由

发行公司发生下列任何一项事由时，其将丧失本公司债券相关的期限利益，公司债券认购人可以要求发行公司偿还本公司债券未偿还的本息。发行公司应自期限前偿还要求之日起[ ]日内偿还本息。

1. 发行公司申请破产、回生启动程序或对此表示同意时，或者发行公司被宣告破产或启动回生程序时；

2. 发行公司发生存续期限届满等章程规定的解散事由，或法院下达解散命令、解散判决，或股东大会做出解散决议时；

3. 其他

(二) 因丧失期限利益而发生的逾期利息

发行公司因丧失本公司债券相关的期限利益而未在期限内支付到期本息时，从该支付日期的第二天开始至实际支付日为止，加算适用每年[ ]%利率的逾期利息。

(三) 期限利益丧失事由的通知

发行公司得知发生期限利益丧失事由后，应立即将相关内容书面通知公司债券认购人。

K8. 주식 및 경영권 양수도 계약서
_{K16   K188}

주식 및 경영권 양수도 계약의 개요
주식 및 경영권 양수도 계약이란 법률행위에 의하여 주식에 관한 일체의 권리와 의무를 유상으로 이전하면서, 그에 따라 주식을 발행한 회사(이하 "대상회사")의 경영권까지 일체로 이전하는 계약을 의미합니다.
일반적으로 대상회사의 대주주의 경우 경영권까지 보유하는 경우가 대부분이라서 대주주 주식에 대한 양수도계약시 경영권의 이전까지 포괄하는 계약을 체결하고 있습니다.

주식 및 경영권 양수도 계약의 약정 내용
주식 및 경영권 양수도계약의 경우 양도 양수하는 주식의 거래대금 산정에 있어서 법률실사가 중요하므로 이에 대한 구체적인 조항이 필요하고, 우발채무의 발생여부 및 대상회사에 대한 진술보증이 중요한 구성부분을 이루고 있습니다.
또한 경영권을 확보하고자 하는 양수인의 경우, 주주총회에서 양수인 측의 인사를 대표이사 기타 임원으로 등재할 필요가 있는바, 이에 대한 내용을 구체적으로 작성하여야 합니다.

계약서의 주요 기재사항
주식 및 경영권 양수도 계약서를 작성할 때에는 양수도의 대상이 되는 주식을 명확히 특정하여야 합니다.
구체적으로 대상회사가 발행한 총 주식 중 해당 양수도 대상 주식의 지분율, 주식수, 액면금 등과 양도인측에서 대상회사에 대하여 진술 및 보증하는 내용을 꼼꼼히 확인하여 계약서를 작성하여야 합니다.
양수인 측의 경영권 확보를 위하여 주식 양수도가 완료되기 전 양수인이 지정하는 자를 대표이사 기타 임원으로 취임시키기 위하여 임원 선임을 위한 임시주주 총회 개최 등의 의무를 양도인이 부담하는 것으로 정하기도 합니다.
주식양수도 대금을 결정하기 위한 법률실사 부분에 대하여도 양 당사자간 합의에 따라 구체적으로 작성하여야 하는데, 실사를 진행하는 기관, 실사의 대상, 실사기준일 및 실사기간, 실사에 따른 평가기준 등을 추후 다툼이 없도록 구체적으로 작성하여야 합니다.

본 주식 및 경영권 양수도 계약서(이하 "본 계약")는 [   ](이하 "대상회사")가 발행한 주식 및 경영권의 양수도와 관련하여 [   ]년 [ ]월 [ ]일에 아래 당사자들 사이에서 체결되었다.

(1) [   ] (이하 "양도인")
주소: [   ]
(2) [   ] (이하 "양수인")
주소: [   ]

이하, 양도인과 양수인을 개별적으로 "당사자", 총칭하여 "당사자들"이라 하며, 당사자들은 다음과 같이 합의한다.

다   음

제1조(목적)
본 계약은 양도인이 소유하고 있거나 처분권한^{K313}을 가진 대상회사 발행주식 및 이에 수반하는 경영권을 본 계약서에 정한 바에 따라 양수인에게 양도하고, 양수인이 이를 양수하는 것과 관련한 제반 사항을 정하는데 그 목적이 있다.

제2조(주식 및 경영권의 양도)
양도인은 대상회사가 발행한 기명식 보통주식^{K57}(액면금 [ ]원) [ ]주([ ]주, 지분율 [ ]%) (이하 "대상주식"이라 함)과 대상회사에 대한 경영권을 양수인에게 양도하고, 양수인은 양도인으로부터 이를 양수하기로 한다.

KC8. 股份及经营权转让合同

本股份及经营权转让合同(下称"本合同")就[   ] (下称"目标公司")发行的股份及经营权转受让事宜, 于[ ]年[ ]月[ ]日由以下当事人之间签订。

(一) [   ](下简称"转让人")
　地址: [   ]
(二) [   ](以下简称"受让人")
　地址: [   ]

以下指转让人或受让人一方时称为"当事人", 　指双方时称为"各方当事人"。各方当事人协商一致如下。

第一条(目的)
转让人根据本合同约定, 将其所有或拥有处分权的目标公司所发行股份及与之相对应的经营权转让给受让人, 转让人受让该股份与经营权。本合同的目的在于明确约定上述转让和受让相关全部事宜。

第二条(股份及经营权转让)
转让人向受让人转让目标公司发行的记名式普通股份(票面金额为[ ]元)[ ]股([ ]股, 持股比例为[ ]%)(下称"目标股份")及目标公司的经营权,受让人从转让人受让上述股份及经营权。

제3조(양수도 대금[K189])

양수도 대금은 합계 한화 금 [   ]원(이하 "양수도 대금"이라 하며, 본 계약에 따라 양수도 대금이 조정되는 경우에는 조정된 양수도 대금을 의미함)으로 하되, 본 계약에서 명시적으로 정하는 경우 외에는 변경할 수 없다.

제4조(양수도 대금의 지급 및 주권 인도[K259] 등)

1. 양수도 대금은 임시주총일에 지급한다. 지급과 동시에 양도인은 대상주식 실물 전체를 양수인에게 즉시 양도한다.
2. 본 계약에 따른 거래의 종결[K257]은 거래종결일[K10] 전 혹은 그 당일에 '상대방 당사자가 본 계약에서 정한 의무를 중대한 면에서 불이행하지 아니하였을 것'을 선행조건으로 한다.

제5조(경영권 이전)

양도인은 계약일에 대상회사의 경영권을 양수하는데 필요한 제반조치(대상회사의 기존 등기이사[K80] 및 감사로 하여금 사임서[K139] 및 인감증명서[K217]를 제출하게 하고, 향후 임시주주총회[K229]에서 양수인이 지정하는 자가 이사로 선임되게 하기 위한 일체의 조치)를 완료하기로 한다.

제6조(실사)

1. 실사는 양수인이 희망할 경우 할 수 있다.
2. 양수인은 직접 또는 양수인이 지정하는 대리인(법무법인, 회계법인 등을 포함)을 통하여 대상회사의 자산[K235], 부채에 관하여 실사(재무실사[K240], 법률실사[K109] 포함)를 실시한다.
3. 양도인은 직접 또는 대상회사로 하여금 자료의 제공, 담당자의 인터뷰 등 양수인이 대상회사의 재무상태 등을 파악하기 위하여 요청하는 실사과정에 협력한다.
4. 실사기준일은 [   ]년 [   ]월 [   ]일로 하며, 본 계약 체결일 익일부터 7일 동안 영업시간 중에 실사를 하는 것으로 하되, 당사자들의 합의에 따라 연장하거나 변경할 수 있다.
5. 실사 및 평가기준은 대한민국에서 일반적으로 인정된 회계처리기준 및 대한민국 법인세법[K111]상의 기준에 따르기로 한다.
6. 양수인은 실사 조정이 필요하다고 인정되는 경우에는 실사종료일로부터 3영업일 이내에 가격영향사유를 기재한 실사 조정 요청표를 합리적인 수준에서 그 작성의 근거를 첨부하여 양도인에게 제공하여야 하며, 실사 조정의 대상은 위 기일 내에 실사 조정 요청표를 제시한 것에 한한다.

第三条(转让对价)

转让对价为合计[ ]韩元(下称"转让对价",根据本合同调整转让对价时,指调整后的转让对价)。除本合同有明确约定外,不得变更。

第四条(转让对价的支付及股票交割等)

1. 转让对价于临时股东大会之日支付。同时,转让人将所有目标股份实物立即转让给受让人。
2. 本合同项下的交易终结是交易终结日前或当天"对方当事人不存在未履行本合同约定的重大义务"作为先决条件。

第五条(经营权转移)

转让人在合同签订日完成经营权转让所需要的全部措施(责成目标公司登记在册的现任董事及监事提交辞职书及印鉴证明书,并在之后召开

第六条(尽职调查)

1. 受让人要求时,可以进行尽职调查。
2. 受让人直接或通过其指定的代理人(包括律师事务所、会计事务所等)对目标公司的资产、负债进行尽职调查(包括财务尽职调查、法律尽职调查)。

3. 受让人为了解目标公司的财务状况等而进行尽职调查的过程中,转让人应直接或责成目标公司予以协助,包括提供资料、采访负责人等。
4. 尽职调查基准日为[ ]年[ ]月[ ]日。尽职调查应于本合同签订日的次日起7天内,在工作时间内进行。但是经各方当事人的协商一致,可以延长或变更。

5. 尽职调查及评价标准应遵循大韩民国普遍认可的会计处理标准及大韩民国法人税法上的标准。
6. 受让人认为需要尽职调查调整时,应在尽职调查结束之日起3个工作日内,在合理的水平上附上记载价格影响事由的尽职调查调整请求表及其制作依据,并提供给转让人。尽职调查的调整范围仅限于上述期限内提出的尽职调查调整请求表上的事项。

7. 실사 조정은 기일 내에 실사 조정 요청표에 기재되어 통지된 사항 중 양도인이 인정하는 부분에 한하여 그 실사기준일 상의 **순자산**^{K172}과 실사 보고서 상의 순자산의 차이가 5%를 초과하는 경우, ㄱ 초과하는 금액만 감액 조정의 대상이 되는 것으로 한다.

8. 아래 항목은 실사조정의 대상이 되지 아니하는 것으로 한다.

① 양도인이 사전에 구두 또는 서면으로 고지한 내용.

② 영업 생산상의 변동 등을 이유로 한 조정불가.

③ **이연 법인세 차대**^{K211} 및 법인세비용에 대한 조정불가.

9. 본 실사 조정에서 실사 조정 요청표에 기재되었던 사항은 상호 합의가 완료된 부분이므로, 조정, 반영 여부를 불문하고 향후 본 계약에 따른 **손해배상**^{K165}, 양수도 대금의 감액 대상이 되지 아니하고, 진술과 보장 등의 사항에서 제외되며, 당사자들은 이와 관련한 어떠한 청구도 하지 못한다.

제7조(양도인의 이행사항)

1. 양도인은 계약체결일에 본 계약에서 정한 바에 따라 대상회사의 경영권을 양수인에게 양도하기 위한 임시주주총회의 소집 절차를 진행하며, 위 임시주주총회에서 양수인이 지명하는 이사들이 대상회사의 이사회 구성원들로 선임될 수 있도록 대상주식 전부의 의결권을 행사하거나 또는 양수인과 합의하여 이에 준하는 조치를 취한다.

2. 양도인은 본 계약 체결일부터 거래 종결일까지 대상회사로 하여금 양수인의 동의 없이 다음에 정한 행위를 하지 않도록 한다(단, 본 계약에서 정한 사항을 이행하는 것 및 법령과 기존의 관행에 부합하는 범위 내에서 통상의 방법으로 대상회사의 현상유지를 위한 업무를 수행하는 것은 예외로 한다). 다만, 당사자들이 합의한 사항과 이를 이행하기 위해 필요한 행위는 제외한다.

① **감자**^{K8}, 유상증자, **무상증자**^{K96}, 주식으로 전환 또는 교환이 가능한 **증권의 발행**^{K277}, 기타 대상회사의 자본구조에 영향을 주는 행위.

② 회사의 해산, **합병**^{K335} 또는 조직변경.

③ 회사영업의 일부 또는 전부의 양도, 타회사 영업의 양수 또는 타회사의 경영의 인수.

④ 사채의 발행.

⑤ 이사, 감사, 주주 또는 그 특수관계자와 대상회사간의 거래.

⑥ 이사회 규칙, 기타 회사의 내규의 변경.

7. 尽职调查调整仅限于期限内记载于尽职调查调整请求表上所通知的事项中转让人认可的部分, 其尽职调查基准日的净资产与尽职调查报告书上的净资产之差超过5%时, 仅超过的部分为减额调整的对象。

8. 下列项目不属于尽职调查调整对象。
    ① 转让人事先以口头或书面方式告知的内容;
    ② 因经营生产上的变动等为事由的不可调整;
    ③ 对递延法人税借贷及法人税费用的不可调整。

9. 本尽职调查调整中, 记载于尽职调查调整请求表上的事项为已经相互协商一致的部分。因此,不论调整、反映与否,均不属于今后本合同项下的损失赔偿、转让对价减额的对象, 且不属于陈述、保障等事项。各方当事人不得提出与此相关的任何请求。

第七条(转让人的履行事项)

1. 转让人在合同签订日按照本合同约定进行旨在将目标公司经营权转让给受让人的临时股东大会召集程序。并且, 为了在上述临时股东大会上使受让人指定的董事被选任为目标公司董事会的成员, 转让人应行使目标股份的全部表决权或与受让人协商一致后采取相应的措施。

2. 自本合同签订之日起至交易终结日, 转让人责成目标公司未经受让人同意不得进行下列行为(但, 履行本合同约定的事项, 以及在符合法令和惯例的范围内, 以通常的方法执行目标公司旨在维持现状的业务除外)。但是, 各方当事人协商一致的事项和为履行该事项所需的行为除外。

    ① 减资、有偿增资、无偿增资、可转换或交换股份的证券发行、影响目标公司资本结构的其他行为;
    ② 公司解散、合并或组织变更;
    ③ 公司营业的部分或全部转让, 其他公司营业的受让或其他公司经营的收购;
    ④ 发行公司债券;
    ⑤ 董事、监事、股东或其特殊关联方与目标公司之间的交易;
    ⑥ 董事会规则和其他公司内部规则的变更;

⑦ 대상회사의 영업 수행을 위하여 필요한 인·허가의 취소 내지 정지를 초래하는 행위.

⑧ 회사의 **지적재산권**[K290]의 권리관계에 부정적인 변동을 초래하는 행위.

⑨ 기타 회사의 자산 또는 영업에 중대한 부정적 영향을 미치는 행위.

3. 양도인은 본 계약 체결일부터 거래 종결일까지 직접 또는 대상회사로 하여금 양수인이 대상회사의 임직원, 자산, 장부 기타 관련 서류 등에 대하여 접근할 수 있도록 허용한다.

제8조(담보 등의 말소)

1. 양수인은 양도인 및 양도인의 특수관계인, 대상회사의 기존 임원이 대상회사를 위하여 제공한 **기재 보증**[K59], 의무 및 담보(회사를 위한 일체의 금융기관 등에 대한 보증, 거래처에 대한 보증, 법인카드와 관련된 보증, 정부자금과 관련된 보증, 하자보수[K334]와 관련한 보증 등을 포함하며, 이에 국한되지 않음)를 [ ] 개월 이내에 모두 해소하여야 하며, 이를 위해 필요한 조치를 양도인이 요청하는 방식으로 완전히 이행하여야 하고, 이러한 담보 및 보증의 해소를 위해 양도인이 취하는 조치에 전적으로 동의한다.

2. 양도인은 대상회사가 양도인 및 양도인의 특수관계인, 대상회사의 퇴직 임원을 위하여 제공한 보증 및 **물상담보**[K100]를 계약일로부터 [ ] 개월 이내에 해소하여야 한다.

제9조(직원, 자산 등)

양도인은, 대상회사의 기존 임원(감사 포함)은 사임하도록 조치하기로 하며, 양수인은 대상회사의 직원을 현재의 고용조건으로 현재의 상태대로 승계하기로 한다.

제10조(진술 및 보증)

양도인은 본 계약 체결일 및 **거래종결일**[K10] 현재 대상회사 및 대상주식에 대하여 아래의 사항을 진술하고 보증한다.

1. 대상회사는 대한민국 법에 따라 적법하게 설립, 존속하는 회사로 본 계약 체결일 현재까지 영위하였던 영업에 종사하는데 필요하다고 양도인이 판단하는 법령, 관련 규정 및 관련 계약상의 권한과 인·허가를 보유한다.

2. 대상회사는 영업을 수행함에 있어 양도인이 중요하다고 판단하는 대한민국의 적용 법규를 준수하였으며, 정부당국으로부터 **적용법규 위반사실**[K245]에 관하여 조사를 받거나 통고나 처벌을 받은 사실이 없거나 이에 대한 판결 등의 처벌이 종결되었다.

⑦ 导致目标公司营业所需的许可、认可被吊销乃至停止的行为;

⑧ 导致公司知识产权的权利关系发生负面变动的行为;

⑨ 对公司资产或营业产生重大负面影响的其他行为。

3. 自本合同签订日起至交易终结日, 转让人应直接或责成目标公司允许受让人能够接触目标公司的高管和员工、资产、账簿和其他相关文件等。

第八条(担保等的解除)

1. 受让人应在[ ]个月内全部解除转让人及其特殊关联方、目标公司的现任高管为目标公司提供的记载保证、义务及担保(包括但不限于为公司提供的对所有金融机构等的担保、对交易方的担保、法人信用卡相关的保证、政府资金相关的保证、瑕疵保修相关的保证等), 并且以转让人要求的方式完全履行上述解除所需的措施, 并完全同意转让人为解除上述担保及保证所采取的措施。

2. 转让人应在合同签订之日起[ ]个月内解除目标公司为转让人及其特殊关系人、目标公司的退职高管提供的保证及实物抵押担保。

第九条(职员、资产等)

转让人应责成目标公司辞退现任高管(包括监事), 而受让人将以现有雇佣条件和状态承接目标公司的职员。

第十条(陈述及保证)

转让人对本合同签订日及交易终结日的目标公司及目标股份的现状陈述并保证如下。

1. 目标公司是依照大韩民国法律合法设立及存续的公司, 其拥有转让人认为在本合同签订日为止正在经营的业务所需的法令、相关规定及相关合同上的权限和许可、认可;

2. 目标公司遵守了转让人认为在经营业务过程中适用的大韩民国的重要法规, 且不存在曾接受政府当局关于违反适用法规的调查或通报的情况, 或者对上述事宜的判决等处罚已结束;

3. 양도인은 매매대상 목적물을 적법하게 소유하고 있으며, 양수인에게 매매대상목적물을 양도함에 있어 양도인이 알고 있는 법률 기타 규정상의 제약이나 제한은 양도인이 제시한 것 이외에는 없다.

4. 양도인은 본 계약 체결일 현재 대상회사의 경영권을 적법하게 보유하고 행사하고 있으며, 이를 양수인에게 양도함에 있어 어떠한 장애요인이나 법률적 위반사항이 존재하지 아니한다.

5. 본 계약 체결일 현재 양도인은 대상회사가 발행한 대상주식 총 [   ]주를 적법하게 보유하고 있으며, 해당 대상주식을 양수인에게 매각함에 있어 어떠한 법률적 위반사항이 존재하지 아니한다.

6. 대상회사의 발행주식 총수는 [   ]주 이다.

7. 대상회사는 액면가 [   ]원(₩ [   ])의 보통주식[K120]을 적법하고 유효하게 발행하고 전액 주금 납입[K261]되었다.

8. 대상회사가 작성한 재무제표 및 공시자료에는 양수인에게 서면으로 고지하여 확인된 사항을 제외하고는 일체의 회계상 흠결이 존재하지 아니한다.

9. 양도인이 양수인에게 제시하는 재무자료 및 공시재무제표[K31]는 양수인에게 서면으로 고지하여 확인된 사항을 제외하고는 대상회사 등의 재무상황을 정확하게 반영하고 있고, 기재되지 아니한 조세채무, 우발채무[K199] 및 부외채무[K124]는 존재하지 아니하며, 공시된 사항을 제외하고는 대상회사를 상대로 제기된 소송, 중재의 청구, 기타 배상청구 등 법적 분쟁의 발생 또는 발생가능성을 통지받은 사실이 없으며, 기타 방법으로 인지된 분쟁은 존재하지 아니한다.

10. 대상회사가 보유한 중기, 자동차의 소유권 기타 사용권은 적합한 등기, 등록 대항요건을 갖추고 있으며, 등록원부[K81]상에 명시된 담보권 이외에 다른 어떠한 형태의 담보권도 설정되어 있지 아니하다. 대상회사가 보유한 설비, 집기, 비품, 재고자산 등의 동산[K77]은 대상회사가 완전한 소유권과 처분권을 가지고 있으며 유치권[K206], 질권, 양도담보권 기타 여하한 형태의 담보권도 설정되어 있지 아니한다.

11. 대상회사는 사업수행을 위해 필요하거나 사용 중인 특허권, 상표권, 실용신안권[K181], 의장권[K209], 저작권 기타 무체재산권[K98]의 사용권을 보유하고 있다.

12. 대상회사는 관련법령 및 규정에 따라 주요 경영사항에 관하여 신고 및 공시 절차를 모두 마쳤고, 현재 공시되고 공지된 사유 이외에는 어떠한 사유로든 제재를 받을 사유가 존재하지 아니한다.

3. 转让人合法拥有交易对象标的物，并且向受让人转让交易对象标的物时，转让人所知悉的法律和其他规定上的制约或限制，除其提示的以外不存在其他制约或限制。

4. 截至本合同签订日，转让人合法拥有并行使目标公司的经营权，就其转让给受让人不存在任何障碍因素或法律违反事项。

5. 截至本合同签订日，转让人合法持有目标公司发行的目标股份总计[　]股，并且就将该目标股份出售给受让人，不存在任何法律上的违反事项。

6. 目标公司发行的股份总数为[　]股。

7. 目标公司合法有效地发行了面值[　]韩元的普通股份，并且股金已足额纳入。

8. 目标公司等制作的财务报表及公示资料中，除书面告知受让人并被确认的事项外，不存在任何会计上的缺陷。

9. 转让人向受让人出示的财务资料及公示财务报表，除书面告知受让人并被确认的事项外，均正确反映目标公司等的财务状况，不存在未记载的租税债务、偶发债务及账外债务，除公示的事项外，未接到以目标公司为对象提起的诉讼、仲裁请求、其他赔偿请求等法律纠纷的发生或发生可能性的通知，且不存在以其他方法认知的纠纷。

10. 目标公司拥有的重型机械、汽车的所有权和其他使用权已具备适当的登记、注册对抗要件，除登记簿上明示的担保权外，未设定其他任何形式的担保权。目标公司拥有的设备、器物、备品、库存资产等动产，由目标公司拥有完整的所有权及处置权，未设定留置权、质权、转让担保权和其任何形式的担保权。

11. 目标公司拥有经营业务所需或正在使用的专利权、商标权、实用新型权、外观设计权、著作权及其他无形财产权的使用权。

12. 目标公司已按照相关法令及规定，完成了有关主要经营事项的申报及公示程序，除了目前公示和公告的事由之外，不存在受制裁的任何事由。

13. 양도인과 양수인이 체결하는 본 계약이 기존 대상회사가 외부 제3자 등과 체결한 자금 및 영업 등 주요 계약서상 기한이익상실 및 기타 **계약 위반**^{K18}사항을 야기하지 아니하며, 대상회사의 정상적인 영업 지속에 있어 중대한 영향을 미치지 아니한다.

14. 양도인은 대상회사의 자산이 감사보고서상의 순자산가액과 동일함을 보장한다.

15. 대상회사는 코스닥시장에 상장되어 있으며, 코스닥시장상장규정에서 정하고 있는 관리종목이나 상장폐지에 지정되거나 해당할 사유는 존재하지 아니한다.

16. 양도인 및 대상회사의 진술과 보증은 본 계약체결일로부터 6개월이 되는 날에 소멸되며, 양수인이 그 이후에 알았거나, 6개월 전에 알았다 하더라도 6개월 경과 전에 구체화된 손해에 한하여, 양도인 및 대상회사에 구체적인 손해액과 사유를 기재하여 이를 서면통지(이른바 "배달증명^{K106}"으로 통지하여야 함)하여야 하고, 이러한 경우에도 양도인 및 대상회사가 인정하는 사항에 대해서만 이에 대한 손해배상을 청구할 수 있다.

17. 양수인이 양도인 및 대상회사에 손해배상을 청구할 수 있는 금액 총액은 어떠한 경우라도 [   ]년 [   ]월 [   ]일 기준 양도인이 제시한 대상회사의 재무상태표 자산 총액의 [   ]% 이내로 제한된다.

18. 양도인의 진술과 보증과 관련해서는 본 조의 규정이 본 계약서의 다른 조항에 우선하여 적용되며, 그 범위 내에서 본 계약서의 다른 조항은 적용되지 아니한다.

19. 양도인이 본 조에서 진술 및 보장한 사항에 중대한 위반사항이 발생 시, 양도인은 양수인에게 별도로 발생한 손해금액에 관하여 배상하여야 하고, 중대한 사항이 아닐 경우 합의하여 처리한다.

제11조(비밀유지의무)

1. **거래종결일**^{K10}로부터 3년 간, 각 당사자는 본 계약의 내용을 제3자에게 누설하지 아니하며, 본 계약의 협상, 이행과정에서 알게 된 상대방의 기밀사항을 제3자에게 누설하지 아니한다. 아울러, 위 기간 동안 양도인은 대상회사의 경영 또는 지배과정에서 알게 된 대상회사의 일체의 영업비밀을 직접 이용하거나 또는 제3자로 하여금 이용하게 하지 못하며, 이를 누설하지 못한다. 만약 본 계약상의 거래가 종결되지 못한 경우, 양수인은 본 계약의 협상, 이행과정에서 알게 된 대상회사의 일체의 영업비밀을 직접 이용하거나 또는 제3자로 하여금 이용하게 하지 못한다.

13. 转让人与受让人签订的本合同不会导致目标公司与外部第三方等已签订的资金及营业等相关主要合同上的期限利益丧失及其他违约事项，并且对目标公司的正常持续经营不会产生重大影响。

14. 转让人保证，目标公司的资产与审计报告上的净资产价值相同。

15. 目标公司已在科斯达克(KOSDAQ)上市，其不存在科斯达克上市规则中规定的管理项目或被指定为退市或属于该等情况的事由。

16. 转让人及目标公司的陈述和保证将于本合同签订日起满6个月之日消灭。即使受让人在此期限之后知悉或6个月前已知悉，也仅限于6个月经过之前具体化的损失，应向转让人及目标公司标明具体的损失金额及事由，并书面通知(应以俗称为"送达证明"的方式通知)。在此情况下，也仅限于转让人及目标公司所承认的事项，方能请求损害赔偿。

17. 受让人可以向转让人及目标公司提出损害赔偿的总额，不论在何种情况，均以转让人出具的[ ]年[ ]月[ ]日为基准的目标公司财务状况表资产总额的[ ]%为限。

18. 关于转让人的陈述及保证，本条约定优先适用于本合同项下的其他条款，在该其范围内不适用本合同项下的其他条款。

19. 当本条陈述及保证的事项中发生重大违反事项时，转让人应向受让人赔偿额外产生的损失金额。若不是重大事项，将协商处理。

第十一条(保密义务)

1. 自交易终结日起3年内，各方当事人不得向第三方透露本合同内容，以及在本合同协商、履行过程中所获悉的对方的保密事项。同时，在上述期间内，转让人不得直接利用或让第三方利用其在目标公司的经营或支配过程中所获悉的目标公司的一切商业秘密，并且不得透露上述商业秘密。如果本合同项下的交易未结束，受让人不得直接利用或让第三方利用其在本合同协商、履行过程中所获悉的目标公司的一切商业秘密。

2. 전항의 규정은 양 당사자가 사전에 동의한 경우 또는 기밀정보의 사용이나 공개가 법령상 요구되는 경우에는 적용되지 아니한다. 그러나 이 경우에도 공개 당사자는 상대방 당사자에게 위 공개에 대한 의견을 제시할 수 있는 적절한 사진 기회를 제공하여야 한다.

제12조(조세 및 기타 비용부담)
본 계약과 관련하여 각 당사자에 의하여 발생한 모든 조세, 공과금^{K30} 및 기타 비용은 당사자간의 별도 합의가 없는 한 각 당사자 스스로의 부담으로 한다.

제13조(효력의 발생)
본 계약의 효력은 임시주주총회일에 양수도 대금 전액을 지급한 즉시 발생한다.

제14조(계약의 해제)
1. 각 당사자가 본 계약상 의무를 중대하게 위반하는 경우(중대한 진술보증^{K295} 위반, 불일치 포함) 상대방은 그 시정을 최고하고, 최고일로부터 5일 이내에 위반상태가 치유되지 아니하는 경우 상대방은 위반당사자에 대한 서면통지로서 즉시 계약을 해제할 수 있다. 다만, 경영권 이전일 이후에는 본 계약을 해제할 수 없다.
2. 각 당사자는 다음 각 호와 같은 사유가 발생하는 경우 상대방에 대한 서면 통지로서 본 계약을 즉시 해제할 수 있다. 다만 각 사유발생에 귀책사유가 있는 당사자는 해제권을 행사할 수 없다.
   ① 본 계약 체결 이후 거래종결일 이전에 대상회사에 대하여 관리종목, 상장폐지
   ② 지급불능, 파산 또는 회생절차가 지정, 결정, 선고 또는 개시되는 경우
   ③ 제8조에 규정된 양수인 의무 위반이 발생하는 경우
3. 본 계약에서 명시적으로 달리 정한 경우를 제외하고, 본 계약이 해제되는 경우 양 당사자는 상호 원상회복을 하여야 하고 만일 일방에 귀책사유 있는 경우 그 상대방에 대하여 손해배상책임을 부담하기로 한다.

제15조(진술보증사항에 관한 손해배상)
1. 일방 당사자가 본 계약상 진술보증사항 중 어느 하나라도 위배하거나 진술보증사항이 사실과 다른 경우 및 본 계약상 이행사항이나 의무사항 등의 의무를 이행하지 아니하여 상대방 당사자에게 손해가 발생한 경우에는 아래와 같은 방법으로 배상금을 지급하기로 한다. 손해배상에 대하여는 다음 각 호에 따른다.

2. 前款约定不适用于双方当事人事先同意或法令要求使用或公开保密信息的情况。但是，即便是在此情况下，公开当事人应当事先为对方当事人就上述公开提出意见提供适当的机会。

第十二条 (租税及其他费用的负担)
各方当事人就本合同发生的所有租税、公共费用和其他费用，除当事人之间另有约定外，应由各方当事人自行承担。

第十三条 (生效)
本合同于临时股东大会日支付全部转让款后立即生效。

第十四条 (解除合同)
1. 各方当事人严重违反本合同义务(包括重大违反陈述、保证或不一致)时，对方可催告其改正。自催告之日起5日内未改正违反状态时，对方经书面通知违反当事人可立即解除合同。但是，经营权转移日以后不得解除本合同。

2. 发生下列事由之一时，各方当事人经书面通知对方可立即解除本合同。但是，对各项事由的发生负有责任的当事人不得行使解除权。

① 自本合同签订之日起至交易终止日前，目标公司发生管理项目、退市的；
② 指定、决定、宣告或开始支付不能、破产或回生程序的；
③ 发生违反第八条约定的受让人义务的。
3. 除本合同明确约定外，本合同被解除时，双方当事人应互相恢复原状。如果一方负有责任，则应向对方承担损害赔偿责任。

第十五条 (关于陈述、保证事项的损害赔偿)
1. 一方当事人违反本合同项下任何一项陈述、保证事项或陈述、保证事项与事实不符的，以及因未履行本合同项下履行事项或义务事项等义务而给对方当事人造成损失的，将按照以下方法支付赔偿金，具体如下。

① 본 조의 손해배상을 청구하는 당사자는 **거래종결일**로부터 6개월 이내(이하 "손해배상 청구기간")에 발생하거나 구체화된 손해에 대하여, 손해배상 청구기간 내에 손해배상 청구의 원인사실과 합리적인 손해 금액을 서면으로 특정하여 청구하여야 한다.

② 손해배상 청구대상은 손해배상 청구기간 동안 양수도 대금의 [　] %(이하 "한계금액")를 초과하여 발생한 경우에 한하여 그 초과금에 대해서만 청구하는 것으로 하되, 전체 청구금액이 양수도 대금의 [　] %를 초과할 수 없으며, 위반당사자는 위 제한 하에서 손해배상책임을 진다.

③ 조세 목적상 본 항에 따른 손해배상액은 매매대금의 사후 조정으로 본다.

④ 본 항에 의한 손해배상에 해당될 만한 제3자의 이의가 제기된 경우 양도인이 방어에 대한 주도권을 가지며, 양수인은 이에 적극 협조하고 대상회사로 하여금 협조하게 한다.

2. 본 조에서 정한 손해배상의무는 본 계약이 해제된 경우를 제외하고 양도인의 진술보증 위반 등 본 계약 위반에 대하여 양수인이 양도인에 대하여 가지는 유일한 법적 구제수단으로서, 양수인은 본 항에서 정한 **손해배상청구**[K166]를 제외하고 기타 대상회사의 손해배상청구, 상법상 이사 및 **업무집행지시자**[K193] 등의 책임추궁 기타 여하한 청구를 할 수 없으며, 대상회사로 하여금 그러한 청구를 할 수 없도록 책임진다.

제16조(일반사항)

1. 본 계약은 체결일로부터 효력이 발생되며, 본 건 거래와 관련하여 양도인과 양수인 사이에 이루어진 이전의 모든 구두상 및 문서상의 협의내용에 우선한다.

2. 양도인과 양수인간의 모든 통지는 서면으로 이루어지며, 인편, 등기우편, 팩스전송 등에 의해 다음 주소 및 번호에 따른다. 본 항에 따른 통지는 당해 통지의 상대방을 구성하는 당사자 모두에게 그 효력이 있다.

① 양도인:
· 수신:
· 주소:
· 전화번호:
· 팩스번호:

① 请求本条损害赔偿的当事人自交易终结日起6个月内(下称"损害赔偿请求期限")发生或具体化的损失，应在损害赔偿请求期限内以书面形式确定损害赔偿请求的原因事实及合理的损害金额。

② 仅限于损害赔偿请求期限内发生的损害赔偿请求对象超过转让款的[ ]%(下称"限额")时，仅就超额部分提出请求。但，全部请求金额不得超过转让款的[ ]%，违反当事人在上述范围内承担损害赔偿责任。

③ 基于租税目的根据本款约定产生的损害赔偿额视为交易对价的事后调整。

④ 如承担相当于本款约定的损害赔偿的第三方提出异议时，转让人对此拥有防御主导权，受让人应积极协助，并责成目标公司予以协助。

2. 本条约定的损害赔偿义务，除本合同解除外，就转让人违反陈述、保证等对本合同的违反，受让人对转让人享有的唯一法律救济手段是本款约定的损害赔偿请求。除此之外，受让人不得对目标公司提出其他损害赔偿请求，不得基于商法提出包括对董事及业务执行指示者等人员的责任追究等在内的其他任何请求。另外，受让人应责成目标公司不得提出此类请求。

第十六条(一般事项)

1. 本合同自签订日起生效。就本交易，本合同优先于转让人与受让人之间曾达成的所有口头及书面协议内容。

2. 转让人和受让人之间的所有通知应以书面做出，并按下列地址和号码通过派人递交、挂号信、传真等方式进行。按照本款进行的通知对构成该通知对方的所有当事人均发生效力。

　① 转让人:

· 收件人:

· 地址:

· 电话号码:

· 传真号码:

② 양수인:
· 수신:
· 주소:
· 전화번호:
· 팩스번호:

제17조(관할 등)

본 계약의 준거법은 대한민국법으로 하고, 본 계약에 관하여 양 당사자 사이에 분쟁이 발생한 경우에는 양도인과 양수인은 신의와 성실로써 상호 원만한 협의를 통하여 우호적으로 이를 해결하도록 노력하여야 한다. 다만 분쟁이 우호적으로 해결되지 않는 경우 서울중앙지방법원을 제1심 관할법원[K252]으로 한다.

이상과 같이 본 계약을 체결하고 이 사실을 증명하기 위하여 각 당사자는 본 계약서 2통을 작성하여 서명 또는 기명날인한 후 각자 1통씩 보관하기로 한다.

[   ]년 [   ]월 [   ]일

(양도인)
주소: [   ]
연락처: [   ]
성명: [   ] (인)

(양수인)
주소: [   ]
연락처: [   ]
성명: [   ] (인)

(보증인[K119])
회사명: [   ]
주소: [   ]
연락처: [   ]
대표이사: [   ] (인)

② 受让人:
· 收件人:
· 地址:
· 电话号码:
· 传真号码:

第十七条(管辖等)
本合同适用大韩民国法律。双方当事人就本合同发生争议时，转让人和受让人应本着诚实信用原则,通过圆满协商友好解决。若通过协商不能解决时，将首尔中央地方法院作为第一审管辖法院。

签订如上内容的本合同。为了证明该事实，共制作本合同一式贰份，并由各方当事人签字或盖章后各执壹份。

[   ]年[ ]月[ ]日

(转让人)
地址: [   ]
联系方式: [   ]
姓名: [   ] (印)

(受让人)
地址: [   ]
联系方式: [   ]
姓名: [   ] (印)

(保证人)
公司名称: [   ]
地址: [   ]
联系方式: [   ]
代表理事: [   ] (印)

K9. 주식질권설정계약서
K264   K265

질권자[K299](이하 "갑")

성명: [   ]

주소: [   ]

채무자(이하 "을")

성명: [   ]

주소: [   ]

질권설정자[K297](이하 "병")

성명: [   ]

주소: [   ]

위 당사자 간에 **대여금계약**[K73] 및 주식질권설정계약을 위하여 아래와 같이 약정한다.

제1조(대여금 계약)
"갑"과 "을"은 다음과 같이 대여금계약을 체결하고 "을"은 "갑"으로부터 금 [   ]원을 **차용**[K301]하여 이를 수령하였음을 확인한다.

1. 변 제 기: [   ]
2. 이자 및 지급기일: [   ]
3. **변제장소**[K115]: 원본 및 이자는 채권자의 주소로 한다.

제2조(질권설정계약의 체결)
"병"은 "을"의 "갑"에 대한 본 건 채무의 이행을 담보하기 위하여 다음에 기재하는 주식에 **권리질권**[K48]을 설정하였다.

KC9. 股份质押合同

质权人(下称"甲方")
姓名: [   ]
地址: [   ]

债务人(下称"乙方")
姓名: [   ]
地址: [   ]

出质人(下称"丙方")
姓名: [   ]
地址: [   ]

上述当事人之间就贷款合同及股份质押合同约定如下。

第一条(贷款合同)
甲方和乙方签订了如下贷款合同, 乙方确认从甲方借用[   ]韩元, 并已领取该款项。

1.1. 偿还期限: [   ]

1.2. 利息及支付期限: [   ]

1.3. 偿还地点: 本金及利息的偿还地点为债权人的住所。

第二条(质押合同的签订)
丙方为担保乙方对甲方的本债务的履行, 在下列股份上设定了权利质权。

질권 등록(등록질)

담보로 제공하는 주식에 대하여 질권 등록을 하여야 하는데, 이는 주주질권설정자의 청구에 의하여 회사가 질권자의 성명과 주소를 주주명부에 등재(부기)하고, 해당 주권에 질권자의 성명을 기재하여야 합니다.

유질계약의 금지와 예외

민법 제338조에서는 질권설정자는 채무 변제기전의 계약으로 질권자에게 변제에 갈음하여 질물의 소유권을 취득하거나 법률에 정한 방법에 의하지 아니하고 질물을 처분할 것을 약정하지 못하는 것으로 규정하여 유질계약을 금지하고 있습니다. 다만 상법 제59조에서는 상행위로 인하여 생긴 채권을 담보하기 위하여 설정한 질권에는 유질계약을 허용하고 있습니다.

따라서 피담보채권이 민사채권인지 상사채권인지 여부에 따라 유질계약의 허용여부가 결정될 수 있다는 점 참고하시기 바랍니다.

민법 제338조의 법률에 정한 방법은 '경매'나 '간이변제충당' 등의 방법을 의미합니다.

채무자가 변제를 하지 못하는 경우(질권의 실행)

채무자가 변제를 하지 못하는 경우 채권자(질권자)는 담보주식을 경매 등의 방법을 통하여 충당할 수 있고, '경매' 등의 방법으로도 피담보채권을 완전히 변제하지 못하는 경우에는 질권설정자는 그 부족액을 질권자에게 지급할 의무가 있으며, 이러한 내용도 계약서에 명시하여야 합니다.

1. 설정할 주식:

   주식회사 [　　　] 보통주식 [　　]주

   (주권 제[　　]호부터 제[　　]호까지)

2. 1주당 주식의 액면금액: 금 [　　]원(한화)

3. 주주명부상 주주:

4. 권리질의 존속기간은 위 변제기까지로 한다.

제3조(질권설정자의 의무)

질권설정자 "병"은 위 주권 [　]매를 "갑"에게 교부하고, 주권 발행회사에 대하여 지체없이 본 건 질권을 등록하여야 한다.

제4조(피담보채권의 범위)

본 건 질권은 원본 및 이자 외에 채무불이행으로 생길지도 모를 손해의 배상 및 질권실행[K298]의 비용을 부담한다.

제5조(변제)

"을"이 부담하는 채무의 변제기가 도래하였을 때 "갑"은 위 주권을 경매[K15]하여 채무의 전부 또는 일부의 변제에 충당할 수 있다. 단, 이때 "갑"은 담보물건을 처분한 대금에서 채권액[K304] · 이자[K212] · 손해금 및 처분비용을 공제[K32]한 뒤 잉여액[K233]을 "을"에게 반환한다.

제6조(부족액의 지급)

"갑"이 제2조의 담보물건을 처분하여 취득한 대금이 "을"의 채무완제[K308]에 부족함이 있을 때 "을"은 "갑"의 요구에 따라 그 부족액을 즉시 지급한다.

1. 设定质权的股份

[   ]株式会社普通股[   ]股

(股票编码为自第[   ]号至第[   ]号)

2. 每股股份的面额: [   ]韩元

3. 股东名册上的股东: [   ]

4. 权利质押的存续期限为上述偿还期限。

第三条(出质人的义务)

出质人丙方应将上述[   ]只股票交付给甲方,并在股票发行公司及时登记本质权。

第四条(被担保债权的范围)

本质权担保的范围除本金及利息之外,还包括因不履行债务而可能产生的或有损失的赔偿,以及实现质权的费用。

第四条(被担保债权的范围)

本质权担保的范围除本金及利息之外,还包括因不履行债务而可能产生的或有损失的赔偿,以及实现质权的费用。

第五条(偿还)

当乙方所负债务的偿还期限届满时,甲方可以拍卖上述股票,以此冲抵全部或部分债务的偿还。但,此时,甲方应将通过处分担保物所获得的价款中扣除债权金额、利息、损失金额及处分费用后的余额,其返还给乙方。

第六条(不足金额的支付)

甲方通过处分第二条约定的担保物所获得的价款不足以清偿乙方所负债务时,乙方应按照甲方的要求立即支付该不足金额。

이상과 같이 계약이 체결되었음을 증명하기 위하여 계약서 3부를 작성하여 서명 날인한 후, 각자 1부씩 보관한다.

20[　]년. [ ]월. [ ]일.

질권자("갑") 성명: [　　　] (인)

채무자("을") 성명: [　　　] (인)

질권설정자("병") 성명: [　　　] (인)

为证明上述内容，各方当事人共制作三份合同，并签字、盖章后各执一份。

20[　]年[　]月[　]日

质权人(甲方)姓名: [　　　] [印]

债务人(乙方)姓名: [　　　] [印]

出质人(丙方)姓名: [　　　] [印]

K10. 합작투자계약서

이 계약은 [   ]에 주소를 두고 대한민국(이하 "한국"이라 한다) 법률에 따라 설립되어 존속 중인 갑 회사(이하 "갑"이라 한다)와 [중국 ○○시]에 주사무소K262를 두고 중화인민공화국 법률에 따라 설립되어 존속중인 을 회사(이하 "을"이라 한다) 사이에 [   ]년 [ ]월 [ ]일에 체결되었다.

갑은 한국에서 [각종 제품의 판매업]을, 을은 중화인민공화국에서 [컴퓨터의 제조, 판매업]을 영위하고 있는 바, 양 당사자는 [컴퓨터의 제조 및 판매]를 주목적으로 하는 회사를 한국내에서 설립하고자 하여, 갑과 을은 이 계약에 포함한 전기 사항과 상호 약속을 약인으로 하여 다음과 같이 합의하고 그 증거로 이 계약서를 작성하는 바이다.

제1조(정의)
본 조의 아래 용어는 본 계약에서 다음과 같은 의미를 갖는다.
① 합작회사K179: 본 계약 제3조의 소정 절차에 따라 본 계약의 양 당사자가 한국법에 의거하여 설립하는 [   ](이하 "합작회사"라 한다), 영어로는 [   ]로 지칭되는 주식회사
② 발효일K105: 본 계약의 서명일
③ 부속계약K123: 본 계약과 관련하여 그 때 그 때 필요에 따라 본 계약 제3조에 의거하여 갑, 을 및 합작회사간에 체결되는 계약

KC10. 合作投资合同

甲公司(下称"甲方")是一家按照大韩民国(下称"韩国")法律成立并存续的企业法人,公司位于[　];乙公司(下称"乙方")是一家按照中华人民共和国法律成立并存续的企业法人,主要办公场所位于中国[　]。本合同于[　]年[　]月[　]日由甲乙双方签订。

甲方在韩国经营[各种产品的销售业务],乙方在中华人民共和国经营[电脑制造及销售业务],双方当事人希望在韩国国内设立以[电脑制造及销售]为主要目的的公司。甲方和乙方以包括在本合同中的上述事项及相互承诺作为约因,达成一致如下。并且,作为上述事实的证据,特制作本合同。

第一条(定义)
本条下列用语在本合同中具有以下含义。

① "新公司"是指,根据本合同第三条约定的程序,本合同双方当事人依据韩国法设立的[　]株式会社(下称"新公司"),英文名称为"[　]"。

② "生效日"是指,本合同的签署日。
③ "附属合同"是指,关于本合同,根据届时需要按照本合同第三条约定,由甲方、乙方及新公司之间签订的合同。

회사의 설립 조항

회사의 설립 등 조항에서는 합작회사의 이름, 자본금, 주주들의 출자금 및 지분율, 정관, 주식 발행수와 액면가, 주권발행여부 등이 규정되는데, 가장 중요한 점은 주주들의 출자금 및 지분율을 어떻게 정할지이며, 51 : 49, 50 : 50, 66 : 34와 같은 세 가지 비율이 주로 사용되고 있습니다.

④ 주식: 본 계약 제3조의 소정내용에 따라 행하여지는 각 출자^{K318}의 대가로 합작회사의 발기인^{K102} 및 본 계약의 당사자들에게 발행 교부되는 액면^{K183} · 보통 · 의결권부^{K207} 주식과 본 계약 제7조에 의하거나 기타 다른 방법으로 수시로 발행될 합작회사의 모든 추가 주식

제2조(정부의 인가^{K215})

① 본 계약 체결 즉시, 을은 을의 합작회사 주식취득 및 관련 부속계약에 따라 을이 합작회사에 제공할 기술상의 협조에 관하여 외국인투자 촉진법^{K197}에 따른 허가와 그에 관련하여 외국환거래법^{K198}상 요구되는 기타 허가 또는 승인을 받기 위하여 한국정부의 관련기관에 신청서를 제출하여야 한다.

상기 허가 또는 승인에는 한국정부가 모든 배당금, 로얄티(royalties), 이자지급, 구상비용^{K42}, 출자회수금^{K319} 및 본 계약 및 제반 부속계약에 따른 을에 대한 기타 제반지급금을 상기 제계약의 유효기간 중 을이 지정하는 [중화인민공화국] 소재 은행에 미화 또는 인민폐로 환금, 송금하는 것을 보장한다는 내용이 포함되어야 한다.

갑은 을이 상기 허가 또는 승인을 취득하는데 필요한 모든 합리적인 협조를 제공하여야 한다.

② 본 계약의 체결 즉시, 을은 본 계약 또는 기타 제반 부속계약에 따라 을이 합작회사에 기술 정보를 공개 및 사용 허가하는 것과 관련하여 중화인민공화국 수출규제법^{K276}상 요구되는 재결^{K239}, 허가 또는 기타 승인을 받기 위한 신청서를 준비, 제출하여야 한다.

③ 위 제2조 제1항 및 제2항에 규정된 성실한 수행을 위하여 양 당사자가 최선을 다하여 협력한다는 내용의 의무에 관한 것을 제외하고는 본 계약은 위 제1항과 제2항에 의한 모든 승인을 받을 때까지는 전적으로 미확정 및 조건부계약^{K254}이다.

④ "股份"是指，作为按照本合同第三条约定进行的各出资的对价，向新公司发起人及本合同当事人发行并交付的有面值和表决权的普通股份，以及根据本合同第七条或其他方式随时发行的新公司的所有追加股份。

第二条(政府的认可)

① 本合同签订后，乙方应立即根据其取得新公司股份及相关附属合同，就其拟向新公司提供的技术上的协助，向韩国政府有关部门提交申请书，以获得外国人投资促进法规定的许可和与此相关的外汇交易法所规定的其他许可或批准。

上述许可或批准应包括：在上述各项合同的有效期内，韩国政府保障所有股息、特许权使用费(royalties)、利息、求偿款、出资回收款，以及根据本合同及各项附属合同需向乙方支付的其他所有款项可以以美元或人民币兑换、汇到乙方指定的中华人民共和国境内银行的内容。

甲方应提供乙方取得上述许可或批准所需的一切合理的协助。

② 本合同签订后，乙方应立即根据本合同或其他各项附属合同，就其向新公司公开及许可使用技术信息，准备并提交获得《中华人民共和国出口管制法》上的裁决、许可或其他批准所需的申请书。

③ 除为了上述第二条第1款及第2款的诚实履行而双方当事人应尽最大努力合作的义务外，本合同按照上述第1款和第2款获得所有批准之前，完全是未确定及附条件的合同。

제3조(합작회사의 설립)

① 발효일 이후 가능한 한 조속히 갑과 을은 한국법에 따라 합작회사가 설립 및 등기되도록 조치한다. 등기된 합작회사의 주사무소의 소재지는 [한국 시울특별시 ○○○○]이다. 양 당사자는 합작회사의 설립 및 등기에 관련된 절차 및 명세에 대하여 서로 협의하고 협력하여야 한다.

② 합작회사의 정관 및 이사회 규칙: 본 계약서 제3조 제1항에 따라 합작회사가 설립 및 등기된 경우 본 계약의 당사자들은 상호 협의 하에 합작회사가 정관 및 이사회 운영규정을 채택하도록 조치하여야 한다.

③ **수권자본**[K168] 및 **납입자본**[K62]: 본 계약서 제3조 제1항에 따라 합작회사를 설립 및 등기한 때의 합작회사의 수권자본은 [　]억 원이며, 납입자본은 [　]억 원이다.

④ 갑과 을의 출자: 합작회사의 최초 납입자본 중 갑 및 갑이 지정한 발기인들은 합작회사의 액면 [　]원의 보통·의결권부 주식 [　]주를 받은 대가로 [　]원의 **현금출자**[K342]를 하여야 한다.

을은 합작회사의 액면 [　]원의 보통·의결권부 주식 [　]주를 받은 대가로 [　] 의 현금출자를 하여야 한다.

갑과 을은 위 금액을 원화로 합작회사 명의의 [　]은행 계좌로 납입하여야 한다.

⑤ **지분비율**[K285]: 본 계약에 따라 당사자들이 합작회사에 대하여 갖는 지분비율은 갑이 (　)%, 을이 (　)%이다.

⑥ 설립비용: 제반 합작회사 설립비용은 합작회사가 발생시켰거나 또는 부담하는 부분을 제외하고는 본 계약 당사자들의 균등부담이다. 여행비용 및 법률비용을 포함하여 본 계약 체결시까지 각 당사자가 부담하게 된 비용은 동 비용을 발생시킨 당사자의 부담으로 한다.

⑦ 갑과 을은 합작회사의 주주로서 **합작회사**[K336][K337]가 설립 후 발행하는 신주, 전환사채 등에 대하여 당시 지분비율에 따라 **우선매수권**[K200]을 가진다.

第三条(新公司的设立)

① 生效日以后, 甲方和乙方应尽快根据韩国法设立并注册新公司。被注册的新公司主要办公场所位于[韩国首尔市 ○○○○]。

就新公司的设立及注册相关程序和细节, 双方当事人应相互协商并协助。

② 新公司的章程及董事会规则: 根据本合同第三条第1款约定, 新公司成立及注册时, 本合同当事人经协商后, 应采取措施, 使新公司采用章程及董事会运营规则。

③ 授权资本及实缴资本: 根据本合同第三条第1款设立及注册新公司时, 新公司的授权资本为[   ]亿韩元, 实缴资本为[   ]亿韩元。

④ 甲方及乙方的出资: 新公司最初实缴资本中, 甲方及其指定的发起人作为获得新公司[   ]韩元面值的、有表决权的普通股份[   ]股的对价, 应现金出资[   ]韩元。

乙方作为获得新公司[   ]韩元面值的、有表决权的普通股份[   ]股的对价, 应现金出资[   ]韩元。

甲方和乙方应将上述金额以韩元缴存到合作公司名下的[   ]银行账户。

⑤ 持股比例: 根据本合同, 各方当事人对合作公司的拥有的持股比例为甲方[   ]%, 乙方[   ]%。

⑥ 设立费用: 有关新公司设立的各项费用, 除新公司自行产生或承担的部分外, 由本合同各方当事人均摊。截止到本合同签订, 因各方当事人产生的包括差旅费用及法律费用在内的各项费用, 由发生该费用的当事人承担。

⑦ 甲方和乙方作为新公司的股东, 对合作公司成立后发行的新股、可转换公司债券等, 按照届时的持股比例享有优先购买权。

회사의 지배구조 조항

회사의 지분율이 정해진 경우, 회사의 경영을 위하여 지배구조에 관한 규정을 두는 것이 필요합니다. 등기이사, 대표이사, 주주총회, 이사회 등과 관련한 조항을 정해야 하는데, 지분율에 따라 지배구조를 적절히 조율할 필요가 있습니다. 다수지분권자가 이사회나 대표이사까지 장악하는 경우도 있지만, 소수지분권자 쪽에 이사회 과반을 확보해주거나 대표이사를 지명할 수 있는 권한을 부여하는 경우도 있으니 당사자 사이에 적절한 합의를 통하여 구체적으로 규정하여야 합니다.

주식양도제한 및 의사결정이 교착상태에 있을 경우 해결방안 규정

주식양도제한 규정은 합작투자계약서에 필수적인 내용입니다. 이는 최초 투자한 주주의 이탈을 방지하기 위한 목적의 규정인데, 양도기간 제한이나 우선매수권 또는 동반매도권 등을 부여할 수 있으니 이점 참고하시기 바랍니다.
교착상태란 지분율이 동등한 투자자(50:50)로 주주총회가 구성되거나 이사회에서 중요한 의사결정이 다수결로 해결되지 않는 경우를 의미하는데, 이 경우 풋옵션 또는 콜옵션을 명시해둘 필요가 있습니다.
풋옵션이란 "상대방으로부터 상대방이 보유하는 회사주식의 전부를 공정가치로 매수할 권리"를 의미하고 콜옵션이란 "상대방에게 자신이 보유하는 회사주식의 전부를 공정가치로 매도할 권리"를 의미합니다.

회사의 회계, 배당, 영업권 등 조항과 관련하여

합작회사의 회계 관리나 배당, 영업권의 귀속주체 등에 대하여 정하는 규정인데, 이때 회계관리를 어떤 방식으로 할 것인지, 배당가능이익이 발생하였을 경우 배당을 할 것인지 여부, 합작회사의 영업권을 누구에게 귀속시킬 것인지 및 투자자(주주)의 경업금지 대상 범위를 결정하여야 하고, 이는 추후 분쟁이 발생할 여지가 큰 부분이라서 상세히 작성할 필요가 있습니다.

제4조(합작회사의 사업)

① 합작회사의 영업목적: [   ]
② 제품의 판매: 합작회사는 이 계약에 첨부된 판매계약에 따라 한국내에서는 제품을 갑에게만 판매하여야 하며, 갑은 합작회사의 제품을 한국내에서 독점판매할 배타적인 권한[K108]을 가진다.
③ 제품의 수출: 당사자간에 특별히 달리 합의하지 않는 한 합작회사는 제품을 전세계에 수출할 권리를 가진다. 다만, 수출한 물량과 갑에게 판매할 물량은 각 당사자가 협의하여 결정한다.
④ 제품의 판매가격: 위 제2항 및 제3항에 따라 갑에게 판매하거나 수출될 제품의 가격은 갑, 을과 협의한 후 합작회사가 결정한다. 다만, 그 가격은 제품이 판매될 시장에서 경쟁력을 갖도록 결정되어야 한다.

제5조(합작회사의 경영)

① 합작회사의 운영 또는 경영과 관련된 아래 사항들은 갑과 을의 사전 서면합의[K141]가 필요하다.
1. 정관의 제정, 변경, 추가, 삭제
2. 신주발행[K177], 증자[K2], 감자 등 주주 또는 자본금[K234]의 변동을 일으키는 행위
3. 사채발행[K143] 또는 운영자금 외의 차입
4. 다른 회사 또는 영업의 인수, 합병, 양수도 등
5. 해산 또는 청산[K315]
6. ( )원 이상의 금액에 해당하는 자산의 전부 또는 일부의 처분
7. 기타 합작회사의 경영에 중대한 영향을 미치는 사항
② 각 회계연도의 결과에 따라 합작회사는 정관규정에 따라 주주들에게 배당금을 지급하여야 한다. 배당금의 지급시기, 방법, 통화 및 조세문제에 대해서는 별도로 서면합의한다.

第四条(新公司的事业)

① 新公司的营业目的: [   ]

② 产品销售: 新公司应按照本合同附件销售合同, 在韩国国内仅向甲方销售产品, 甲方拥有在韩国国内独家销售新公司产品的排他性权利。

③ 产品出口: 除非当事人之间另有协议, 否则新公司有权向全世界出口产品。但是, 出口的产品数量和向甲方销售的产品数量, 由各方当事人协商决定。

④ 产品销售价格: 根据上述第2款及第3款约定向甲方销售或出口的产品价格, 经甲乙双方协商后, 由新公司决定。但是, 被决定的价格, 应在拟销售产品的市场具有竞争力。

第五条(新公司的经营)

① 新公司的运营或经营相关的下列事项, 需要甲方和乙方事先达成书面协议。

  1. 章程的制定、变更、添加及删除;
  2. 新股发行、增资、减资等引起股东或资本金变动的行为;

  3. 公司债券发行或运营资金以外的借款;
  4. 收购、合并、转让/受让其他公司或营业等;
  5. 解散或清算;
  6. 相当于[ ]韩元以上资产的全部或部分处置;

  7. 对新公司的经营产生重大影响的其他事项。

② 根据各会计年度的结果, 新公司应按照章程规定向各股东分配红利。有关红利的支付日期、方式、货币及租税问题, 将另行达成书面协议。

제6조(비밀보장)

① 비밀보장의무: 부속계약에 의하여 합작회사에 비밀을 제공할 수 있는 경우를 제외하고는 이 계약의 당사자들은 타방 당사자 혹은 합작회사에 의해서 비밀로 지정된, 타방 당사자 혹은 합작회사로부터 얻은 정보의 비밀을 유지하여야 한다. 이를 위하여 그러한 비밀정보의 모든 기록, 사본, 복사, 번역에는 비밀물건임을 나타내어 승인되지 않은 사용이나 복사를 방지하기 위한 명백한 표시를 하여야 한다. 다만 다음 각 호의 정보는 비밀에 해당하지 아니한다.

1. 당사자가 공개하기로 합의한 사항
2. 공지된 정보
3. 정보를 제공받은 당사자가 제3자로부터 이미 적법하게 취득한 정보
4. 법원 또는 정부기관이 적법하게 공개 또는 제공을 요구한 정보(단, 사전에 상대방 당사자에게 서면으로 통지하여야 한다)

② 사용제한: 부속계약에 명확히 규정된 방법에 따라 행하는 경우를 제외하고는 양당사자는 타방 당사자나 신회사로부터 얻은 비밀정보를 어떤 목적을 위해서도 사용하지 않을 것에 합의한다.

③ 의무의 제한 및 존속: 본 계약 제6조에 의한 당사자들의 의무는 이 계약이 종료된 후 [ ]년간 존속하며 당사자를 구속한다. 다만, 그러한 정보가 공지의 사실이 되거나 제3의 독립된 출처로부터 얻은 것인 경우에는 그러하지 아니하다.

제7조(계약기간, 계약의 해지, 종료 및 효과)

① 계약기간: 이 계약은 합작회사가 해산되거나 기타 독립된 실체로서 존속하지 아니하거나 본 조 제2항 소정의 사유로 이 계약이 종료되는 경우를 제외하고는 발효일로부터 무기한 존속한다.

第六条(保密义务)

① 保密义务: 除根据附属合同可向新公司提供保密信息外, 本合同各方当事人应当对对方当事人或者新公司指定为保密的、从对方当事人或者新公司获取的信息予以保密。为此, 在该等保密信息的所有记录、副本、复印、翻译中, 必须标明为保密件, 以防止未经批准使用或复印。但是, 下列各项信息不属于保密信息。

1. 当事人同意公开的事项;
2. 众所周知的信息;
3. 获取信息的当事人已从第二方合法取得的信息;

4. 法院或政府机关合法要求公开或提供的信息(但, 应事先书面通知对方当事人)。

② 使用限制: 除根据附属合同中明确约定的方法使用外, 双方当事人同意不将从对方当事人或新公司获得的保密信息用于任何目的。

③ 义务的限制及存续: 本合同第六条约定的各方当事人的义务, 在本合同终止后, 将存续[   ]年并约束当事人。但是, 若该等信息已变成众所周知的事实或从第三方独立来源获得的, 则不在此限。

第七条(合同期限、合同的解除、终止及效果)

① 合同期限: 除新公司解散或不作为其他独立实体存续或因本条第2款所约定的事由本合同终止外, 本合同自生效之日起无限期存续。

② 계약의 종료사유: 다음과 같은 사유가 발생했을 때에는 계약은 종료한다.

1. 어느 일방 당사자의 채무초과^{K311}로 인한 지불불능, 어느 일방 당사자가 스스로가 파산신청을 하거나 조직변경을 신청했을 때, 또는 어느 일방 당사자가 상대방의 파산, 조직변경신청에 대해 반대신청을 하였으나, 그 반대신청이 [ ]일 이내에 기각되지 않았을 때

2. 어느 일방당사자가 채권자 일부의 이익을 위해 재산의 양도 등의 사해행위를 했을 때 또는 해산되거나 청산되었을 때(다만, 타방 당사자의 합리적인 견해로 볼 때 일방당사자의 이 계약 및 부속계약상의 의무이행능력에 대한 중대한 역효과를 미치지 않으며, 또 타방당사자에게 중대한 손해를 끼칠 정도로 일방당사자의 성격을 변경시키지 않는 흡수합병^{K349}, 신설합병^{K174}, Spin-off, 또는 이와 유사한 조직변경의 경우에는 제외한다).

3. 어느 일방 당사자가 본 계약 체결일 후 [ ]일 이내에 합작회사 설립에 필요한 인허가^{K223}를 득하지 못하였거나, 법령의 개정, 정부의 정책 변경 등으로 인하여 사업을 시작하거나 계속할 수 없게 된 경우

4. 어느 일방 당사자가 본 계약 또는 부속계약을 위반하고, 그러한 위반이 본 계약 또는 부속계약들의 이행 및 합작회사의 성공적인 활동에 중요한 악영향을 가져오며, 또 계약위반에 관한 서면통지를 받은 후 [ ]일 동안 당해 계약위반에 대한 아무런 구제조치^{K44}도 강구되지 않은 채로 그대로 방치된 때

5. 이 계약 또는 부속계약에 의한 어느 일방당사자의 의무의 이행 또는 금전의 수령이 법에 위배될 때

6. 합작회사의 운영과 관련된 중요한 문제에 대하여 양당사자 사이에 의견의 차이가 발생하고 그러한 의견 차이를 해결하지 못한 주주총회 또는 이사회^{K210}가 있은 날로부터 [ ]일 내에 양당사자간의 성실한 협상에 의해서도 해결되지 아니할 때

③ 계약위반 또는 위법상태에 있지 않은 일방당사자는 서면에 의한 통지로써 타방당사자 소유주식^{K263}을, 관련 법령에 의거하여, 독립적인 평가기관이 정한 공정한 가격 또는 양당사자간에 합의된 가격에 매입하거나 합작회사의 해산절차를 밟을 수 있는 선택권을 보유한다.

④ 제2항 제1호, 제2호, 제3호의 경우에 양당사자는 법이 허용하는 바에 따라 합작회사의 해산절차를 취하기로 한다.

② 合同终止事由: 发生以下事由时, 合同终止。

1. 因一方当事人的资不抵债而导致支付不能; 一方当事人自行申请破产或者重组的; 或者一方当事人对对方当事人的破产、重组申请提出反申请, 但该反申请在[   ]天以内未被驳回的;

2. 一方当事人为部分债权人的利益进行财产转让等欺诈行为的, 或者被解散或清算的(但是, 从对方当事人的合理观点来看, 对一方当事人的本合同及附属合同上的义务履行能力未产生重大负面效果, 且一方当事人的性质变更未达到给对方当事人造成重大损失程度的吸收合并、新设合并、资产分拆(Spin-off)或者与此类似的重组情况除外)。

3. 一方当事人在本合同签订日后的[   ]日以内未能取得设立新公司所需的许可, 或者因法令的修改、政府的政策变更等事由无法开展或继续经营的。

4. 一方当事人违反本合同或附属合同, 同时该等违反行为对本合同或附属合同的履行及新公司的成功活动造成重大负面影响, 且在接到违约相关书面通知后[   ]天内, 对该违约未采取任何救济措施而放任不管的。

5. 一方当事人根据本合同或附属合同履行义务或领取金钱的行为违反法律的。

6. 对涉及新公司运营的重要问题, 双方当事人之间发生意见分歧, 并且未能解决上述意见分歧的股东大会或董事会会议召开之日起[   ]天内, 经双方当事人真诚协商仍未得到解决的。

③ 未违反合同或不处于违法状态的一方当事人经书面通知保留以下选择权。即, 根据相关法令, 以独立评估机构确定的公正价格或双方当事人协商一致的价格购买对方当事人持有的股份; 或者办理新公司的解散程序。

④ 在第2款第1项、第2项、第3项的情况下, 双方当事人在法律允许的范围内, 办理解散新公司的程序。

⑤ 권리, 의무의 존속: 본 계약이 어떠한 원인에 의하여 종료된다고 하더라도 계약종료 당시에 이미 발생하거나 계약종료 이전의 작위 또는 부작위와 관련하여 계약종료 이후에 발생되는 계약당사자의 의무는 영향을 받지 아니하며 또한 어떠한 계약종료가 있다고 하더라도 본 계약의 다른 부분에서 계약종료에도 불구하고 존속할 것으로 명백히 선언된 계약당사자의 권리와 의무는 아무런 영향을 받지 아니한다.

제8조(해석)

① 준거법: 본 계약의 유효성, 성립 및 이행의 문제는 한국의 법률에 의하여 해석된다.

② 언어: 본 계약은 영어와 기타의 다른 언어로 작성될 수 있다. 서로 다른 언어로 작성된 계약서 간에 차이 또는 불일치가 있는 경우, 영문 계약서가 모든 면에서 우선한다.

③ 중재: 본 계약 또는 본 계약과 관련하여 발생하는 모든 분쟁은 대한상사중재원의 중재 규칙에 따라 중재에 의해 최종 해결한다.

④ 제목의 의미: 제1조의 것을 제외하고는 본 계약의 조 및 항에 붙어 있는 제목은 오로지 참조의 편의를 위한 것으로서 본 계약의 일부를 형성하지는 아니하며 계약의 해석에 하등의 영향을 미치지 아니한다.

⑤ 계약의 수정 등: 본 계약은 이 합작투자와 관련하여 계약 당사자 간에 이루어진 완전 합의이며, 구두 또는 서면을 막론하고 본 계약 체결 이전에 계약 당사자 간에 이와 관련하여 이루어진 일체의 협정 또는 합의들에 우선한다. 또한 본 계약의 체결과 동시에 사전에 이루어진 위 협정 또는 합의는 폐기된다. 계약의 일방당사자로부터 구두설명 또는 **구두통지**[K41]가 있었다 하더라도 그것만으로 본 계약의 의미 또는 해석이 변경되지는 아니한다. 계약의 양 당사자들로부터 정당하게 수권 받은 자들에 의하여 서면으로 작성되지 아니하는 한 계약의 수정, 변경, 추가는 계약당사자들에 대하여 아무런 효력 또는 구속력을 갖지 아니한다.

⑥ **불포기**[K129]: 명시적이든 묵시적이든 계약 당사자가 이 계약상의 어떠한 권리를 포기하거나 타방 당사자의 **계약불이행**[K26] 또는 계약 위반에 대한 권리행사를 포기하였다 하더라도 그것이 본 계약상의 다른 권리 또는 타방 당사자의 또 다른 계약불이행 또는 계약위반에 대한 **권리행사의 포기**[K49]가 되거나 포기로 간주되지 아니한다.

이러한 해석원칙은 이미 포기한 계약상의 어떠한 권리 또는 어떠한 계약불이행, 계약위반에 대한 권리와 본 계약상의 다른 권리 또는 다른 계약불이행, 계약위반에 대한 권리가 유사한 것인가의 여부를 가리지 아니하고 적용된다.

⑤ 权利、义务的存续: 即使本合同因某种原因终止, 合同终止当时已经发生或者因合同终止前的作为或不作为而在合同终止后发生的合同当事人的义务将不受影响。并且, 即使发生任何合同终止的情况, 在本合同其他部分中已被明确声明为合同终止后仍将存续的合同当事人的权利及义务不受任何影响。

第八条(解释)

① 适用法律: 本合同的有效性、成立及履行事宜, 均依据韩国法律解释。

② 语言: 本合同可以用英语和其他语言制作。如不同语言制作的合同之间存在差异或不一致, 则在所有方面优先适用英文合同。

③ 仲裁: 因本合同或本合同相关发生的争议, 均根据大韩商事仲裁院的仲裁规则, 通过仲裁最终解决。

④ 题目的含义: 除第 条以外, 本合同的条及款所附的标题仅为便于参照, 并不构成本合同的一部分, 对合同的解释不产生任何影响。

⑤ 整协议。本合同优先于本合同签订前合同当事人之间与此相关的达成的一切协定或协议, 无论其形式是口头还是书面的。在签订本合同的同时, 事先达成的上述协定或协议将被废除。除非由合同双方当事人正当授权的人以书面形式制定, 否则合同的修改、变更、添加对合同各方当事人不具有任何效力或约束力。

⑥ 不放弃: 无论明示性还是默认性, 即使合同当事人放弃本合同上的任何权利, 或放弃对对方当事人不履行合同或违反合同的行为行使权利, 亦不视为其放弃了本合同项下的其他权利, 或放弃了对对方当事人不履行合同或违反合同的其他行为行使权利。

上述解释原则不区分已经放弃的合同上的任何权利或对任何不履行合同、违反合同的行为行使的权利与本合同上的其他权利或对其他不履行合同、违反合同的行为行使的权利是否相似而均予以适用。

각 계약 당사자는 이사회의 승인을 받은 후, 각 정당하게 수권받은 자들로 하여금 본 계약 서두에 기재된 일자에 본 계약서를 작성하게 하였다.

[   ]년 [   ]월 [   ]일

별첨:
1. 정관
2. 이사회운영규정

갑 회사
주소: [   ]
연락처: [   ]
대표자: [   ] (인)

을 회사
주소: [   ]
연락처: [   ]
대표자: [   ] (인)

各方合同当事人得到董事会批准后，应责成被正当授权的人员在本合同首部记载的日期制作本合同。

[ ]年[ ]月[ ]日

附件:
1. 章程
2. 董事会运营规则

甲方公司
住所: [   ]
联系方式: [   ]
代表人. [   ] (印)

乙方公司
住所: [   ]
联系方式: [   ]
代表人: [   ] (印)

K11. 주택임대차계약서
K227

임대인^{K226}(이름 또는 법인명 기재)과 임차인^{K231}(이름 또는 법인명 기재)은 아래와 같이 임대차 계약을 체결한다.

[임차주택의 표시]

소재지	(도로명주소)			
토지	지목^{K283}		면적	m²
건물	구조 · 용도		면적	m²
임차할 부분	상세주소가 있는 경우 동 · 층 · 호 정확히 기재		면적	m²
계약의 종류	신규 계약		합의에 의한 재계약	
	「주택임대차보호법」^{K271} 제6조의3의 계약갱신요구권^{K22} 행사에 의한 갱신계약 * 갱신 전 임대차계약 기간 및 금액 계약 기간: [　]년 [　]월 [　]일~[　]년 [　]월 [　]일 보증금^{K118}: [　]원(한화), 차임^{K302}: [　]월 [　]원(한화)			

미납 국세^{K46}	선순위^{K159}	확정일자 부여란
□ 없음 (임대인 서명 또는 날인 ㉑) □ 있음(중개대상물 확인 · 설명서 제2쪽 Ⅱ. 개업공인중개사^{K9} 세부 확인사항 '⑨ 실제 권리관계 또는 공시되지 않은 물건의 권리사항'에 기재)	□ 해당 없음 (임대인 서명 또는 날인 ㉑) □ 해당 있음(중개대상물 확인 · 설명서 제2쪽 Ⅱ. 개업공인중개사 세부 확인사항 '⑨ 실제 권리관계 또는 공시되지 않은 물건의 권리사항'에 기재)	※주택임대차계약서를 제출하고 임대차신고의 접수를 완료한 경우에는 별도로 확정일자 부여를 신청할 필요가 없습니다.

KC11. 房屋租赁标准合同

出租方(填写姓名或法人名称)和承租方(填写姓名或法人名称)签订如下租赁合同。

[出租房屋情况]

地址	(道路名地址)			
土地	种类		面积	m²
建筑物	结构/用途		面积	m²
出租部分	(若有详细地址,请明确记载栋、层、号)		面积	m²
合同种类	新合同		经协商一致续约	
	依据《房屋租赁保护法》第6条之3的合同更新请求权的行使而更新合同 ＊ 更新前租赁合同期限及金额 合同期限: [　　　]至. [　　　] 保证金: [　　　]韩元 租金: [　　　]韩元/月			

未缴国税、地方税	优先顺位确定日期现状	赋予确定日期栏
□ 无 (出租方签名或盖章) □ 有(中介标的物确认/说明书第2页Ⅱ。由执业注册中介师确认的明细事项在"⑨ 实际权利关系或未公示物品的权利事项"中记载。)	□ 无该项 (出租方签名或盖章) □ 有该项(中介标的物确认/说明书第2页Ⅱ。由执业注册中介师确认的明细事项在"⑨ 实际权利关系或未公示物品的权利事项"中记载。)	※提交房屋租赁合同并完成租赁申报受理的,无需另行申请赋予确定日期。

[계약내용]

제1조(보증금과 차임) 위 부동산의 임대차에 관하여 임대인과 임차인은 합의에 의하여 보증금 및 차임을 아래와 같이 지불하기로 한다.

계약 내용 부분
임대주택을 임차함에 있어서 보증금(계약금, 중도금, 잔금 등), 차임(월세 등) 등의 금액을 기재하고, 임대기간을 정합니다.
그리고 임차인이 입주하기 전 임대인의 의무(수리 의무 등)와 관련한 일반적인 내용을 기재합니다. 일반적으로 표준계약서로 임대차 계약이 체결되므로 내용은 대동소이합니다.

보증금	금 [　]원정(한화 ₩ [　])
계약금	금 [　]원정(한화 ₩ [　])은 계약시에 지불하고 영수함. 영수자 (인)
중도금	금 [　]원정(한화 ₩ [　])은 [ ]년 [ ]월 [ ]에 지불하며
잔금	금 [　]원정(한화 ₩ [　])은 [ ]년 [ ]월 [ ]일에 지불한다
차임 (월세)	금 [　]원정(한화 ₩ [　])은 매월 [ ]일에 지불한다(입금계좌: [　])

제2조(임대차기간[K228]**)** 임대인은 **임차주택**[K232]을 임대차 목적대로 사용·수익할 수 있는 상태로 [　]년 [　]월 [　]일까지 임차인에게 인도하고, 임대차기간은 인도일로부터 [　]년 [　]월 [　]일까지로 한다.

제3조(입주 전 수리) 임대인과 임차인은 임차주택의 수리가 필요한 시설물 및 비용부담에 관하여 다음과 같이 합의한다.

수리 필요 시설	▢ 없음 ▢ 있음(수리할 내용: [　])
수리 완료 시기	▢ 잔금[K236]
약정한 수리 완료 시기까지 미 수리한 경우	▢ 수리비를 임차인이 임대인에게 지급하여야 할 보증금 또는 차임에서 공제 ▢ 기타( )

[合同内容]

第一条(保证金和租金)
就上述房地产的租赁，出租方和承租方经协商一致，将保证金及租金的支付约定为如下。

保证金	[ ]韩元(₩ [ ])
定金	在合同签订时支付[ ]韩元 (₩ [ ])并领取。 领取人 (印)
中期款	于[ ]年[ ]月[ ]日支付[ ]韩元 (₩ [ ])
尾款	于[ ]年[ ]月[ ]日支付[ ]韩元 (₩ [ ])
租金(月租)	每月[ ]口支付[ ]韩元 (₩ [ ]) (收款账户: [ ])

第二条(租赁期间)
出租方将租赁房屋按照租赁目的可使用、收益的状态, 于[   ]年[   ]月[   ]日前交付给承租方, 租赁期间为自交付之日起至[   ]年[   ]月[   ]日。

第三条(入住前维修)
出租方与承租方就租赁房屋需维修的设施及费用负担协商一致如下。

需维修设施	□ 无 □ 有(维修事项: [ ])
维修完成日期	□ 至支付尾款支付日期[ ]年[ ]月[ ]日 为止 □ 其他 ( )
若未按期完成维修时	□ 维修费从承租方应向出租方支付的保证金或租金中扣除 □ 其他 ( )

제4조(임차주택의 사용 · 관리 · 수선^{K170})

① 임차인은 임대인의 동의 없이 임차주택의 구조변경 및 전대나 임차권 양도^{K230}를 할 수 없으며, 임대차 목적인 주거 이외의 용도로 사용할 수 없다.

② 임대인은 계약 존속 중 임차주택을 사용 · 수익에 필요한 상태로 유지하여야 하고, 임차인은 임대인이 임차주택의 보존에 필요한 행위를 하는 때 이를 거절하지 못한다.

③ 임대인과 임차인은 계약 존속 중에 발생하는 임차주택의 수리 및 비용부담에 관하여 다음과 같이 합의한다. 다만, 합의되지 아니한 기타 수선비용에 관한 부담은 민법^{K101}, 판례 및 기타 관습^{K36}에 따른다.

임대인부담	(예컨대, 난방, 상 · 하수도, 전기시설 등 임차주택의 주요설비에 대한 노후 · 불량으로 인한 수선은 민법 제623조, 판례상 임대인이 부담하는 것으로 해석됨)
임차인부담	(예컨대, 임차인의 고의 · 과실에 기한 파손, 전구 등 통상의 간단한 수선, 소모품 교체 비용은 민법 제623조, 판례상 임차인이 부담하는 것으로 해석됨)

④ 임차인이 임대인의 부담에 속하는 수선비용을 지출한 때에는 임대인에게 그 상환을 청구할 수 있다.

제5조(계약의 해제)

임차인이 임대인에게 중도금^{K274}(중도금이 없을 때는 잔금)을 지급하기 전까지, 임대인은 계약금^{K23}의 배액을 상환하고, 임차인은 계약금을 포기하고 이 계약을 해제할 수 있다.

제6조(채무불이행과 손해배상)

당사자 일방이 채무^{K306}를 이행하지 아니하는 때에는 상대방은 상당한 기간을 정하여 그 이행을 최고하고 계약을 해제할 수 있으며, 그로 인한 손해배상을 청구할 수 있다. 다만, 채무자가 미리 이행하지 아니할 의사를 표시한 경우의 계약해제는 최고를 요하지 아니한다.

제7조(계약의 해지)

① 임차인은 본인의 과실^{K34} 없이 임차주택의 일부가 멸실^{K95} 기타 사유로 인하여 임대차의 목적대로 사용할 수 없는 경우에는 계약을 해지할 수 있다.

② 임대인은 임차인이 2기의 차임액^{K1}에 달하도록 연체하거나, 제4조 제1항을 위반한 경우 계약을 해지할 수 있다.

第四条(租赁房屋的使用、管理、修缮)

① 未经出租方同意，承租方不得变更租赁房屋的结构及转租或转让租赁权，且不得用于作为租赁目的的居住以外的其他用途。

② 在合同存续中，出租方应将租赁房屋维持在使用、收益所需的状态。当出租方进行租赁房屋保存所需的行为时，承租方不得拒绝。

③ 出租方和承租方，就合同存续中发生的租赁房屋的维修及费用负担协商一致如下。但是，未协商一致的其他维修费用的负担，将按照民法、判例和其他惯例。

出租方负担	(例如，因供暖、上下水道、电气设施等租赁房屋的主要设备的老化、不良而造成的修缮，应根据民法第623条和判例解释由出租方负担)
承租方负担	(例如，因承租方的故意、过失造成的破损、灯泡等通常简单的修缮、消耗品更换费用，应根据民法第623条和判例解释由承租方承担

④ 当承租方支出应由出租方负担的维修费用时，可以请求出租方偿还。

第五条(合同解除)

在承租方向出租方支付中期款(无中期款时为尾款)之前，出租方双倍偿还定金后可以解除本合同，承租方放弃定金后亦可以解除本合同。

第六条(不履行债务和损害赔偿)

当事人一方不履行债务时，对方可以指定一定期限催告其履行后解除合同，并可以请求赔偿由此造成的损害。但，债务人事先做出不履行的意思表示时，解除合同不需要催告。

第七条(合同解止[1])

① 非因承租方本人过失，租赁房屋的一部分因灭失或因其他原因不能按照租赁目的使用时，承租方可以解止合同。

② 如承租方拖欠两期租金或违反第4条第1款时，出租方可以解止合同。

---

1) 韩国民法上合同解除具有溯及力，而合同解止则只向将来发生效力。

제8조(갱신요구와 거절)

① 임차인은 임대차기간이 끝나기 6개월 전부터 2개월 전까지의 기간에 계약갱신을 요구할 수 있다. 다만, 임대인은 자신 또는 그 **직계존속**[K294] · **직계비속**[K293]의 실거주 등 주택임대차보호법 제6조의3 제1항 각 호의 사유가 있는 경우에 한하여 계약갱신의 요구를 거절할 수 있다. ※ 별지2) 계약갱신 거절통지서 양식 사용 가능

② 임대인이 주택임대차보호법 제6조의3 제1항 제8호에 따른 실거주를 사유로 갱신을 거절하였음에도 불구하고 갱신요구가 거절되지 아니하였더라면 갱신되었을 기간이 만료되기 전에 정당한 사유 없이 제3자에게 주택을 임대한 경우, 임대인은 갱신거절로 인하여 임차인이 입은 손해를 배상하여야 한다.

③ 제2항에 따른 손해배상액은 주택임대차보호법 제6조의3 제6항에 의한다.

제9조(계약의 종료)

임대차계약이 종료된 경우에 임차인은 임차주택을 원래의 상태로 복구하여 임대인에게 반환하고, 이와 동시에 임대인은 보증금을 임차인에게 반환하여야 한다. 다만, 시설물의 노후화나 통상 생길 수 있는 파손 등은 임차인의 **원상복구의무**[K203]에 포함되지 아니한다.

제10조(비용의 정산)

① 임차인은 계약종료 시 공과금과 **관리비**[K35]를 정산하여야 한다.

② 임차인은 이미 납부한 관리비 중 **장기수선충당금**[K237]을 임대인(소유자인 경우)에게 반환 청구할 수 있다. 다만, 관리사무소 등 관리주체가 장기수선충당금을 정산하는 경우에는 그 관리주체에게 청구할 수 있다.

제11조(분쟁의 해결)
임대인과 임차인은 본 임대차계약과 관련한 분쟁이 발생하는 경우, 당사자 간의 협의 또는 **주택임대차분쟁조정위원회**[K272]의 조정을 통해 **호혜적**[K343]으로 해결하기 위해 노력한다.

제12조(중개보수 등)
중개보수는 거래 가액의 [ ]% 인 [ ]원(한화)(□ **부가가치세**[K121] 포함 □ 불포함)으로 임대인과 임차인이 각각 부담한다. 다만, 개업공인중개사의 고의 또는 과실로 인하여 중개의뢰인간의 거래행위가 무효 · **취소**[K320] 또는 해제된 경우에는 그러하지 아니하다.

第八条(更新请求和拒绝)

① 自租赁期限届满6个月前至2个月前为止，承租方可以请求更新合同。但，出租方仅限于存在本人或其直系尊血亲、直系卑血亲的实际居住等住宅租赁保护法第6条之3第1款各项事由的情况下，方可拒绝更新合同的请求。

(※ 可以使用附件2合同更新拒绝通知书样本)

② 虽然出租方以住宅租赁保护法第6条之3第1款第8项规定的实际居住为由拒绝更新，但是若更新请求未被拒绝时本应被更新的期限届满之前，如无正当事由将房屋租赁给第三方的，出租方应赔偿因拒绝更新而给承租方造成的损害。

③ 第2款约定的损害赔偿金额，将按照住宅租赁保护法第6条之3第6款的规定。

第九条(合同终止)

租赁合同终止时，承租方应将租赁房屋恢复原状并返还给出租方，同时出租方应将保证金返还给承租方。但，设施老化或通常可能发生的破损等不包括在承租方的恢复原状义务中。

第十条(费用结算)

① 承租方在终止合同时，应结算公共费用和管理费。
② 承租方可以向出租方(出租房为所有权人时)请求返还已缴纳的管理费中的长期维修准备金。但，管理事务所等管理主体清算长期维修准备金时，可以向该管理主体请求。

第十一条(争议解决)

出租方和承租方之间发生本租赁合同相关争议时，由双方经协商或通过房屋租赁争议调解委员会的调解，以互惠原则解决争议而努力。

第十二条(中介报酬等)

中介报酬为交易金额的[ ]%，即[ ]韩元(□ 包括附加价值税 □ 不包括)，由出租方和承租方各自承担。但是，因执业注册中介师的故意或过失导致中介委托人之间的交易行为被无效、撤消或解除的情况除外。

특약사항

임대차계약 체결 시 가장 중요한 부분으로, 임대인과 임차인이 계약 체결 시 약속한 부분을 구체적으로 기재하여야 합니다. 예를 들어 반려동물 금지, 전세자금대출 협조 의무, 임대목적물의 특정 부분에 대한 수리, 원상회복의 범위 등에 대하여도 특약을 정할 수 있고, 이러한 특약내용이 나. 계약 내용에 정한 바와 충돌하는 경우에는 특약이 우선하니, 이점 유의하고 특약사항 작성 시 주의하여야 합니다.

제13조(중개대상물확인 · 설명서 교부)

개업공인중개사는 중개대상물 확인 · 설명서를 작성하고 업무보증관계증서^{K192}(공제증서^{K33} 등) 사본을 첨부하여 [ ]년 [ ]월 [ ]일 임대인과 임차인에게 각각 교부한다.

[특약사항]

• 주택 임대차 계약^{K270}과 관련하여 분쟁이 있는 경우 임대인 또는 임차인은 법원에 소를 제기하기 전에 먼저 주택임대차분쟁조정위원회에 조정을 신청한다.

(□ 동의 □ 미동의)

※ 주택임대차분쟁조정위원회 조정을 통할 경우 60일(최대 90일) 이내 신속하게 조정 결과를 받아볼 수 있습니다.

• 주택의 철거^{K314} 또는 재건축^{K238}에 관한 구체적 계획

(□ 없음 □ 있음 ※공사시기: ※ 소요기간: 개월)

• 상세주소가 없는 경우 임차인의 상세주소부여 신청에 대한 소유자 동의여부 (□ 동의 □ 미동의)

본 계약을 증명하기 위하여 계약 당사자가 이의 없음을 확인하고 각각 서명 · 날인 후 임대인, 임차인, 개업공인중개사는 매 장마다 간인하여, 각각 1통씩 보관한다.

[ ]년 [ ]월 [ ]일

第十三条(中介标的物确认/说明书的交付)

执业注册中介师应制作中介标的物确认/说明书, 并附上业务保证关系证书(共济证书等)复印件, 于[ ]年[ ]月[ ]日分别交付给出租房和承租方。

[特约事项]

■ 发生房屋租赁合同相关争议时, 出租方或承租方向法院提起诉讼之前, 先向房屋租赁争议调解委员会申请调解(□ 同意 □ 不同意)。

※ 通过房屋租赁争议调解委员会进行调解时, 可在60天(最多90天)内迅速得到调解结果。

■ 拆除或重建房屋的具体计划(□ 无 □ 有 ※施工时间: [ ] ※所需时间: [ ]个月)。

■ 没有详细地址时, 所有人是否同意承租方申请详细地址(□ 同意 □ 不同意)。

为证明本合同, 确认合同当事人无异议后, 分别签字、盖章, 并由出租方、承租方和执业注册中介师逐页加盖骑缝章后, 各保管一份。

[ ]年[ ]月[ ]日

임대인	주 소								서명 또는 날인⑪
	주민등록 번호			전 화		성 명			
	대 리 인	주 소		주민등록 번호		성 명			
임차인	주 소								서명 또는 날인⑪
	주민등록 번호			전 화		성 명			
	대 리 인	주 소		주민등록 번호		성 명			
개업 공인 중개사	사무소 소재지			사무소 소재지					
	사무소 명칭			사무소 명칭					
	대 표	서명 및 날인	⑪	대 표	서명 및 날인		⑪		
	등 록 번 호		전화	등 록 번 호		전화			
	소속공인 중개사	서명 및 날인	⑪	소속공인 중개사	서명 및 날인		⑪		

	地址					签字或盖章 ㉑
出租方	身份证号码		电话号码		姓名	
	代理人	地址	身份证号码		姓名	
	地址					签字或盖章 ㉑
承租方	身份证号码		电话号码		姓名	
	代理人	地址	身份证号码		姓名	
执业注册中介师	事务所地址			事务所地址		
	事务所名称			事务所名称		
	代表人	签字及盖章	(印)	代表人	签字及盖章	(印)
	注册号		电话	注册号		电话
	所属注册中介师	签字及盖章	㉑	所属注册中介师	签字及盖章	㉑

근로계약의 개요

근로계약이란 근로자가 사용자에게 근로를 제공하고 사용자는 이에 대하여 임금을 지급하는 것을 목적으로 체결된 계약을 말합니다. 우리나라는 근로기준법을 통하여 근로기준 등을 제시하고 있으나, 근로기준법에서 정하는 근로기준은 최저기준이므로 근로관계 당사자는 이 기준을 이유로 하여 근로조건을 낮출 수 없습니다.

근로계약기간 관련

근로계약기간을 정하지 않은 경우, 근로개시일만 기재하게 되는데 이러한 경우 기간의 정함이 없는 근로계약을 체결한 것으로 보게 됩니다.

또한 사용자는 근로계약을 체결할 때 수습 기간을 두는 경우가 있는데 이를 위해서는 수습 기간임을 근로계약서에 명시하여야 합니다. 또한 수습 과정에서 뚜렷한 사유 없는 회사의 부당 해고를 방지하기 위해 근로계약서에서 근거 조항을 꼼꼼히 확인할 필요가 있습니다.

근로계약의 약정 내용

근로계약의 경우 근로조건을 서면으로 명시하여야 하는데, 근로계약기간에 대한 사항, 근로시간, 휴게에 관한 사항, 임금의 구성항목, 계산방법 및 지불에 관한 사항 등 법에서 정하고 있는 사항을 구체적으로 기재하여야 합니다.

근로시간과 휴게시간 관련

근로기준법에서는 1주일 동안의 근로시간은 휴게시간을 제외하고 40시간을 초과할 수 없는 것으로 규정하고 있습니다. 또한 주 40시간제가 적용되지만 반드시 주 5일제를 시행하지 않아도 되며 주 40시간을 넘지 않는 범위에서 주 4일, 주 5일 근무제 등 다양한 방식의 근로계약도 가능하다는 점 참고하시기 바랍니다.

휴게시간은 4시간 근무시 30분, 8시간 근무 시 1시간이 보장되는데 보통 식사시간이 이에 포함되며 주 40시간제를 주 5일제로 운영하는 경우, 토요일이 반드시 휴일이 되지는 않으며 유급으로 해야 하는 것도 아닙니다.

K12. 근로계약서

K332

(기간의 정함이 없는 경우)

[   ](이하 "사업주^{K132}"라 함)과(와) [   ](이하 "근로자^{K53}"라 함)은 다음과 같이 근로계약을 체결한다.

1. 근로개시일^{K51}: [   ]년 [   ]월 [   ]일부터
2. 근 무 장 소: [   ]
3. 업무의 내용: [   ]
4. 소정근로시간: [   ]시 [   ]분부터 [   ]시 [   ]분까지
   (휴게시간: [   ]시 [   ]분~ [   ]시 [   ]분)
5. 근무일/휴일: 매주 일[   ](또는 매일단위)근무, 주휴일 매주 [   ]요일

KC12. 标准劳动合同书
(无固定期限)

[   ](下称"雇主")和[   ](下称"劳动者")签订如下劳动合同。

1. 工作开始日: 自[   ]年[   ]月[   ]日起
2. 工作地点: [   ]
3. 工作内容: [   ]
4. 工作时间: [   ]:[   ]~[   ]:[   ](休息时间: [   ]:[   ]~[   ]:[   ])

5. 工作日/休息日: 每周工作[   ]日(或每日为单位), 周休息日为每周星期[   ]

임금 관련 사항

근로계약서 작성시 임금에 대한 사항을 먼저 살펴봐야 하는데, 근로기준법 제43조에 따르면 임금은 매월 1회 이상 일정한 날짜를 정하여 지급하도록 규정하고 있습니다. 따라서 근로계약을 체결할 때에는 임금의 구성항목과 계산 방법, 지급 방법에 대해 반드시 명시해야 합니다. 또한 급여를 고용주와 근로자가 자유롭게 정할 수 있으나 최소한 최저임금 이상은 지급되어야 한다는 것을 명심해야 합니다.

그리고 정기적으로 지급되는 급여를 의미하는 통상임금제 계약이 있고, 연장근무나 야간근무 등에 대한 수당을 급여에 포함하여 지급하는 포괄임금제 계약이 있으니 이를 반드시 확인하여야 합니다.

연차 및 유급휴가 관련

근로기준법 제60조에 따르면 1년간 80% 이상 출근한 근로자는 15일의 유급휴가를 받을 수 있습니다. 80% 미만으로 출근한 근로자의 경우는 1개월 개근 시 1일의 유급휴가를 받을 수 있습니다. 최초 1년간의 근로에 대한 유급휴가는 15일로 지정되지만 1년 근무 이전에 휴가를 사용한 경우에는 다음 해 휴가 일수에서 차감됩니다. 또한 3년 이상 근로한 근로자는 2년마다 1일을 더한 유급휴가를 받을 수 있으니 계약서 작성시 이러한 점을 꼼꼼히 살펴보시기 바랍니다.

6. 임금

  − 월(일, 시간)급: [   ]원(한화)

  − 상여금^{K150}: 있음 ( )원(한화), 없음 ( )

  − 기타급여(제수당 등): 있음 ( ), 없음 ( )

  · [   ]원(한화), [   ]원(한화)

  · [   ]원(한화), [   ]원(한화)

  − 임금^{K224}지급일^{K225}: 매월(매주 또는 매일) [   ]일(휴일의 경우는 전일 지급)

  − 지급방법: 근로자에게 직접 지급 ( ), 근로자 명의 예금통장에 입금 ( )

7. 연차유급휴가^{K195}

  − 연차유급휴가는 근로기준법^{K52}에서 정하는 바에 따라 부여함

8. 사회보험^{K145} 적용여부(해당 란에 체크)

  ☐ 고용보험^{K27} ☐ 산재보험^{K146} ☐ 국민연금^{K45} ☐ 건강보험^{K11}

9. 근로계약서 교부

  − 사업주는 근로계약을 체결함과 동시에 본 계약서를 사본하여 근로자의 교부요구와 관계없이 근로자에게 교부함(근로기준법 제17조 이행)

10. 근로계약, 취업규칙^{K321} 등의 성실한 이행의무

  − 사업주와 근로자는 각자가 근로계약, 취업규칙, 단체협약^{K66}을 지키고 성실하게 이행하여야 함

6. 工资
 − 月薪(日薪、时薪): [　　]韩元
 − 奖金: 有(　)[　　]韩元　　无(　)
 − 其他工资(各种补贴等): 有(　) 无(　)
 ·[　　]韩元、[　　]韩元;
 ·[　　]韩元、[　　]韩元。
 − 工资支付日: 每月(每周或每天) [　　]日(如当日为休息日, 则提前一天支付)。

 − 支付方法: 直接向劳动者支付(　) 存入劳动者名义的存款账户(　)

7. 带薪年休假
 − 按照劳动基准法的规定提供带薪年休假

8. 社会保险适用与否(在对应栏内打勾)
 □ 雇用保险　　□ 工伤保险　　□ 国民年金　　□ 健康保险

9. 交付劳动合同书
 − 无论劳动者是否提出要求, 雇主在签订劳动合同的同时, 应将该合同的副本交付给劳动者(履行劳动基准法第17条)。

10. 劳动合同、就业规则等的诚实履行义务
 − 雇主及劳动者应各自遵守并诚实履行劳动合同、就业规则及集体合同。

11. 기 타

- 이 계약에 정함이 없는 사항은 근로기준법령에 의함

[   ]년 [   ]월 [   ]일

사업주
사업체명: [   ] (전화: [   ])
주소: [   ]
대표자: [   ] (서명)

근로자
주소: [   ]
연락처: [   ]
성명: [   ] (서명)

11. 其他
 − 本合同未尽事宜, 将按照劳动基准法的规定执行。

[   ]年[   ]月[   ]日

雇主

企业名称: [   ] (电话: [   ])

住所: [   ]

代表人: [   ] (签名)

劳动者

住所: [   ]

联系方式: [   ]

姓名: [   ] (签名)

표준근로계약서
(기간의 정함이 있는 경우)

[   ](이하 "사업주"라 함)과(와) [   ](이하 "근로자"라 함)은/는 다음과 같이 근로계약을 체결한다.

1. 근로계약기간: [   ]년 [   ]월 [   ]일부터 [   ]년 [   ]월 [   ]일까지
2. 근무장소: [   ]
3. 업무의 내용: [   ]
4. 소정 근로시간: [ ]시 [ ]분부터 [ ]시 [ ]분까지(휴게시간: [ ]시 [ ]분~[ ]시 [ ]분)
5. 근무일/휴일: 매주 [ ]일(또는 매일단위) 근무, 주휴일 매주 [ ]요일
6. 임 금
   - 월(일, 시간)급: [ ]원(한화)
   - 상여금: 있음 ( ) [ ]원(한화), 없음 ( )
   - 기타급여(제수당 등): 있음 ( ), 없음 ( )
   · [   ]원(한화), [   ]원(한화)
   · [   ]원(한화), [   ]원(한화)
   - 임금지급일: 매월(매주 또는 매일) [ ]일(휴일의 경우는 전일 지급)
   - 지급방법: 근로자에게 직접 지급( ), 근로자 명의 예금통장에 입금( )
7. 연차유급휴가
   - 연차유급휴가는 근로기준법에서 정하는 바에 따라 부여함
8. 사회보험 적용여부(해당란에 체크)
   □ 고용보험 □ 산재보험 □ 국민연금 □ 건강보험
9. 근로계약서 교부
   - 사업주는 근로계약을 체결함과 동시에 본 계약서를 사본하여 근로자의 교부요구와 관계없이 근로자에게 교부함(근로기준법 제17조 이행)
10. 근로계약, 취업규칙 등의 성실한 이행의무
    - 사업주와 근로자는 각자가 근로계약, 취업규칙, 단체협약을 지키고 성실하게 이행하여야 함

标准劳动合同书
(有固定期限)

[   ](下称"雇主")和

[   ](下称"劳动者")签订如下劳动合同。

1. 劳动合同期限: 自[   ]年[   ]月[   ]日起至[   ]年[   ]月[   ]日为止
2. 工作地点: [   ]
3. 工作内容: [   ]
4. 工作时间: [ ]:[ ]~[ ]:[ ](休息时间: [ ]:[ ]~[ ]:[ ])
5. 工作日/休息日: 每周工作[ ]日(或每日为单位), 周休息日为每周星期[   ]
6. 工资
   – 月薪(日薪、时薪): [   ]韩元
   – 奖金: 有( )[   ]韩元 无( )
   – 其他工资(各种补贴等): 有( ) 无( )
   ·[   ]韩元、[   ]韩元;
   ·[   ]韩元、[   ]韩元。
   – 工资支付日: 每月(每周或每天)[   ]日(如当日为休息日, 则提前一天支付)。
   – 支付方法: 直接向劳动者支付( ) 存入劳动者名义的存款账户( )
7. 带薪年休假
   – 按照劳动基准法的规定提供带薪年休假
8. 社会保险适用与否(在对应栏内打勾)
   □ 雇用保险   □ 工伤保险   □ 国民年金   □ 健康保险
9. 交付劳动合同书
   – 无论劳动者是否提出要求, 雇主在签订劳动合同的同时, 应将该合同的副本交付给劳动者(履行劳动基准法第17条)。
10. 劳动合同、就业规则等的诚实履行义务
   – 雇主及劳动者应各自遵守并诚实履行劳动合同、就业规则及集体合同。

11. 기 타

　－ 이 계약에 정함이 없는 사항은 근로기준법령에 의함

[　　]년 [　]월 [　]일

사업주
사업체명: [　　] (전화: [　　])
주 소: [　　　　　　]
대 표 자: [　　] (서명)

근로자
주 소: [　　　　　　]
연 락 처: [　　　　　]
성 명: [　　] (서명)

11. 其他
  - 本合同未尽事宜, 将按照劳动基准法的规定执行。

[　]年[　]月[　　]日

雇主
企业名称: [　　] (电话: [　])
住所: [　　　　]
代表人: [　　　　] (签名)

劳动者
住所: [　　　　]
联系方式: [　　　　]
姓名: [　　　　] (签名)

근로계약기간 관련
근로계약기간을 정하지 않은 경우, 근로 개시일만 기재하게 되는데 이러한 경우 기간의 정함이 없는 근로계약을 체결한 것으로 보게 됩니다.

또한 사용자는 근로계약을 체결할 때 수습기간을 두는 경우가 있는데 이를 위해서는 수습기간임을 근로계약서에 명시하여야 합니다. 또한 수습 과정에서 뚜렷한 사유 없는 회사의 부당 해고를 방지하기 위해 근로계약서에서 해고 근거 조항을 꼼꼼히 확인할 필요가 있습니다.

연소근로자(18세 미만인 자)
K194
표준근로계약서

[   ] (이하 "사업주")과(와) [   ] (이하 "근로자")은/는 다음과 같이 근로계약을 체결한다.

1. 근로계약기간: [   ]년 [   ]월 [   ]일부터 [   ]년
              [   ]월 [   ]일까지

2. 근무장소: [   ]

3. 업무의 내용: [   ]

4. 소정근로시간: [ ]시 [ ]분부터 [ ]시 [ ]분까지 (휴게
            시간: [ ]시 [ ]분 ~ [ ]시 [ ]분)

5. 근무일/휴일: 매주 [ ]일(또는 매일단위)근무, 주휴일
            매주 [ ]요일

6. 임금

- 월(일, 시간)급: 원(한화)

- 상여금: 있음 ( )원(한화), 없음 ( )

- 기타급여(제수당 등): 있음 ( ), 없음 ( )

· [   ]원(한화), [   ]원(한화)

· [   ]원(한화), [   ]원(한화)

- 임금지급일: 매월(매주 또는 매일) [ ]일(휴일의 경우
는 전일 지급)

- 지급방법: 근로자에게 직접 지급( ), 근로자 명의 예금통장에 입금( )

7. 연차유급휴가

- 연차유급휴가는 근로기준법에서 정하는 바에 따라
부여함

8. 가족관계증명서[K4] 및 동의서

- 가족관계기록사항에 관한 증명서 제출 여부

- 친권자[K323] 또는 후견인[K348]의 동의서 구비 여부

未成年劳动者(未满18岁)
标准劳动合同书

[   ](下称"雇主")和[   ](下称"劳动者")签订如下劳动合同。

1. 劳动合同期限: 自[   ]年[   ]月[   ]日起至[   ]年[   ]月[   ]日为止

2. 工作地点: [   ]

3. 工作内容: [   ]

4. 工作时间: [   ]:[   ]~[   ]:[   ](休息时间: [   ]:[   ]~[   ]:[   ])

5. 工作日/休息日: 每周工作[   ]日(或每日为单位), 周休息日为每周星期[   ]

6. 工资
  - 月薪(日薪、时薪): [   ]韩元
  - 奖金: 有( )[   ]韩元   无( )
  - 其他工资(各种补贴等): 有( ) 无( )
  · [   ]韩元、[   ]韩元;
  · [   ]韩元、[   ]韩元。
  - 工资支付日: 每月(每周或每天) [   ]日(如当日为休息日, 则提前一天支付)。

  - 支付方法: 直接向劳动者支付( ) 在人劳动者各义的在款账户( )

7. 带薪年休假
  - 按照劳动基准法的规定提供带薪年休假

8. 亲属关系证明书及同意书
  - 是否提交亲属关系记录事项相关证明书
  - 是否具备亲权人或监护人的同意书

9. 사회보험 적용여부(해당란에 체크)

　　□ 고용보험 □ 산재보험 □ 국민연금 □ 건강보험

10. 근로계약시 교부

　– 사업주는 근로계약을 체결함과 동시에 본 계약서를 사본하여 근로자의 교부요구와 관계없이 근로자에게 교부함(근로기준법 제17조, 제67조 이행)

11. 근로계약, 취업규칙 등의 성실한 이행의무

　– 사업주와 근로자는 각자가 근로계약, 취업규칙, 단체협약을 지키고 성실하게 이행하여야 함

12. 기타

　– 13세 이상 15세 미만인 자에 대해서는 고용노동부장관으로부터 **취직인허증**K322을 교부받아야 하며, 이 계약에 정함이 없는 사항은 근로기준법령에 의함(15세 이상 18세 미만인 경우와 13세 미만인 자의 공연 근로에 대해서는 예외 규정이 추가적으로 존재)

[　　]년 [　　]월 [　　]일

사업주

사업체명: [　　] (전화: [　　])

주소: [　　　　　　　]

대표자: [　　　　] (서명)

근로자

주소: [　　　　　　]

연락처: [　　　　　]

성명: [　　　] (서명)

9. 社会保险适用与否(在对应栏内打勾)

　　□ 雇用保险　□ 工伤保险　□ 国民年金　□ 健康保险

10. 交付劳动合同书

－ 无论劳动者是否提出要求, 雇主签订劳动合同, 应将该合同的副本交付给劳动者(履行劳动基准法第17条)。

11. 劳动合同、就业规则等的诚实履行义务

－ 雇主及劳动者应各自遵守并诚实履行劳动合同、就业规则及集体合同。

12. 其他

－ 劳动者的年龄为13岁以上, 但未满15岁时, 应获得雇佣劳动部长官签发的就职许可证。本合同未尽事宜, 将按照劳动基准法的规定执行。(对于15岁以上未满18岁和13岁以下的演出劳动, 存在例外规定)

[　]年[　]月[　]日

雇主

企业名称: [　　　　] (电话: [　　])

住所: [　　　　　]

代表人: [　　　　　] (签名)

劳动者

住所: [　　　　　]

联系方式: [　　　　　]

姓名: [　　　　　] (签名)

(미성년자 근로계약)
친권자(후견인) 동의서

○ 친권자(후견인) 인적사항
  성 명: [   ]
  생년월일: [   ]
  주 소: [   ]
  연 락 처 [   ]
  연소근로자와의 관계: [   ]

○ 연소근로자 인적사항
  성 명: (만 [   ]세)
  생년월일: [   ]
  주 소: [   ]
  연 락 처: [   ]

○ 사업장 개요
  회 사 명: [   ]
  회사주소: [   ]
  대 표 자: [   ]
  회사전화: [   ]

본인은 위 연소근로자가 위 사업장에서 근로를 하는 것에 대하여 동의합니다.

[   ]년 [   ]월 [   ]일

친권자(후견인): [   ] (인)
첨부: 친족관계증명서 1주

<h1>(未能年人劳动合同)
亲权人(监护人)同意书</h1>

○ 亲权人(监护人)个人信息

　姓名: [　　　　　]

　出生年月日: [　　　　　　]

　地址: [　　　　　]

　联系方式: [　　　　　　]

　与未成年劳动者的关系: [　　　　　]

○ 未成年劳动者的个人信息

　姓名: [　　　　　](满[　　]岁)

　出生年月日: [　　　　　　]

　地址: [　　　　　]

　联系方式: [　　　　　　]

○ 工作场所概要

　公司名称: [　　　　　]

　公司地址: [　　　　　]

　代表人: [　　　　　]

　公司电话: [　　　　　]

本人同意上述未成年人在上述工作场所工作。

　　　　　　　　　　[　　　]年[　　]月[　　]日

亲权人(监护人) [　　　　　　] (印)

附件: 亲属关系证明书1份

2

중문 상용계약서 및 국문 번역

C1. 贷款居间合同

甲方: [   ]
乙方: [   ]

双方代表经协商后, 一致同意订立本合同书。

第一条、甲方委托乙方向金融机构或个人联系和安排约[   ]万元人民币的借款(具体借贷金额由出借方评估审批后确定), 用于[   ], 乙方接受委托。

第二条、甲方职责:
1. 提供借贷所需的真实性材料;
2. 积极配合办理相关手续

第三条、乙方职责
1. 充分发挥资源优势, 认真负责加速办理所有借款手续, 在金融机构或个人审批同意后, 借款全额汇入甲方指定的帐号即视为成功;

2. 全面协调甲方与金融机构的关系。

第四条、甲方须承担的费用:
1. 利息(详见甲方与出借方间签订的相关合同、协议约定);
2. 评估费、公证费、融资费、监管费及担保费(详见甲方与评估公司、公证处、出借方、担保公司间签订的相关合同、协议约定);
3. 保证金 [   ]元;

CK1. 대출중개계약서

갑: [   ]
을: [   ]

쌍방의 대표는 협의를 거친 후, 본 계약서를 체결하기로 합의하였다.

제1조 갑은 을에게 금융기관 또는 개인을 통해 [ ]에 사용될 약 [ ]만 위안 대출의 연락 및 주선을 위임하고(구체적인 차용금액은 대출기관의 평가·승인 후 확정한다), 을은 이를 수락한다.

제2조 갑의 역할
1. 대출에 필요한 진실성 자료(Authentic Material) 제공
2. 관련 절차에 대한 적극 협조

제3조 을의 역할
1. 자원의 우위를 충분히 발휘하여 모든 대출 절차가 보다 신속하게 진행되도록 성실히 책임을 다하며, 금융기관 또는 개인의 심사 및 승인 후 대출금 전액이 갑이 지정한 계좌로 송금된 경우 성공으로 간주된다.
2. 갑과 금융기관의 관계에 대해 전면적으로 협조한다.

제4조 갑이 부담하여야 할 비용
1. 이자(세부 사항은 갑과 대여자 간 체결된 관련 계약, 약정에 따른다)
2. 평가비용, 공증비용, 융자비용, 관리감독비용 및 담보비용(세부 사항은 갑과 평가회사, 공증인, 대여자, 보증회사 간 체결된 관련 계약, 약정에 따른다)
3. 계약금 [   ]위안

4. 居间服务费 [　　]元, 甲方须在出借方审批成功, 在相关部门办理相关手续后一次性将贷款总额的居间费支付到乙方(定金冲抵居间费用)。

第五条、违约责任:

1. 本合同生效后任何一方擅自撤销委托则视为违约; 违约方即须支付人民币[　　]元给守约方作为违约金;

2. 出借方贷款审批完毕后, 甲方保证支付全部居间服务费到乙方指定的帐号, 每延误一天甲方按申请贷款总额千分之五向乙方支付滞纳金;

3. 如因国家政策调整及甲方未能达到担保或金融机构及个人贷款条件造成无法贷款的, 乙方对此不承担违约责任。

第六条、其他:

1. 本合同甲乙双方签字盖章后即生效, 在履约完毕后自行终止;

2. 本合同一式两份, 甲乙双方各执一份, 具有同等法律效力;

3. 本合同未尽事宜甲乙双方协商解决;
4. 双方对本合同内容均负有保密义务, 不得擅自对外泄露;

5. 每笔贷款因不可抗力因素未能办成收取[　　]元劳务费, 每份评估报告收取[　　]元手续费(由计估公司收取), 其余费用全部退还。

甲方 [　　　　　　] (签字)
[　　]年 [　　]月 [　　]日

乙方 [　　　　　　] (签字)
[　　]年 [　　]月 [　　]日

4. 중개수수료 [　　]위안. 갑은 대여자의 승인을 받고 관련 부서에서 관련 절차를 완료한 후 대출 총액의 중개 수수료를 을에게 일시불로 지불하여야 한다(기 지급한 계약금은 중계 수수료에 충당함).

제5조 계약위반책임

1. 본 계약 발효 후 일방 당사자가 임의로 위탁을 취소한 경우 계약위반으로 간주되며, 위약 당사자는 다른 당사자에게 인민폐 [　　]위안을 위약금으로 지불하여야 한다.
2. 대여자의 대출 승인 완료 후, 갑은 을이 지정한 계좌로 모든 중개수수료를 지불할 것을 보장하며, 지연될 경우 갑은 신청한 대출금 총액의 1,000분의 5/일의 비율로 산정된 지연배상금을 을에게 지불한다.
3. 국가정책의 조정 및 갑의 담보부족 또는 대여자의 대출조건 미충족으로 인해 대출이 불가능한 경우 을은 계약위반책임을 부담하지 않는다.

제6조 기타

1. 본 계약은 갑, 을 쌍방이 서명 날인하면 즉시 효력이 발생하며, 계약이행이 완료되면 자동적으로 종료한다.
2. 본 계약서는 동일한 내용으로 2부 작성하여, 갑, 을 쌍방이 각 1부씩 가지며, 서로 동등한 법적 효력을 가진다.
3. 본 계약서에서 정하지 아니한 사항은 갑, 을 쌍방이 협의하여 해결한다.
4. 본 계약의 내용은 쌍방이 모두 비밀로 준수할 의무가 있으며, 임의로 외부에 누설하지 않기로 한다.
5. 불가항력적인 사유로 대출이 성사되지 못한 경우에는 [　　]위안의 노무비를 수취하고, 평가보고서당 [　　]위안의 수수료(평가회사에서 수취)가 부과되며, 나머지 수수료는 모두 반환하기로 한다.

갑 [　　　　　] (서명)
[　　]년 [　　]월 [　　]일

을 [　　　　　] (서명)
[　　]년 [　　]월 [　　]일

C2. 供货合同

甲方(需方, 买方): [   ]
乙方(供方, 卖方): [   ]

根据《中华人民共和国民法典》及有关法律、法规的规定, 本着平等互利、诚实信用的原则, 甲乙双方经友好协商, 达成本合同, 以资共同遵守。

第一条、 合同货物
1. 甲方向乙方采购的货物名称、品牌、规格型号、单价和合同总价详见附件《供货明细表》, 产品供货价格由双方根据市场行情协商确定;
2. 乙方向甲方提供的产品应符合国家标准要求。产品无国家标准的, 经双方协商确定。

第二条、货物交付
1. 甲方需指派专人负责就订货、验货、取货、对账、结账等事宜与乙方进行沟通。若甲方有人员变动应及时告知乙方;

2. 甲方应于每次订货日的前[   ]天, 将本单位所需物品清单及数量通知乙方备货, 如大批量的订货应提前[   ]天通知;

3. 货物交付: 甲方对货物的品种、规格、数量及外包装当面查验核实。对货物有异议的, 甲方应立即联系乙方并提出异议, 经双方核实确属乙方责任的, 甲方有权要求退换货。

第三条、货款结算
结款方式为转账或现金, 按[   ]月结算。每月 [   ]日核对上月订单, 乙方向甲方提供对账明细, 甲方在收到对账明细并确认无误后, 在当月 [   ]日前向乙方支付上月货款, 逾期甲方应向乙方支付每日[%]的滞纳金。

CK2. 물품공급계약

갑(수요자, 구매자): [   ]
을(공급자, 판매자): [   ]

《중화인민공화국 민법전》 및 관련 법률, 법규의 규정에 근거하고, 호혜평등과 성실신용의 원칙에 따라 갑을 쌍방이 우호적으로 협의하여 본 계약에 도달한바, 함께 준수하기로 한다.

제1조 계약물품
1. 갑이 을에게 구매할 물품의 명칭, 브랜드, 규격 및 모델넘버, 단가 및 계약 총가격은 별지 《납품명세서》에 따른다. 제품 공급가격은 쌍방이 시장시세에 따라 협의하여 정한다
2. 을이 갑에게 제공하는 제품은 반드시 국가 표준 요구에 부합해야 한다. 제품에 대한 국가 표준이 없을 경우 쌍방의 협의를 거쳐 확정한다.

제2조 물품인도
1. 갑은 전문인력을 파견하여 주문, 검수, 수령, 장부 대조, 결제 등의 사무에 대하여 을과 협의하여야 한다. 만약 갑이 파견한 인력에 변동이 있는 경우 즉시 을에게 고지하여야 한다.
2. 갑은 매회차 물품 필요일로부터 [   ]일 전에, 해당 회차에 공급이 필요한 물품 명세 및 수량을 을에게 통지하여 을이 물품을 준비할 수 있도록 하고, 대량 주문의 경우 [   ]일 전에 발주하여야 한다.
3. 물품인도: 갑은 물품의 품목, 규격, 수량 및 외부포장을 직접 검사하여 확인한다. 물품에 이의가 있는 경우 갑은 즉시 을에게 연락하여 이의를 제기하여야 하며, 쌍방의 확인을 거쳐 을에게 귀책사유가 있는 것으로 확정된 경우 갑은 물품 반환을 요구할 수 있다.

제3조 대금결제
결제방식은 계좌이체 또는 현금으로 하며, [   ]개월 단위로 결제한다. 매월 [   ]일 전월의 주문을 확인하여 을은 갑에게 명세서를 제공하고, 갑은 명세서를 수령하여 오류가 없는 것을 확인한 뒤, 해당 월의 [   ]일 전까지 을에게 전월의 물품대금을 지급하고, 지급연체 시 갑은 을에게 [   ]%/일의 연체료를 지급하여야 한다.

第四条、退换货机制

如甲方发现乙方所供产品出现质量问题, 甲方需 5日内明确通知乙方退货或换货, 乙方须在 3个工作日内配合处理, 超过 3个工作日未处理的, 甲方有权按无货主而任意处置该批产品, 由此造成的各项经济损失由乙方承担。

第五条、权利与义务

1. 在乙方供货等各方面非常配合的情况下, 甲方不得拖欠货款, 须按双方约定的时间及方式结款, 否则乙方有权追究甲方责任。甲方事先同乙方协商可以延期结款的情况除外。

2. 为甲方提供乙方经营范围内的产品, 保证商品质量符合行业规定的相关标准, 若是因乙方供应的产品质量缺陷给甲方造成损失, 而导致甲方被追究法律责任和要求赔偿损失时, 乙方承担由此产生的法律责任。

3. 甲、乙双方合作期间, 乙方不得以任何形式贿赂甲方的收货、采购等职位的员工, 一经发现, 甲方将有权单方解除合同, 并对未结账物品予以处置。

第六条、违约责任

甲乙双方若违反本协议的任何款项, 视为违约, 须承担由其违约行为而给对方造成的全部直接损失和间接损失, 违约金以实际造成的损失计算。

第七条、本协议未尽事宜或规定不明之处由甲乙双方通过友好协商解决, 违反本协议引起争议的, 甲、乙双方应先尽量协商, 不能达到一致的, 甲、乙双方均可向有管辖权的人民法院提起诉讼(或就合同争议事项向[　]仲裁委提出仲裁)。双方应尽可能的继续履行本协议除争议事项外的其余部分。

제4조 반품 및 교환 절차

만약 을이 공급한 물품에 품질문제가 있는 것을 갑이 발견한 경우, 갑은 5일 이내에 을에게 반품 또는 교환을 명시적으로 통지하여야 하고, 을은 반드시 3영업일 이내에 상응하는 처리를 하여야 하며, 3영업일이 도과 할 때까지 처리하지 못한 경우 갑은 물품의 소유자가 없는 것으로 간주하여 해당 물품을 임의로 처리할 수 있고, 이에 따른 경제적 손실은 을이 부담한다.

제5조 권리와 의무

1. 을이 납품 등 여러 방면에서 협조를 다하는 경우 갑은 대금을 연체하여서는 안 되며, 쌍방이 합의한 시기 및 방식에 따라 대금을 결제하여야 한다. 그렇지 않는 경우 을은 갑에 대하여 책임을 물을 수 있다. 갑이 을과 사전에 협의하여 결제를 연기하는 경우는 예외로 한다.

2. 갑에게 제공된 을의 영업범위 내의 제품에 관하여, 상품 품질이 업계의 표준에 부합할 것을 보증한다. 만약 을이 공급한 제품의 품질결함으로 갑에게 손해가 발생하거나 갑이 (제3자로부터) 법적책임을 추궁 당하거나 손해배상 청구를 받은 때에는 을은 이로 인한 법적책임을 부담한다.

3. 갑, 을 쌍방의 합작기간 동안 을은 갑의 물품 인수, 구매 등을 담당하는 직원에게 어떠한 형태로도 뇌물을 줄 수 없으며, 발견되는 경우 갑은 일방적으로 계약을 해지하고 미결제 물품을 처분할 수 있다.

제6조 계약위반책임

갑, 을 쌍방이 본 계약의 규정을 위반한 경우 계약위반으로 볼 수 있고, 그 위약행위로 인하여 상대방에게 발생한 직접손해와 간접손해를 모두 부담하여야 하며, 위약금은 실제 발생한 손해에 따라 산정한다.

제7조 본 계약에서 정하지 아니한 사항이나 규정상 불명확한 부분에 대해 갑을 쌍방은 우호적인 협상을 통해 해결하며, 본 계약을 위반하여 분쟁이 발생하는 경우, 갑과 을은 가능한 한 서로 협의하여야 한다. 합의가 이루어지지 않을 경우 갑, 을 쌍방은 모두 관할권이 있는 인민법원에 소송을 제기할 수 있다(또는 계약분쟁사항에 대하여 [   ]중재위원회에 중재를 신청할 수 있다). 양 당사자는 분쟁사항을 제외한 본 합의서의 나머지 부분을 계속 이행하여야 한다.

第八条、甲乙双方任一方需终止本协议时，应提前30日通知对方。通知义务完成后，则不承担违约责任，并在7日内将账款等事宜办理完毕。

第九条、本合同自签订之日起至 [   ]年   [   ]月   [   ]日有效。

本协议一式两份，甲、乙双方各执一份，均具同等法律效力，自双方盖章签字之日起生效。

甲方
法定代表或委托代理人: [   ] (签章)
[   ]年[   ]月[   ]日

乙方
法定代表或委托代理人: [   ] (签章)
[   ]年[   ]月[   ]日

제8조 갑을 쌍방이 본 계약을 종료하고자 하는 경우 30일 전에 상대방에게 통지해야 하고, 이 경우 쌍방은 서로 책임을 부담하지 않으며, 7일 이내에 결제 등의 처리를 완료한다.

제9조 본 계약은 체결일로부터 [   ]년 [ ]월 [ ]일까지 유효하다.

본 계약서는 2부를 작성하여 갑, 을 쌍방이 각 1부씩 가지고, 동등한 법적 효력을 가지며, 쌍방이 서명날인한 날로부터 효력이 발생한다.

갑
법정대표자 또는 대리인: [   ] (서명)
[   ]년 [ ]월   [   ]일

을
법정대표자 또는 대리인: [   ] (서명)
[   ]년 [ ]월   [   ]일

C3. 商标权转让合同

商标权转让方（甲方）[   ]
商标权受让方（乙方）[   ]

甲、乙双方经协商一致，对商标权的转让达成如下协议：

第一条、合同内容
1. 转让标的名称: [   ]
2. 商标图样: [   ]
(另附商标图样，转让方在附件上盖章)
3. 商标注册号: [   ]；国别: [   ]。
4. 该商标下次应更新的时间: [   ]
5. 注册于该商标上的商品或服务类型，以及商品或服务的具体名称: [   ]

第二条、权利义务
1. 商标权转让方保证是上述商标的注册权利人。
在本合同签订之前，该商标曾与[   ]签订过非独占(*或独占*)的商标使用许可合同。
本商标转让合同生效之日起，原与[   ]签定的商标使用许可合同转由受让方为合同
当事人，原合同所规定的所有权利和义务由受让方享有和承担。所有权转让事宜由
转让方通告[   ]方。

2. 商标权转让后，受让方的权限:
　　a. 可以使用注册于该商标上的指定商品(*或服务的类别及名称*): [   ]

　　b. 可以使用该商标的地域范围: [   ]
3. 商标转让合同生效后的商标变更手续:
由甲方(或乙方)在商标权转让合同生效后，办理变更注册的手续，变更注册所需费用
由[   ]方承担。

CK3. 상표권 양도계약서

상표권 양도인: (갑) [   ]
상표권 양수인: (을) [   ]

갑, 을은 다음과 같이 상표권을 양도함에 합의한다.

제1조 계약내용

1. 양도 대상 상표명: [   ]
2. 상표 도안: [   ]
(상표 도안을 첨부하여 양도인이 날인)
3. 상표등록번호 및 국가: [   ]
4. 본 상표의 다음 갱신시기: [   ]
5. 본 상표의 등록된 상품 또는 서비스의 종류 및 상품 혹은 등록 서비스의 구체적 명칭:
   [   ]

제2조 권리와 의무

1. 상표권 양도인은 상술한 상표의 등록 권리자임을 보증한다.

본 계약 체결 전, 본 상표에 관하여 [   ]과 비독점(혹은 독점) 사용계약을 계약한 바 있다.

본 상표권양도계약의 효력발생일부터 [   ]와 체결한 상표사용계약은 상표양수인이 계약당사자가 된다. 이에 상표사용계약의 모든 권리와 의무는 양수인이 향유하고 부담하는 것으로 한다.

상표권 양수에 관한 통지는 양도인이 [   ]에 한다.

2. 상표권양도 후, 양수인의 권한:

   가. 본 상표가 등록한 지정상품(혹은 *서비스의 종류 내지 명칭*)에 대한 상표 사용:
      [   ]

   나. 본 상표를 사용하는 지역 범위: [   ]

3. 상표양도계약 효력 발생 후, 상표변경절차

갑(또는 을)은 상표권양도계약 효력발생 후 등록변경절차를 처리하며 등록변경에 필요한 비용은 [   ]이 부담한다.

第三条、商标权转让的性质(以下择一)

1. 永久性的商标权转让(   );

2. 非永久性的商标权转让(   )。

第四条、商标权转让的时间

在本合同生效之日起,   或办妥商标转让变更注册手续后,   该商标权正式转归受让方。属非永久性商标权转让的, 商标权转让的期限为[   ]年, 自[   ]年[   ]月[   ]日至[   ]年[   ]月[   ]日。转让方将在本合同期满之日起收回商标权。

第五条、商品质量的保证

1. 商标权转让方要求受让方保证该商标所标示的产品质量不低于转让方原有水平, 转让方应向受让方提供商品的样品,   提供制造该类商品的技术指导或技术专有技术(可另外签订技术转让合同); 还可提供商品说明书、商品包装法、商品维修法, 在必要时还应提供经常购买该商品的客户名单。属非永久性转让的, 转让方可以监督受让方的生产, 并有权检查受让方生产情况和产品质量。

2. 双方均承担保守对方生产经营情况秘密的义务; 受让方在合同期内及合同期限届满后, 不得泄露转让方为转让该商标而一同提供的技术秘密与商业秘密。

3. 转让方应保证被转让的商标为有效商标, 并保证没有第三方拥有该商标所有权。

4. 转让方保证在合同有效期内, 不在该商标的注册地域内经营带有相同或相似商标的商品, 也不得从事其他与该商品的生产、销售相竞争的活动。

第六条、商标权转让的转让费与付款方式

1. 转让费依照转让权限符合计算共[   ]万元;

2. 付款方式: [   ]

3. 付款时间: [   ]

제3조 상표권양도의 성질(이하 선택)

1. 영구적인 상표권 양도(　　　)
2. 비영구적 상표권 양도(　　　)

제4조 상표권 양도 기간

본 계약의 효력발생일 혹은 상표권양도에 따른 변경등록절차가 처리된 이후부터 본 상표권은 양수인에게 정식으로 귀속된다. 비영구적 상표권 양수계약인 경우, 상표권 양도 기간은 [　　]년으로, [　　]년 [　　]월 [　　]일부터 [　　]년 [　　]월 [　　]일까지 하기로 한다. 양도인은 본 양수계약이 만료되는 날 상표권을 회수한다.

제5조 상품 품질보증

1. 양도인은 양수인에게 '본 상표의 제품 품질을 원래 수준보다 낮지 않은 정도로 유지할 것에 대한 보증'을 요구하며, 양도인은 양수인에게 '상품의 샘플, 당해 종류 상품을 제조하는 기술지도 또는 기술노하우(별도 기술이전계약 체결 가능)를 제공'하여야 한다. 또한 상품설명서, 상품포장방법, 상품유지보수방법을 제공할 수 있으며, 필요한 경우에는 당해 제품을 자주 구매하는 고객명부도 제공하여야 한다. 비영구적 양도 시, 양도인은 양수인의 제품생산의 감독 및 생산 상황과 제품 품질을 검사할 수 있는 권리를 갖는다.
2. 쌍방은 상대방의 제품 생산 및 경영 상황에 대한 비밀유지의무를 부담한다. 양수인은 계약기간 및 계약기간 후에도 양도인이 본 상표와 함께 제공한 기술비밀과 영업비밀에 대한 비밀유지의무를 부담한다.
3. 양도인은 대상상표가 유효한 상표이며 제3자가 본 상표의 소유권을 보유하지 않음을 보증하여야 한다.
4. 양도인은 계약 유효기간 내에 본 상표가 등록된 지역범위 내에서 동일하거나 유사한 상표를 부착한 제품을 취급하지 않을 것임을 보증하고, 당해 제품의 생산, 판매와 경쟁관계에 있는 활동을 하여서는 안 된다.

제6조 상표권 양도대금 및 대금지불방식

1. 양도대금은 양도권한에 따라 총 [　　]만 위안으로 정한다.
2. 지불방식: [　　　　　]
3. 지불기간: [　　　　　]

第七条、双方的违约责任

1. 转让方在本合同生效后，违反合同约定，仍在生产的商品上继续使用本商标，除应停止使用本商标外，还应承担赔偿责任；

2. 受让方在合同约定的时间内，未交付商标转让费用，转让方有权拒绝交付商标的所有权，并可以通知受让方解除合同；

第八条、其他条款或双方约定的其他事项

1. 合同纠纷的解决方式：本合同受[   ]国法律管辖并按其进行解释。本合同在履行过程中发生的争议，由双方当事人协商解决，也可由有关部门调解；协商或调解不成的，按下列第[   ]方式解决：

　(1) 提交[   ]仲裁委员会仲裁；

　(2) 依法向法院提起诉讼。

2. 本合同自双方或双方法定代表人或其授权代表人签字加盖公章之日起生效。但如果转让注册商标申请未经商标局核准的，本合同自然失效；责任由双方自负。

转让方: [   ] (章)　　　受让方: [   ] (章)

法定代表人: [   ]　　　法定代表人: [   ]

地址: [   ]　　　　　　地址: [   ]

电话: [   ]　　　　　　电话: [   ]

[   ]年[   ]月[   ]日

제7조 쌍방의 계약위반 책임

1. 양도인이 본 계약의 효력발생일 이후 본 계약의 내용을 위반하여 생산하는 제품에 계속해서 본 상표를 사용하는 경우에는 상표 사용중지 외에 배상책임을 부담한다.

2. 양수인이 본 계약에서 약정한 기한 내에 상표 양도대금을 지불하지 않으면, 양도인은 상표소유권의 교부를 거부할 수 있고, 양수인에 통지하여 계약해지를 할 수 있다.

제8조 기타 조항 또는 양자가 약정한 기타 사항

1. 계약분쟁시 해결방법: 본 계약은 [   ]법률의 관할을 받으며 이에 따라 해석된다. 본 계약의 이행과정에서 발생한 분쟁은 쌍방 당사자가 협의하여 해결하고 관련 부서의 조정에 의할 수도 있다. 협의 또는 조정이 되지 않을 경우에는 다음 [   ]호의 방법으로 해결한다.

　　가. [   ]중재위원회에서 중재

　　나. 법에 따라 법원에서 소제기

2. 본 계약은 계약당사자 혹은 계약당사자의 대표자로부터 정당한 수권을 받은 자가 서면날인한 날로부터 효력이 발생한다. 단, 등록상표의 양도신청이 상표국의 허가를 받지 못하는 경우 본 계약은 자동으로 효력을 잃고, 이에 대한 책임은 각자 부담한다.

양도인 [   ] (인)　　　　양수인: [   ] (인)

법정대표자: [   ]　　　　법정대표자:[   ]

주소: [   ]　　　　　　주소: [   ]

전화: [   ]　　　　　　전화: [   ]

[   ]년 [   ]월 [   ]일

C4. 商标使用许可合同

合同编号: [   ]

商标使用许可人: [   ] (以下简称甲方)
经营地址: [   ]
法定代表人: [   ]
指定联系人: [   ]
联系方式: [   ]

商标使用被许可人: [   ] (以下简称乙方)
经营地址: [   ]
法定代表人: [   ]
指定联系人: [   ]
联系方式: [   ]

根据《中华人民共和国商标法》第二十六条和《商标法实施细则》第三十五条规定，甲乙双方遵循自愿和诚实信用的原则，经协商一致，签订本商标使用许可合同。

第一条、甲方将已在国家工商总局商标局注册登记的使用在 [ ]类[ ]商品上的第[ ]号[ ]商标，许可乙方使用在[ ]类 [ ]商品上。

商标标识: 另附页

第二条、许可使用的期限自[ ]年[ ]月[ ]日起至[ ]年[ ]月[ ]日止。合同期满，如需延长使用时间，由甲乙双方另行签订商标使用许可续期合同。

CK4. 상표사용 허가계약

계약번호: [   ]

상표사용허가인(이하 '갑'이라 한다): [   ]
영업지주소: [   ]
법정대표자: [   ]
담당자 연락처: [   ]
연락처: [   ]

상표사용 피허가인(이하 '을'이라 한다): [   ]
영업지주소: [   ]
법정대표자: [   ]
담당자 연락처: [   ]
연락처: [   ]

《중화인민공화국상표법》제26조 및《상표법실시세칙》제35조 규정에 따라, '갑'과 '을'은 임의원칙 및 신의성실원칙을 준수하고 상호 일치된 의사로 본 상표에 관한 사용허가계약을 체결한다.

제1조 '갑'은 상표국에 상품류 [ ]제 [ ]류 제[ ]호로 등록된 상표를 '을'이 제[ ]류 상품에 사용할 수 있도록 허가한다.

상표표시: 별첨

제2조 사용허가기간은 [ ]년 [ ]월 [ ]일부터 [ ]년 [ ]월 [ ]일까지로 한다. 계약기간이 만료되어 사용기간을 연장할 필요가 있는 경우, '갑' '을' 쌍방은 본 계약과 별도로 상표사용허가연장계약을 체결하여야 한다.

第三条、甲方有权监督乙方使用注册商标的商品质量，乙方应当保证使用该注册商标的商品质量。具体措施为:
[   ]

第四条、甲方许可乙方使用的地域范围:
[   ]

第五条、乙方必须在使用该注册商标的商品上标明自己的企业名称和商品原产地。

第六条、乙方不能任意改变甲方注册商标的文字、图形或者其组合，并不得超越许可的商品范围使用甲方的注册商标。

第七条、未经甲方授权，乙方不得以任何形式和理由将甲方注册商标许可第三方使用。

第八条、注册商标标识的提供方式:
[   ]

第九条、注册商标使用费及支付方式:
1. 乙方向甲方支付 [ ]人民币(韩元)作为商标使用费;
2. 乙方于本合同签订之日起[ ]日内以[ ]形式向甲方支付上述金额。

甲方账户名: [   ]
开户行: [   ]
银行账号: [   ]

第十条、本合同提前终止时，甲乙双方应当分别自终止之日起一个月内书面通知商标局。

제3조 '갑'은 을이 사용하는 등록상표의 상품 품질을 감독할 권리가 있으며 '을'은 해당 등록상표의 상품 품질을 보장하여야 한다. 구체적 조치는 다음과 같다:
[   ]

제4조 '갑'이 '을'에게 사용을 허가하는 지역 범위는 다음과 같다:
[   ]

제5조 '을'은 당해 등록상표를 사용하는 상품에 자신의 기업명과 상품의 원산지를 표시하여야 한다.

제6조 '을'은 '갑'의 등록상표의 문자, 도형 또는 그 조합을 임의로 변경할 수 없으며, 사용 허가된 제품의 범위를 초과하여 등록상표를 사용할 수 없다.

제7조 '갑'의 수권 없이, '을'은 어떠한 형태와 이유로도 '갑'의 등록상표를 제3자에게 사용하도록 허가할 수 없다.

제8조 등록상표 표시의 제공방법:
[   ]

제9조 등록상표 사용료 및 사용료 지급방법
1. '을'은 '갑'에게 [   ]인민폐(한화)를 상표사용료로 지급한다:
2. '을'은 본 계약 체결일로부터 [   ]일 이내에 '갑'에게 [   ]형식으로 상기 금액을 지급한다.

갑의 계좌명: [   ]
계좌개설은행: [   ]
은행계좌번호: [   ]

제10조 본 계약이 조기종료 되는 경우 '갑'과 '을'은 본 계약 종료일로부터 1개월 이내에 상표국에 종료사실을 서면으로 통지하여야 한다.

甲乙双方应在合同到期前 [   ]个月, 就是否继续授权使用商标进行协商, 到期继续使用的, 重新签订《商标使用许可合同》并续费备案, 不续签合同的, 则自行终止。

第十一条、违约责任

双方如有违反本合同约定的, 违约方承担违约责任, 违约金金额为:

[   ]

第十二条、纠纷解决方式

1. 本合同的订立、解释、效力和争议解决均受[   ](中国、韩国之中择一)等有关法律和法规的管辖和保护。

2. 仲裁或诉讼条款(选择)

第十三条、其他事宜

本合同一式 [   ]份, 自签订之日起 [   ]个月内, 并由甲方报送商标局备案。由[甲方/或乙方]方将合同副本交送注册地工商局存查。

附件一: 商标标识

商标使用许可人(甲方) [   ] (签字)

法定代表人: [   ]

地址: [   ]

邮编: [   ]

商标使用被许可人(乙方) [   ] (签字)

法定代表人: [   ]

地址: [   ]

邮编: [   ]

[   ]年[   ]月[   ]日

'갑'과 '을' 쌍방은 계약 만료 [   ]개월 전, 상표사용허가의 계속 여부를 협의한다. 만기 뒤에도 본 상표를 계속해서 사용하고자 하는 경우, 상표사용허가계약을 다시 체결하고 비용 납부 및 등록하여야 하며, 계약을 다시 체결하지 않는 경우 자동으로 상표사용허가 계약은 종료된다.

제11조 계약위반책임

'갑'과 '을'이 본 계약의 약정을 위반한 경우, 계약을 위반한 당사자는 그에 대한 책임을 져야 하며 그에 따른 위약금은 다음과 같다:
[   ]

제12조 분쟁해결방식

1. 본 계약의 체결, 해석, 효력 및 분쟁해결은 모두 [   ] (중국, 한국 中 택일) 등 관련 법률 및 규정의 보호를 받는다.
2. 중재 또는 소송관할(선택사항)

제13조 기타사항

본 계약은 [   ]부 작성하며, 체결일로부터 [   ]개월 이내에 갑이 상표국에 제출하여 등록하여야 한다. ['갑'/또는 '을']은 계약서 부본을 상표가 등록된 상표국에 제출하여 보관시켜야야 한다.

별첨 1. 상표 표시

상표사용허가인(갑): [   ] (서명)
법정대표자: [   ]
주소: [   ]
우편번호: [   ]

상표사용피허가인(을): [   ] (서명)
법정대표자: [   ]
주소: [   ]
우편번호: [   ]

[   ]년 [   ]월 [   ]일

C5. 专利实施许可合同

许可方: [   ] (以下简称为甲方)

法定代表人: [   ]

地址: [   ]

被许可方: [   ] (以下简称为乙方)

法定代表人: [   ]

地址: [   ]

鉴于甲方拥有专利(专利名称: [   ], 专利号: [   ], 公告日: [年 月 日], 专利权有效期限: [   ]年), 并拥有实施该专利所涉及的技术秘密及工艺;

鉴于乙方属于[   ]领域的企业、事业单位、社会团体或个人等, 拥有[   ]厂房[   ]设备, 人员及其它条件[   ], 并对甲方的专利技术有所了解, 希望获得许可而实施该专利技术;

双方协商后, 就甲方同意向乙方授予所请求的许可签订本合同:

第一条 专利的许可方式是独占许可;

第二条　专利的许可范围是乙方使用专利技术在中国大陆制造、使用、销售其专利的产品, 若产品可以出口, 甲方也应予同意; 专利技术的内容包括专利说明书和权项保护范围中所涉及的全部技术内容。

第三条 专利的许可期限为 [   ]年 [ ]月 [ ]日至 [   ]年 [ ]月 [ ]日;

第四条 签订本合同时, 甲方应向乙方提供专利号为[   ]、专利名称为[   ]的全部专利文件及附件等, 同时提供为实施该专利而必须的工艺流程文件, 并提供实施该专利所涉及的技术秘密及其它技术(本条款约定交付的均为原件)。

CK5. 특허실시계약

허가자: [   ] (이하 '갑'이라 한다)
법정대표자: [   ]
주소지: [   ]

피허가자: [   ] (이하 '을'이라 한다)
법정대표자: [   ]
주소지: [   ]

'갑'은 특허를 보유하고 있으며(특허명: [   ] 출원번호: [   ] 공고일: [   ] 특허권 유효기간: [   ]년 [   ]월 [   ]일) 해당 특허의 실시에 관한 기술비밀 및 공정을 보유하고 있다.

'을'은 [   ]영역의 기업, 사업장, 사회단체 혹은 개인 등이고, [   ]공장 [   ]설비, 인원[   ] 기타 조건[   ]을 보유하고 있으며, '갑'의 특허기술에 대하여 이해하고 있고 '갑'의 허락을 받아 해당 특허기술을 실시하기를 희망한다.
쌍방이 협의한 후 '갑'은 '을'이 요구한 특허실시를 허가하기로 하여 본 계약을 체결한다.

제1조 특허실시방식: 독점실시

제2조 특허의 실시범위는 '을'이 사용하는 특허기술을 사용한 제품을 중국 메인랜드 내 제조, 사용, 판매하는 것에 한한다. 특허기술을 사용한 제품이 수출이 가능한 경우, '갑'은 이에 동의해주어야 한다. 특허기술의 내용은 특허설명서와 권리보호범위에서 다루는 모든 기술내용을 포함한다.

제3조 특허실시기간은 [   ]년 [   ]월 [   ]일부터 [   ]년 [   ]월 [   ]일까지로 한다.

제4조 본 계약을 체결할 때, '갑'은 '을'에게 특허번호[   ], 특허명칭[   ]의 특허 관련 모든 특허문서와 이에 따른 첨부서류를 제공하여야 하며, 이와 동시에 해당 특허 실시에 필요한 공정문서(Process flowchart) 및 해당 특허실시와 관련된 기술비밀 및 기타 기술(본 계약에서 교부하도록 약정한 것은 모두 원본임)을 제공하여야 한다.

第五条 专利使用费由入门费和利润提成两部分组成。

合同签订后, 乙方每年[ ]月[ ]日一次性支付甲方入门费[ ]元, 待乙方生产并销售后出现税后净利润时, 甲方的有权提成净利润的[ ]%作为专利使用费, 每年[ ]月[ ]日结算一次。

乙方将使用费按上述期限汇至甲方帐号或以现金方式直接支付。

第六条 乙方在甲方指导下, 首批生产完成的合同产品个[ ](件、吨、只)须达到甲方所提供的各项技术性能及质量指标或者达到国家标准或者行业标准

验收合同产品: 由乙方委托国家(或某一级)检测部门进行, 或由乙方组织验收, 甲方参加, 并给予积极配合, 所需费用由乙方承担。

如因甲方的技术缺陷, 造成验收不合格的, 甲方应负责提出措施, 消除缺陷。第二次验收仍不合格, 甲方没有能力消除缺陷的, 乙方有权终止合同, 要求甲方返还使用费, 并赔偿乙方的经济损失。

如因乙方责任使合同产品验收不合格的, 甲方应协助乙方进行补救, 经再次验收仍不合格, 乙方无力实施该合同技术的, 甲方有权终止合同, 且不返还使用费。

合同产品经验收合格后, 双方应签署验收合格报告。

第七条 甲方在合同生效后[ ]日内负责向乙方传授合同技术, 并解答乙方提出的有关实施合同技术的问题。

甲方在乙方实施该专利申请技术时, 要派出合格的技术人员到乙方现场进行技术指导, 并负责培训乙方的具体工作人员。

제5조 특허사용료는 이니셜 로열티와 이익분배금 두 부분으로 구성된다. 계약 체결 후, '을'은 '갑'에게 매년 [ ]월 [ ]일에 이니셜 로열티 [ ]위안을 일시불로 지급한다. '을'이 제품을 생산하고 판매하여 세후 순이익이 발생한 경우 '갑'은 순이익의 [ ]%를 특허사용료로 받을 권리가 있으며 매년 [ ]월 [ ]일에 정산하기로 한다.
'을'은 상술한 기간에 특허사용료를 '갑'의 계좌로 송금하거나 현금으로 지급하여야 한다.

제6조 '을'이 '갑'의 지도 하에 생산완료한 첫 제품 [ ]개(件/톤/㎏)는 반드시 '갑'이 제공한 각종 기술 성능 및 품질 지표에 도달하거나, 국가 표준 또는 업계 표준의 품질에 도달하여야 한다.

계약제품 검수: '을'이 국가(또는 특정수준)검사부서에 위탁하여 검수를 진행하거나, '을'이 검수할 경우, '갑'은 검수에 참여하여 적극적으로 협력하여야 한다. 이때 필요한 비용은 '을'이 부담한다.

'갑'의 기술결함으로 인하여 검수에 불합격한 경우 '갑'은 해당 결함을 제거하기 위한 조치를 취하여야 할 책임이 있다. 재검수에 불합격하고 '갑'에게 해당 결함을 제거할 능력이 없는 경우, '을'은 계약을 종료할 수 있으며 '갑'에게 사용료 반환 및 '을'이 입은 경제적 손해배상을 요구할 수 있다.

'을'의 책임으로 인하여 검수에 불합격할 경우, '갑'은 '을'을 도와 해당 결함을 보완하여야 하며 재검수 후에도 여전히 불합격하여 '을'이 특허를 실시할 수 없는 경우, '갑'은 계약을 종료할 권리가 있으며 지급받은 사용료는 반환하지 않는다.

제품이 검수에 통과한 경우, 쌍방은 검수합격보고서에 서명하여야 한다.

제7조 '갑'은 본 계약 발효 후 [ ]일 내에 '을'에게 본 계약에 따른 특허기술을 전수하고 '을'이 제기한 관련 기술이행에 관한 질문에 답하여야 할 책임이 있다.

'갑'은 '을'이 특허기술을 실시할 때 자격을 갖춘 기술인력을 '을'의 현장에 파견 및 기술지도를 하며 '을'의 특정 직원을 교육하여야 할 책임이 있다.

乙方接受甲方培训的人员应符合甲方提出的合理要求。技术服务与培训的质量，应以被培训人员能够掌握该技术为准。(*确定具体标准*)，甲方完成技术服务与培训后，经双方验收合格共同签署验收证明文件。

第八条 合同有效期内，任何一方对合同技术所作的改进应及时通知对方；属双方共同作出的重大改进，申请专利的权利归双方共有，另有约定除外。

第九条 违约、合同的解除
1. 甲方拒不提供合同所规定的技术资料，技术服务及培训，乙方有权解除合同，要求甲方返还使用费，并支付违约金。
2. 甲方无正当理由逾期向乙方交付技术资料，提供技术服务与培训的，每逾期一周，应向乙方支付违约金[   ]，逾期超过[   ]，乙方有权终止合同，并要求返还使用费。

3. 甲方自己实施或许可乙方以外的第三方实施该专利技术，乙方有权要求甲方停止这种实施与许可行为，也有权终止本合同，并要求甲方支付违约金。

4. 乙方迟延履行支付专利许可使用费，且经甲方书面催讨仍未支付使用费的，甲方有权解除合同，要求返回全部技术资料，并要求赔偿其实际损失，并支付违约金。

5. 乙方违反合同规定，扩大对被许可技术的许可范围，甲方有权要求乙方停止侵害行为，并赔偿损失，支付违约金；
6. 乙方违反合同的保密义务，致使甲方的技术秘密泄露，甲方有权要求乙方支付违约金。

第十条 合同有效期内，如有第三方指控乙方实施的技术侵权，甲方应负一切法律责任；

合同双方任何一方发现第三方侵犯甲方的专利权时，应及时通知对方，由甲方与侵权方进行交涉，或负责向专利管理机关提出请求或向人民法院提起诉讼，乙方协助。

'갑'의 교육을 받는 '을'의 직원은 '갑'이 제시한 합리적 요구사항에 부합하여야 한다. 기술서비스 및 교육품질은 교육을 받은 직원이 기술습득할 수 있는 것을 기준으로 한다. (*구체적 기준결정*) '갑'이 기술서비스 및 교육을 완료한 후 쌍방의 검수합격을 거쳐 검수증명서에 서명한다.

제8조 계약 기간 내 계약당사자 일방이 특허기술을 개선할 때에는 상대방에게 즉시 통지하여야 하며, 쌍방이 공동으로 특허기술을 개선하였을 경우에는 다른 합의가 없는 한 이에 대한 특허 출원 권리는 공유하여야 한다.

제9조 계약위반 및 해제

1. '갑'이 계약에 명시된 기술자료, 기술서비스 또는 교육 제공을 거부하는 경우, '을'은 계약을 해제할 수 있으며 '갑'에게 특허사용료를 반환 및 위약금 지불을 요구할 수 있다.
2. '갑'이 징당힌 사유없이 '을'에게 기한 내 기술지료 교부, 기술서비스 및 교육을 제공하지 않는 경우 1주일씩 늦어질 때마다 '을'에게 위약금 [   ]위안을 지급하여야 하며, 기한이 [   ] 경과될 경우 '을'은 계약을 종료하고 사용료 반환을 요구할 수 있다.
3. '갑'이 스스로 실시하거나 '을' 이외의 제3자에게 특허기술실시를 허가하는 경우 '을'은 '갑'에게 해당 실시행위중지를 요청할 수 있으며, 본 계약을 종료하고 '갑'에게 위약금 지급을 요구할 수 있다.
4. '을'이 특허사용료 지불을 지연하고 '갑'의 서면 독촉에도 불구하고 사용료를 지불하지 않는 경우, '갑'은 본 계약을 해지하고 모든 기술자료의 반환 및 실질 손해에 대한 배상 및 위약금 지급을 요청할 수 있다.
5. '을'이 본 계약을 위반하고 실시기술에 대한 허가범위를 확대하는 경우, '갑'은 '을'에게 침해행위중지, 손해배상 및 위약금 지급을 요구할 수 있다.
6. '을'이 본 계약의 비밀유지의무를 위반하여 갑의 기술 비밀이 유출된 경우 '갑'은 '을'에게 위약금을 요구할 수 있다.

제10조 계약 기간 내 제3자가 '을'이 실시한 기술이 권리를 침해하였다고 고발하는 경우 '갑'은 이에 대한 모든 법적책임을 진다.

계약 일방당사자가 제3자의 '갑'에 대한 특허권 침해행위를 발견할 경우, 즉시 상대방에게 이를 통지하여야 하며, '갑'은 해당 제3자와 이에 대해 협상하거나, 특허관리기관에 청구하거나 인민법원에 소송을 제기하며, '을'은 이에 협조한다.

第十一条 合同有效期内，甲方的专利权被撤销或被宣告无效时，因甲方有意给乙方造成损失或明显违反公平原则，甲方应返还全部专利使用费，合同终止。

第十二条 由于不可抗力事件(如火灾，水灾，地震，战争等)造成本合同无法履行的，双方应采取相应措施防止损失的扩大，若不可抗力情形消除，本合同仍能继续履行的，合同履行期限相应延长。

第十三条 本合同所涉及的专利使用费应纳的税，按中华人民共和国税法相关规定，由纳税。

第十四 若双方因履行本合同发生争议，双方当事人应当协商解决，也可以请求专利管理机关进行调解；协商或调解不成的，双方商定，采用以下第[ ]种方式解决。

1. 申请仲裁委员会仲裁；
2. 向有管辖权的人民法院起诉

第十五 由于乙方的原因，致使本合同不能正常履行的，本合同即告终止。

本合同一式三份，甲、乙双方各执一份、另一份档案备存。待甲、乙双方签字或者盖章时起生效，合同的有效期为 [ ]年。

甲方: [   ] (印)
法定代表人: [   ]

乙方: [   ] (印)
法定代表人: [   ]

[   ]年[   ]月[   ]日

제11조 계약 기간 내 '갑'의 특허권이 취소되거나 무효로 선고된 경우, '갑'이 의도적으로 '을'에게 손해를 입히거나 공평의 원칙을 명백히 위반한 것으로 보아 '갑'은 모든 특허사용료를 반환해야 하고, 계약은 종료된다.

제12조 불가항력(화재, 수해, 지진, 전쟁 등)으로 인하여 본 계약을 이행할 수 없는 경우 쌍방은 이에 상응하는 조치를 취하여 손해확대를 방지해야 하며, 불가항력 상황이 해소되어 본 계약을 계속 이행할 수 있는 경우, 본 계약 이행기간은 그에 상응하는 만큼 연장된다.

제13조 본 계약과 관련되어 특허사용료에 대해 납부하여야 하는 세금은 중화인민공화국 세법 관련 규정에 따라 납부한다.

제14조 본 계약의 이행으로 인하여 쌍방 간 분쟁이 발생한 경우, 쌍방은 반드시 협상하여 분쟁을 해결하여야 하며, 특허관리기관에 조정을 요청할 수도 있다. 협상 또는 조정이 실패할 경우 쌍방은 다음 [ ]호의 방법으로 분쟁해결하기로 합의한다.
   1. 중재위원회에 중재 신청
   2. 관할 인민법원에 제소

제15조 '을'의 사유로 인해 본 계약을 정상적으로 이행할 수 없는 경우 본 계약은 즉시 종료된다.

본 계약은 3부로 되어 있으며 '갑'과 '을' 쌍방이 각각 1부씩 보관하고, 별도 1부는 공문서 보관용으로 한다. '갑', '을' 쌍방이 서명 또는 날인한 때로부터 계약의 효력이 발생하며, 계약기간은 [ ]년으로 한다.

갑: [   ] (서명)
법정대표자: [   ]

을: [   ] (서명)
법정대표자: [   ]

[   ]년 [   ]월 [   ]일

C6. 股权认购协议

甲方: [   ]
乙方: [   ]

在自愿、平等、互利的基础上，经甲乙双方友好协商，就乙方认购甲方增资扩股股份，根据有关法律，特制定本协议，以供双方共同遵守。

鉴于

1. 甲方是符合《公司法》及相关法律法规成立的，具有合法经营资格的企业法人，注册资本[ ]元。

2. 根据甲方[ ]年[ ]月第[ ]次股东会议审议通过的决议，决定本次增资扩股总额为[ ]元，本次增资完成后，甲方注册资本为[ ]元，公司股本总数为[ ]股。

3. 乙方按照本协议规定条款和条件认购新增股本。

第一条 认购及投资目的

双方同意以发挥各自的优势资源为基础，建立全方位、多功能长期合作关系，保证双方共同发展，利益共享。

第二条 认购增资扩股股份的条件

1. 参与本次增资扩股的新股东，以占甲方增资扩股后总股本的[ ]%的比例为份额进行认购，但认购总份额不得超过甲方增资扩股后总股本的[ ]%;

2. 参与本次增资扩股的新股东认购的股份价格，以甲方经审计后的20[ ]年会计报表中每股净资产为基数进行适当溢价认购。最终认购每股价格经双方协商后以书面确认为准;

3. 本次增资扩股全部以现金认购，如用外币认购则以外币到达甲方开户银行账户之日的中国人民银行当日挂牌外汇价格进行兑换折算为人民币;

4. 新股东的认购资金必须在规定日期之前到位，过期不再办理入股手续。

第三条 甲乙双方同意，乙方以现金方式向甲方认购[ ]股整，计人民币[ ]元。

CK6. 지분인수계약서

갑: [   ]
을: [   ]

임의, 평등, 호혜를 기초로 갑과 을은 우호적인 협상을 거쳐, 을이 갑의 증자 주식을 인수하는 사항에 대하여 관련 법률에 따라 본 계약서를 작성하고 양측을 이를 준수하기로 한다.

배경
1. 갑은 「회사법」 및 관련 법률, 법규에 따라 설립된 합법적인 경영자격을 가진 등록자본금 [   ]원의 법인이다.
2. 갑이 [   ]년 [   ]월 [   ]일 제[ ]차 주주총회에서 심의하고 통과한 결의에 따라 이번 증자 주식 총액은[   ]원이고, 증자 완성 후 갑의 등록자본금은 [   ]원이며 총 주식 수는 [   ]수이다.
3. 을은 본 계약에서 규정한 조건에 따라 전술한 증자 주식을 인수한다.

제1조 인수 및 투자의 목적
쌍방은 각자의 자원을 이용하여 전방위적이고 다용도의 장기적인 협력관계를 구축하고 공동 발전하여 이익을 공유하기로 한다.

제2조 증자 확장 주식 인수의 조건
1. 이번 증자 주식 확장에 참여하는 신규 주주는 갑이 증자한 후 총 주금의 [   ]%를 차지하는 비율을 지분으로 하여 인수를 진행한다. 단 인수 총 지분은 갑이 증자한 후 총 주금의 [   ]%를 초과할 수 없다.
2. 이번 증자 주식 확장에 참여하는 신규 주주가 청약한 주식의 가격은 갑의 회계감사 완료된 20[ ]년도 재무제표의 주당 순자산을 기준으로 하여 적절한 프리미엄으로 인수한다. 주당 최종 인수 가격은 양 당사자의 협의 후 서면 확인을 거쳐야 한다.
3. 이번 증자 주식 확장은 모두 현금으로 인수하며, 외화로 인수할 경우 외화가 갑의 은행 계좌로 송금도착하는 당일의 중국인민은행이 공시한 환율에 따라 외화를 인민폐로 환산한다.
4. 신규 주주는 규정된 일자에 인수 자금을 확보하여야 하며 기한을 어기는 경우 주식 인수절차를 진행하지 않는다.

제3조 갑과 을은 을이 현금으로 갑으로부터 [   ]주를 인수하여 총 [   ]위안에 인수하는 데 동의한다.

第四条 甲乙双方同意，乙方用于认购股份的全部资金应于[ ]年[ ]月[ ]日之前汇至甲方开户银行的指定银行账户中。

第五条 甲、乙双方同意，在甲方收到乙方汇入的股份认购款项当日，向乙方出具认购股份资金收据。

第六条 甲方权利义务

一、甲方权利

　　1. 在乙方投资入股前，甲方有权就乙方的入股比例根据相关规定进行变更；

　　2. 若乙方在本次募股中存在虚假行为，甲方有权单方取消乙方入股资格，并追究其法律责任。

二、甲方义务

　　1. 甲方应依法、合规经营；

　　2. 甲方应保证乙方汇入的认购股份资金的用途，不得挪作他用；

　　3. 甲方有义务在其法律、法规允许的范围内，为乙方投资实现利益最大化；

　　4. 在本次认购股份的资金全部到位后30个工作日内，完成召开新老股东大会，修改公司章程，办理工商注册变更等工作程序及必办手续。

第七条、乙方的权利义务

一、乙方权利：

　　1. 出席股东大会，对公司的重大事项及决策行使表决权；

　　2. 听取和审查关于公司工作情况的报告；

　　3. 推荐公司董事、监事人选，享有选举权和被选举权；

　　4. 当本协议约定的条件发生变化时，有权获得通知并发表意见；

　　5. 依法享有公司章程及法律法规规定的股东权利。

二、乙方义务

　　1. 乙方应当以自有货币资金入股，并按规定一次性交清，不得以借贷资金入股，不得以实物资产、债券、有价值证券等形式入股，并保证其投资金额的真实性和合法性。

제4조 갑과 을은 을의 주식인수 자금 전액이 [   ]년 [   ]월[   ]일 이전에 갑이 지정한 은행 계좌로 송금되는 것에 동의한다.

제5조 갑과 을은 을이 송금한 주식 인수 대금을 갑이 수령하는 날 을에게 주식 인수대금 영수증을 발급하는 데 동의한다.

제6조 갑의 권리와 의무
1. 갑의 권리
가. 을이 주식을 인수하기 전에 갑은 관련 규정에 따라 을의 지분율을 변경할 권리가 있다.

나. 만약 을의 공모 과정에 허위행위가 있는 경우 갑은 일방적으로 을의 주식인수 자격을 취소하고 법적 책임을 물을 수 있다.

2. 갑의 의무
가. 갑은 법률 및 규정에 따라 합법적으로 경영해야 한다.

나. 갑은 을이 송금한 주식의 인수를 위한 자금이 다른 용도로 사용되지 않도록 해야 한다.

다. 갑은 법률 및 법규가 허용하는 범위 내에서 을의 투자 이익을 극대화할 의무가 있다.

라. 갑은 주식인수를 위한 자금이 모두 납입된 날로부터 30 영업일 이내에 신·구 주주 총회 소집, 회사 정관 개정, 공상 등록 변경 절차 및 필요한 절차를 완료하여야 한다.

제7조 을의 권리와 의무
1. 을의 권리
가. 주주총회에 출석하여 회사의 주요 안건 및 의결사항에 대하여 의결권을 행사한다.

나. 회사의 업무에 관한 보고를 듣고 심의한다.

다. 회사의 이사 및 감사 후보자를 추천하고 선거권 및 피선거권을 가진다.

라. 본 계약서에서 약정한 조건이 변경되는 경우에는 관련 통지를 받고 의견을 표명할 수 있다.

마. 관련 법에 의거하여, 회사의 정관과 법령에서 정하는 바에 따라 주주의 권리를 가진다.

2. 을의 의무
가. 을은 자기 소유의 화폐 자금으로 주식에 투자하고 규정에 따라 일시 납입해야 한다. 차입 자금으로 주식을 인수하여서는 아니 되며, 실물 자산, 채권, 유가증권 등으로 주식을 인수하지 않는다. 또한 투자 금액의 진실성과 적법성을 보장해야 한다.

2. 乙方应及时足额缴纳其所认购股份应缴纳的出资款项, 并将货币资金汇至甲方指定的账户中。

3. 乙方应及时、有效地提供为办理公司变更登记所需要的全部文件材料。

4. 乙方成为公司股东后, 应按公司通知及时参加股东大会。

5. 乙方有义务主动向公司做出投资入股资金来源真实合法性、其本身及企业入股情况、关联企业向境内金融机构投资入股情况, 以及所持股份与比例、其本身与公司不发生关联交易关系和提供资料真实性等情况, 向公司提供和出具书面声明。

6. 根据国家有关法律、法规、规章及公司章程的规定, 履行股东义务。

第八条、股份转让

1. 公司股东持有的股份不得退股, 经股东会同意, 并按规定办理登记手续后可依法转让、继承或赠与。

2. 股东转让其持有股份时, 受让方的股东资格应取得监管部门的同意。

第九条、股利分配

一、股利分配及数额

  1. 公司股东大会将依据经营业绩、资本充足率、现金流量、财务状况、业务开展状况和发展前景、股东利益等进行股利分配的法定和监管限制以及其他相关因素, 决定是否分配股利及具体数额。

  2. 公司所有股东均享有同等的按其所持有的股份份额获取股利的权利(即"同股同权、同股同利")。

二、利润分配顺序

公司产生利润的总体分配顺序为: 缴纳所得税、弥补以前年度亏损、提取法定盈余公积金、提取一般准备金、提取任意盈余公积金、支付股利。

第十条 违约责任

1. 甲方若未按期完成本次募股, 致使乙方资金收益受到损失, 甲方应按乙方出资额支付同档次一年期存款利息作为乙方收益补偿。

나. 을은 자신이 인수한 주식에 대한 출자금을 적시에 전액 지불해야 하며, 자금을 갑이 지정한 계좌로 송금해야 한다.

다. 을은 회사의 변경 등록에 필요한 모든 문서와 자료를 적시에 효과적으로 제공해야 한다.

라. 을은 회사의 주주가 된 후 회사가 통지한 대로 적시에 주주총회에 참석한다.

마. 을은 투자 및 출자 자금 출처의 진정성 및 적법성, 자신 및 기업의 지분 현황, 국내 금융 기관에 대한 계열사의 투자 및 지분 현황, 보유하고 있는 주식과 비율, 자신과 회사 사이에 관련 거래 관계가 없음 내지 제공된 정보의 진위 여부 등에 대한 서면 진술을 회사에 제공하고 보고할 의무가 있다.

바. 중국의 관련 법률, 규정, 규칙 및 회사의 정관에 따라 주주의 의무를 수행하여야 한다.

세8조 지분의 양도
1. 회사의 주주가 보유한 주식은 반환할 수 없으며, 규정에 따라 주주총회의 승인과 등기 절차를 거쳐 법률에 따라 양도, 상속 또는 증여할 수 있다.
2. 주주가 자신의 주식을 양도할 때 양수인의 주주 자격은 규제당국의 승인을 받아야 한다.

제9조 배당금의 분배
1. 배당의 분배 및 금액
   가. 회사의 주주총회는 사업 성과, 자본 적정성 비율, 현금 흐름, 재무 상태, 사업 개발 및 개발 전망, 주주 이익과 같은 배당금 분배에 대한 법적, 규제적 제한 및 기타 관련 요소에 따라 배당금 분배 여부 및 세부 금액을 결정한다.
   나. 회사의 모든 주주는 그들이 보유한 주식에 따라 배당금을 받을 동일한 권리가 있다 (즉, "동일한 주식에 대해 동일한 권리, 동일한 주식에 대해 동일한 배당금").
2. 이윤의 분배 순서
회사 이익의 전반적인 분배 순서는 소득세 납부, 전년도 손실 보전, 법정 잉여금 인출, 일반 적립금 인출, 임의적 잉여금 인출, 배당금 지급이다.

제10조 계약위반책임
1. 을이 본 공모를 제때 완료하지 못하여 을의 자본소득이 손실된 경우 갑은 을의 소득에 대한 보상으로 을의 출자금액에 따라 동일한 등급의 1년 예치금 이자를 지급한다.

2. 乙方如有未按期履行本协议约定出资的, 则视作乙方单方终止本协议, 甲方有权单方决定取消乙方的股东资格, 乙方所出投资金额的[　]%将作为违约金赔偿给甲方; 乙方未出资的, 甲方有权单方书面决定取消乙方的股东资格, 并有权按照乙方签订出资额追究违约责任。

3. 乙方如有违反本协议其他约定的, 则视作乙方单方终止本协议, 甲方有权书面决定取消乙方的股东资格, 乙方所出投资金额的[　]%将作为违约金赔偿给甲方。

第十一条 争议解决方式
双方在本协议履行中发生争议, 应协商解决; 协商不成的, 一方可向甲方住所地人民法院提起诉讼。

第十二条 其他约定
1. 对本协议及其补充协议所作的任何修改、变更, 须经双方共同在书面协议上签字方能生效;
2. 未经双方协商一致并签署书面协议, 任何一方不得变更、修改或解除本协议中任何条款;
3. 本协议未尽事宜, 由双方另行商议签订补充协议, 补充协议为本协议的有效组成内容部分, 与本协议具有同等法律效力。本协议签订之前, 所协商的任何协议内容与本协议内容有冲突的, 以本协议所规定的内容为准。

4. 本协议正本一式四份, 双方各执一份, 公司存档两份, 各份具有同等法律效力、

甲方: [　　　　] (印)
法定代表人: [　　　　]
联系方式: [　　　　]
乙方: [　　　　] (印)
法定代表人: [　　　　]
联系方式: [　　　　]

20[　]年 [　]月 [　]日

2. 을이 본 계약서에 규정된 출자를 기한 내에 이행하지 아니하는 경우 을이 일방적으로 본 계약을 종료한 것으로 간주하며, 갑은 을의 주주자격 취소를 일방적으로 결정할 권리가 있고 을의 투자금액의 [   ]%는 위약금으로 갑에 배상한다. 을이 출자하지 않은 경우 갑은 을의 주주 자격을 일방적으로 취소할 수 있으며 을이 서명한 출자금액에 따라 계약 위반 책임을 물을 수 있다.

3. 을이 본 계약의 다른 조항을 위반하는 경우 을이 일방적으로 본 계약을 종료한 것으로 간주하며 갑은 서면으로 을의 주주자격을 취소할 수 있는 권리를 가지고, 을의 투자금액의 [   ]%는 위약금으로 갑에게 배상한다.

제11조 분쟁의 해결방식

본 계약 이행 중 발생한 분쟁에 대해 쌍방은 협상을 통해 해결하며, 협상에 실패할 경우 일방 당사자는 갑이 소재한 인민법원에 소송을 제기할 수 있다.

제12조 기타

1. 본 계약 및 추가 계약에 대한 수정 또는 변경은 양 당사자가 서면 계약에 서명한 후에만 유효하다.

2. 양 당사자가 서면으로 협상하고 서명하지 않는 한 어느 당사자도 이 계약의 조건을 변경, 수정 또는 취소할 수 없다.

3. 본 계약에 명시되지 않은 사항에 대해서는 양 당사자가 협의하여 별도의 보충 계약을 체결하여야 하며, 보충 계약은 본 계약의 일부로서 본 계약과 동일한 법적 효력을 가진다. 본 계약에 서명하기 전에 합의된 계약의 내용과 본 계약의 내용이 상충하는 경우, 본 계약에 명시된 내용을 우선으로 한다.

4. 본 계약은 원본은 4부를 체결하고, 각 당사자가 1부씩 보유하며, 회사는 사본 2부를 보관하고 각각 동일한 법적 효력을 갖는다.

갑: [   ] (서명)

법정대표자: [   ]

연락처: [   ]

을: [   ] (서명)

법정대표자: [   ]

연락처: [   ]

20[   ]년 [   ]월 [   ]일

C7. 可转债投资协议

甲方(目标公司): [　　　　　]
注册地址: [　　　　　]
公司营业执照注册号: [　　　　　]

乙方: [　　　　　]
注册地址: [　　　　　]
公司营业执照注册号: [　　　　　]

丙方: [　　　　　]
身份证号: [　　　　　]
住所: [　　　　　]

上述任何一方单称为"一方",合称为"各方"。

鉴于
1. 甲方是一家依据中国法律合法设立且有效存续的有限公司。
2. 乙方拟根据本协议约定的条款和条件,认购甲方本次发行的可转债。

3. 甲方为保障乙方收益权益,接受乙方以可转债形式对公司进行投资。

4. 丙方作为甲方股东,同意甲方和乙方进行本协议项下的投资合作。
5. 丙方在目标公司经营中拥有决策权。

据此,依据《中华人民共和国公司法》、《中华人民共和国民法典》及其它相关法律法规,各方本着平等互利的原则,经友好协商,就乙方认购甲方可转债的投资事宜达成以下协议,以兹各方共同信守。

CK7. 전환사채투자계약서

갑(대상회사): [   ]
주소: [   ]
사업자등록번호: [   ]

을: [   ]
주소: [   ]
사업자등록번호: [   ]

병: [   ]
주민등록증번호: [   ]
주소: [   ]

위 어느 일방은 "일방 당사자"라고 하며, 모든 당사자는 "각 당사자"로 통칭한다.

배경

1. 갑은 중국법에 따라 합법적으로 설립되었고, 유효하게 존속 중인 유한회사이다.
2. 을은 본 계약에서 약정한 조항 및 조건에 따라 갑이 금번 발행한 전환사채를 인수하고자 한다.
3. 갑은 을의 수익 및 권익을 보장하기 위하여 을이 전환사채 형태로 회사에 투자하는 것에 동의한다.
4. 병은 갑의 주주로서 갑과 을 간의 본 계약에 따른 투자합작을 진행하는 것에 동의한다.
5. 병은 회사 경영에 있어서 의사결정권을 가진다.

이에 따라 《중화인민공화국 회사법》, 《중화인민공화국 민법전》, 기타 관련 법률 및 규정에 의거하여 각 당사자는 평등과 호혜의 원칙에 따라 우호적인 협상을 통하여 을이 갑의 전환사채를 인수하는 투자 사항에 대하여 다음과 같은 계약을 체결하며 공동으로 이행하고 준수하고자 한다.

第一条 释义

除非上下文另作理解, 本协议中下列词语和表达具有以下含义:

1.1 目标公司指[ ]有限公司。

1.2 可转债指按照本协议约定由目标公司发行并由乙方认购的可转换为目标公司股权的债权。

1.3 债转股指按照本协议约定将目标公司发行的可转债转换为目标公司的股权。

第二条 可转债的金额和期限

2.1 为促进公司发展, 甲方本次计划融资人民币[ ]万元。

2.2 甲方接受乙方以人民币[ ]万元认购甲方发行的全部可转债, 并以[ ]提供给乙方作为担保。

2.3 可转债的认购的付款时间应按本协议第五条的约定执行。

2.4 本协议项下的可转债期限为[ ]年[ ]月[ ]日前。

第三条 可转债的偿还

3.1 自乙方认购款到账日起, 甲方应当向乙方承担年化[ ]%的利息。

3.2 截至可转债期限届满时, 甲方应当向乙方偿还可转债的金额以及其所对应的利息。

3.3 如甲方超过可转债期限, 未偿还可转债的金额以及其所利息, 甲方应当向乙方承担年化[ ]%的利息。

第四条 可转债的转换

4.1 乙方最晚应在距离可转债期限届满15日前决定是否要求甲方将乙方认购甲方的可转债全部/部分转换为目标公司股权, 并书面通知甲方。

4.2 甲方应在收到乙方提出的进行债转股要求后, 15个工作日内完成相应的工商变更登记。

제1조 정의
전, 후 문맥에 따라 별도로 해석하지 않은 한, 본 계약에서의 단어 및 표현은 다음과 같은 의미를 갖는다.

1.1 대상회사는 [　]유한회사를 의미한다.

1.2 전환사채란 본 계약의 약정에 따라 대상회사가 발행하고 을이 인수하는, 대상회사의 지분으로 전환할 수 있는 채권을 의미한다.

1.3 출자전환이란 본계약의 약정에 따라 대상회사가 발행한 전환사채를 대상회사의 지분으로 전환한다는 것을 의미한다.

제2조 전환사채의 금액 및 기한
2.1 회사의 발전을 촉진하기 위하여 갑은 금회에 인민폐 [　]만 위안을 융자할 계획이다.

2.2 갑은 자신이 발행한 전환사채 전부를 을이 인민폐 [　] 위안으로 인수하는 것에 동의하며 을에게 [　]를 담보로 제공한다.

2.3 전환사채에 대한 인수대금의 지급 기한은 본 계약 제5조 규정을 따른다.

2.4 본 계약상 전환사채의 기한은 [　]년 [　]월 [　]일까지이다.

제3조 전환사채의 상환
3.1 갑은 을의 인수대금이 입금되는 날부터 을에게 연 [　]% 이자를 부담하여야 한다.

3.2 전환사채의 기한이 만료될 때까지 갑은 을에게 전환사채의 금액과 이자를 상환해야 한다.

3.3 갑이 전환사채의 기한을 도과하여 전환사채의 금액 및 이자를 상환하지 않은 경우 갑은 을에게 연 [　]% 이자를 부담해야 한다.

제4조 전환사채의 전환
4.1 을은 최대 전환사채 기한이 만료 전 15일까지 을이 인수한 갑의 전환사채의 전부 또는 일부를 대상회사의 지분으로 전환하도록 갑에게 요구할지 여부를 결정하여야 하며 이를 서면으로 갑에게 통지하여야 한다.

4.2 갑은 을의 출자전환 요청을 받은 날로부터 15영업일 내에 관련 공상변경등기를 완료하여야 한다.

第五条 认购款的缴付

5.1 目标公司应于投资交割日之前按照乙方的要求提交以下文件:

5.1.1 目标公司向乙方发出的书面通知, 应明确指定帐户的名称、开户行、账号等具体信息, 指定账户必须隶属甲方。

5.1.2 其他乙方要求的文件

5.2 乙方应在20[ ]年[ ]月[ ]日前将可转债[ ]万元的认购价款划入目标公司指定的银行账户。

第六条 投资的先决条件

6.1 除非乙方以书面方式另行免除, 乙方在本协议项下缴付认购价款义务之履行应基于下列先决条件得到全部满足:

6.1.1 陈述与保证。目标公司在本协议项下的所有陈述和保证, 以及目标公司提供给乙方的所有信息和资料均为真实、准确、不存在误导。

6.1.2 目标公司的批准。目标公司已按照《公司章程》规定履行了本次发行可转债所必需的内部程序, 取得了其签署且履行本协议所必需的内部批准和授权, 并在本协议签订后15日内开相应的董事会决议和股东大会决议。

第七条 尽职调查

转股或要求偿还日之前, 乙方及乙方委托的相关机构, 有权对目标公司进行详细尽职调查。甲方和丙方有义务全面配合尽职调查中的需求, 尽职调查费用支出由乙方承担。

第八条 目标公司的陈述与保证

除另行书面披露的事项外, 目标公司在本协议签署日向乙方作出以下陈述、保证和承诺:

제5조 인수금액의 지급

5.1 대상회사는 인도일이 도래되기 전에 을의 요청에 따라 다음과 같은 서류를 제출하여야 한다.

> 5.1.1 대상 회사가 을에게 보내는 서면 통지에는 지정계좌의 계좌명, 개설은행, 계좌번호 등 기타 구체적인 정보를 명시해야 하며 지정계좌는 반드시 갑이 보유하고 있는 계좌이어야 한다.

> 5.1.2 기타 을이 요구하는 서류

5.2 을은 20[　]년 [　]월 [　]일 전까지 전환사채 인수금액 [　]만 위안을 대상회사의 지정계좌로 입금하여야 한다.

제6조 투자의 선결조건

6.1 을이 서면으로 별도로 면제해주지 않는 한, 을의 본 계약에 따른 인수금액 지급의무의 이행은 다음과 같은 선결조건이 모두 충족되었음을 선제로 한다.

> 6.1.1 진술 및 보증. 대상회사가 본 계약에 따라 하는 모든 진술 및 보증, 또는 대상회사가 을에게 제공한 모든 정보와 자료는 모두 진실하고 정확하며 오류가 없다.

> 6.1.2 대상회사의 승인. 대상회사가 <회사 정관>의 규정에 따라 금번 전환사채 발행에 필요한 내부절차를 이행하였고, 본 계약의 체결과 이행에 있어 필요한 내부승인과 권한을 취득하였으며, 본 계약이 체결된 후 15일 이내에 상응하는 이사회 결의 및 주주총회 결의를 개최한다.

제7조 실사

출자전환 또는 상환을 요청하는 날까지 을과 을이 위탁한 관련 기관은 대상회사에 대하여 실사할 권리를 가진다. 갑과 병은 실사 과정에서의 각종 요구에 대해 전면적으로 협력할 의무가 있으며 실사 비용은 을이 부담하는 것으로 한다.

제8조 대상회사의 진술 및 보증

서면으로 별도로 공개된 사항을 제외하고, 대상회사는 본 계약 체결일에 을에게 다음과 같은 진술, 보증 및 승낙을 한다.

8.1 授权。目标公司签署本协议、履行本协议项下的一切义务以及完成本协议项下的交易等行为都已获得充分必要的授权，本协议对目标公司具有法律约束力。

8.2 公司设立存续。目标公司及下属机构均为依法设立且有效存续的主体，该等主体的注册资本已经依法缴纳。

8.3 不冲突。目标公司和乙方签署本协议，履行其在本协议项下义务以及签署与本协议有关的任何其他文件，或履行其在该等文件项下的义务，已获得充分必要的授权，将不会导致违反：

    8.3.1 其各自的章程或其他组织文件；

    8.3.2 任何政府法令、命令，或法院、仲裁机构裁决；

    8.3.3 与其他第三方的协议的任何约定。

8.4 财务报告。目标公司向乙方提供的财务报表真实、完整和准确地反映了目标公司及下属机构的经营状况和财务状况。

第九条 协议签订前后的利润分配

本协议签署日前及之后甲方公司的累计未分配利润，由现有股东与乙方在债转股后按其持有甲方公司的持股比例共同享有。

第十条 乙方的陈述与保证

10.1 乙方的法律地位与能力。乙方具有完全、独立的法律地位和法律能力签署及履行本协议，乙方签署及履行本协议不会违反任何有关法规以及政府命令，亦不会与以其为一方或者对其资产有约束力的合同或者协议产生冲突。

10.2 认购价款的合法性。乙方保证其按照本协议向目标公司支付的认购价款来源合法，并且其有足够的能力依据本协议的条款与条件向目标公司支付认购价款，亦不存在因其资金来源或信用情况给目标公司生产经营及未来上市造成障碍的情形。

第十一条 费用与税收

因本次投资而发生的税收及相关税务法律责任，由各方按照法律的规定予以承担。

8.1 권한 부여. 대상회사는 본 계약에 서명하고 본 계약에 따른 모든 의무를 이행하며, 본 계약에 따른 거래를 완료하는 등에 대해 충분히 필요한 권한을 부여 받았으며, 본 계약은 대상회사에 대하여 법적 구속력을 갖는다.

8.2 회사의 설립 및 존속. 대상회사와 그 연결회사는 모두 법률에 따라 유효하게 설립되고 존속하는 주체이며, 관련 법률에 따라 자본금을 납입을 완료하였다.

8.3 충돌하지 않음. 대상회사와 을은 본 계약에 서명하고, 본 계약에 따른 의무를 이행하며, 본 계약과 관련된 기타 문서에 서명하거나 해당 문서에 따른 의무를 이행하는데 필요한 충분한 권한을 갖고 있으며, 이하 사항을 위반하지 않는다.

   8.3.1 각자의 정관 또는 내규

   8.3.2 정부의 행정 규칙, 명령 또는 법원 및 중재기구의 판결

   8.3.3 기타 제3자와의 협의된 사항

8.4 재무제표. 대상회사가 을에게 제공한 재무제표는 대상회사 및 연결회사의 운영 및 재무 상태를 진실, 완전, 정확하게 반영하고 있다.

제9조 계약 체결 전후의 이익분배

본 계약 체결일 전 후의 갑 회사의 누적 미배당 이익은 기존 주주와 을이 출자전환 후 갑 회사의 지분율에 따라 공동으로 향유한다.

제10조 을의 진술 및 보장

10.1 을의 법적 지위 및 능력. 을은 완전하고 독립적인 법적 지위와 법적 능력을 가지고 본 계약을 체결 및 이행하며, 을의 본 계약의 체결 및 이행은 어떠한 관련 법규 및 정부의 명령도 위반하지 않고 일방 당사자 또는 그 자산에 구속력이 있는 계약 또는 협의와 충돌하지 않는다.

10.2 인수대금의 합법성. 을은 본 계약에 따라 대상회사에 납입하는 인수대금의 출처가 적법함과, 본 계약의 조항 및 조건에 따라 대상회사에 인수대금을 지급할 수 있는 충분한 능력이 있음을 보장하며, 자금의 출처 또는 신용 상황으로 인해 대상회사의 생산, 운영 및 향후 상장에 지장을 초래하지 않음을 보장한다.

제11조 비용과 세금

본 투자로 인하여 발생하는 세금과 세무 관련 법적 책임은 각 당사자가 법률의 규정에 따라 부담한다.

第十二条　保密

12.1 本次投资过程中，任何一方所获悉的其他方的资料，如该等资料尚未公开发表，则应视为机密资料，知悉方负有保密义务。

12.2 有关本协议约定的条款和条件为保密信息，各方均不得披露。在法律要求披露的情况下，披露方应在进行披露或之前合理时间咨询其它方，并尽可能应其它方的要求对需要披露信息的某些部分进行保密处理。

第十三条　法律适用及争议解决

13.1 本协议的订立、效力、解释、履行和争议的解决受中国法律的管辖，并依其解释。

13.2 各方因履行本协议或与本协议有关的所有纠纷均应当以友好协商的方式解决，如协商不成的，一方有权在对甲方注册地有管辖权的法院提起上诉。

第十四条　违约责任

14.1 任何一方违反本协议项下声明、承诺、保证及其他义务，即构成违约，均须依据有关法规及本协议规定承担违约责任。

14.2 任何一方违反本协议，致使其他方承担任何费用、责任或蒙受任何损失，违约方应就上述任何费用、责任或损失赔偿守约方。

제12조 비밀유지

12.1 본 투자 과정에서 일방 당사자가 알게 된 상대방 당사자의 정보가 공개적으로 발표되지 않은 경우, 이는 기밀 정보로 간주되며 당사자는 기밀정보에 대하여 비밀유지의무를 진다.

12.2 본 계약을 통하여 합의한 모든 조항 및 조건은 기밀정보에 해당하며 각 당사자는 이를 공개할 수 없다. 법률에 의하여 공개가 필요한 경우, 공개 당사자는 공개 전에 합리적인 기간 동안 상대방 당사자와 협의하고, 가능한 한도 내에서 상대방 당사자의 요청에 따라 공개 대상 정보의 범위를 특정하여 기밀을 유지하여야 한다.

제13조 준거법 및 분쟁해결

13.1 본 계약의 체결, 효력, 해석, 이행 및 분쟁 해결은 중화인민공화국의 법률을 적용하고 이에 따라 해석한다.

13.2 각 당사자는 본 계약의 이행 또는 본 계약가 관련된 모든 분쟁에 대하여 우호적으로 협의하여 해결하여야 하며, 협의가 이루어지지 않을 경우 일방 당사자는 갑의 등록지의 관할법원에서 소 제기할 수 있다.

제14조 계약위반 책임

14.1 일방 당사자가 본 계약에 따른 선언, 승낙, 진술 및 보장, 기타 의무를 위반할 경우, 계약위반에 해당되며 계약위반 당사자는 관련 법규 및 본 계약의 규정에 따라 계약위반에 대한 책임을 진다.

14.2 일방 당사자가 본 계약을 위반하여 상대방 당사자에게 비용, 책임 또는 손실을 초래하는 경우, 계약위반 당사자는 해당 비용, 책임 또는 손실을 상대방 당사자에게 배상하여야 한다.

第十五条 其他

15.1 本协议自各方签章之日起生效。

15.2 本协议或补充协议的任何一部分或某条款被认为无效、不合法、不可执行或无法执行等，其余部分及其余条款的效力、合法性及可执行性将不受影响。

15.3 本协议对各方当事人的继承人和受让人有效，上述继承人和受让人可享有本协议项下的权益并承担相应的义务。

15.4 本协议正本一式三份，甲方、乙方和丙方各执一份，每份均具有同等法律效力。

(以下无正文)

甲方: [   ] (盖章)

法定代表人: [   ] (签字)

乙方: [   ] (盖章)

法定代表人: [   ] (签字)

丙方: [   ] (签字)

[   ]年[   ]月[   ]日

제15조 기타

15.1 본 계약은 각 당사자가 서명한 날부터 효력이 발생한다.

15.2 본 계약 또는 보충 계약의 일부 또는 특정 조항이 무효, 비합법, 집행 불가 또는 집행 불능으로 간주되는 경우에도 나머지 조항의 효력, 적법성 및 집행 가능성에는 영향을 미치지 아니한다.

15.3 본 계약은 각 당사자의 승계인과 양수인에 대하여도 유효하며, 해당 승계인과 양수인은 본 계약에 따른 권리를 향유하고 그에 상응하는 의무를 부담한다.

15.4 본 계약의 정본은 3부를 작성하며, 갑, 을, 병이 각 1부씩 보관하고 각 정본은 동일한 법적 효력을 갖는다.

(이하 본문 없음)

갑: [   ] (인)
법정내표사. [   ] (서닝)

을: [   ] (인)
법정대표자: [   ] (서명)

병: [   ] (서명)

　　　　　　　　　[   ]년 [   ]월 [   ]일

C8. 股权转让协议

转让方(以下称甲方): [   ]
身份证号: [   ]
住所: [   ]

受让方(以下称乙方): [   ]
身份证号: [   ]
住所: [   ]

本协议由甲方与乙方就[   ]有限公司的股权转让事宜, 于[   ]年[   ]月[   ]日在[   ]市订立。甲乙双方本着平等互利的原则, 经友好协商, 达成如下协议:

第一条 股权转让价格与付款方式
1. 甲方同意将持有[   ]有限公司[   ]%的股权, 以[   ]万元转让给乙方, 乙方同意按此价格及金额购买上述股权。
2. 乙方同意在本协议订立[   ]日内以[   ]形式一次性支付甲方所转让的股权收购款。

第二条 保证
1. 甲方保证所转让给乙方的股权是甲方在[ ]有限公司的真实出资, 是甲方合法拥有的股权, 甲方拥有完全的处分权。甲方保证对所转让的股权, 没有设置任何抵押、质押或担保, 并免遭任何第三人的追索。否则, 由此引起的所有责任, 由甲方承担。

2. 甲方转让其股权后, 其在[ ]有限公司原享有的权利和应承担的义务, 随股权转让而转由乙方享有与承担。
3. 乙方承认[ ]有限公司章程, 保证按章程规定履行义务和责任。

CK8. 지분양도 계약서

양도인(이하 "갑"): [   ]
신분증 번호: [   ]
주소: [   ]

양수인(이하 "을"): [   ]
신분증 번호: [   ]
주소: [   ]

본 계약서는 갑과 을이 [   ]유한회사의 지분 양도에 관하여 [   ]년 [ ]월 [ ]일에 [ ]시에서 체결한다. 갑을 쌍방은 호혜평등의 원칙에 입각하여 우호적인 협의를 거쳐 아래와 같은 협의를 달성하였다.

제1조 지분양도가격과 지불방식
1. 갑은 갑이 보유한 [   ]유한회사 [ ]%의 지분을 [ ]만 위안의 가격으로 을에게 양도하는 것에 동의한다. 을은 위 가격에 따라 상술한 지분을 매수하는 것에 동의한다.
2. 을은 본 계약이 체결된 [ ]일 이내에 [ ]의 형식으로 갑이 양도한 지분양수금액을 일시불로 지급하는 것에 동의한다.

제2조 보증
1. 갑은 갑이 을에게 양도하는 지분은 갑이 [   ]유한회사에 실제 출자한 것으로 갑이 합법적으로 소유한 지분이며 갑이 완전한 처분권을 가지고 있음을 보증한다. 갑은 양도하는 지분에 대해 어떠한 저당, 질권, 담보가 설정되지 않았으며 그 어떤 제3자로부터 권리주장을 받지 않았음을 보증한다. 그렇지 않을 경우 이로 인한 모든 책임은 갑이 진다.
2. 갑이 지분을 양도한 후 갑이 [   ]유한회사에서 기존에 갖던 권리와 부담해야 할 의무는 지분의 양도에 따라 을이 향유하고 부담한다.
3. 을은 [   ]회사의 정관을 승인하고 정관이 정하는 바에 따라 의무와 책임을 이행할 것을 보증한다.

第三条 盈亏分担

本公司经工商行政管理机关同意并办理股东变更登记后，乙方即成为本公司的股东，按出资比例及章程规定分享公司利润与分担责任。

第四条 费用负担

本次股权转让有关费用，由[　]方承担。

第五条 违约责任：

1. 如甲方未能按照本协议的规定履行与乙方共同办理将该转让股份过户至乙方名下之义务，则构成违约。甲方应从违约之日起按乙方已支付的转让价款的每日[　]万分之[　]向乙方支付违约金，承担违约责任。乙方有权要求甲方继续履行本协议或终止协议。

2. 如乙方未能按照本协议的规定按时向甲方支付股权转让款，则构成违约。乙方应从违约之日起按应付未付的股权转让价款的每日[　]万分之[　]向甲方支付违约金，承担违约责任，且甲方有权要求乙方继续履行本协议或终止协议。

3. 若一方违约，致使本合同不能履行，违约方应当向守约方支付合同总价款[　]%的违约金，同时另一方有权终止本合同。

4. 若本协议书无法获得[　]的批准的，则甲方应在该等情况确认后的[　]日内，将已经收取的股权转让价款返还给乙方。

第六条 协议的变更与解除

发生下列情况之一时，可变更或解除协议，但双方必须就此签订书面变更或解除协议。

1. 由于不可抗力或由于一方当事人虽无过失但无法防止的外因，致使本协议无法履行。
2. 一方当事人丧失实际履约能力。
3. 由于一方违约，严重影响了守约方的经济利益，使协议履行成为不必要。
4. 因情况发生变化，经过双方协商同意变更或解除协议。

제3조 손익분담
공상행정관리기관의 동의를 얻어 주주변경등기를 한 후 을은 본 회사의 주주가 되어 출자비율 및 정관에 따라 회사의 이윤을 나누고 책임을 분담한다.

제4조 비용부담
이번 지분 양도와 관련된 비용은 [   ]측이 부담한다.

제5조 계약위반 책임
1. 갑이 본 계약의 규정에 따라 을과 약정한 지분을 을의 명의로 이전하지 못할 경우 계약위반에 해당한다. 갑은 계약위반일로부터 을이 이미 지급한 양도대금의 [   ]만분의 [   ]/일의 비율에 따라 을에게 위약금을 지급하고 계약위반 책임을 부담하여야 한다. 을은 갑에게 본 계약을 계속 이행하거나 계약을 종료할 것을 요구할 권리가 있다.

2. 만약 을이 본 계약 규정에 따라 기한 내에 갑에게 지분 양도 대금을 지불할 수 없는 경우 계약위반에 해당한다. 을은 계약위반일로부터 미지급 지분양도대금에 대한 [   ]만분의 [   ]/일의 금액을 갑에게 위약금으로 지급하여야 하고, 갑은 을에게 본 계약을 계속 이행하거나 계약을 종료할 것을 요구할 권리가 있다.
3. 만약 일방 당사자가 계약을 위반하여 본 계약을 이행할 수 없는 경우, 계약위반 당사자는 계약 총 대금 [   ]%의 위약금을 계약을 준수한 일방에 지불해야 하며, 이와 동시에, 계약을 준수한 일방 당사자는 본 계약을 종료할 권리가 있다.
4. 본 계약의 내용이 [   ]의 승인을 얻을 수 없다면 갑은 해당 상황을 확인한 후 [   ]일 이내에 이미 받은 지분양도대금을 을에게 반환해야 한다.

제6조 계약의 변경과 해제
다음 각 호의 어느 하나에 해당하는 경우에는 계약의 변경 또는 해제를 할 수 있으나, 쌍방은 반드시 서면으로 변경하거나 해제 협의서를 체결하여야 한다.
1. 불가항력 또는 일방 당사자에게 과실이 없으나 방지할 수 없는 외적인 사유로 인하여 본 계약을 이행할 수 없게 된 경우
2. 일방 당사자가 계약을 이행할 수 있는 능력을 실질적으로 상실한 경우
3. 일방 당사자의 계약위반으로 계약준수 당사자의 경제적 이익에 심각한 영향을 주어 계약을 이행할 필요가 없게 된 경우
4. 상황 변화로 인해 쌍방의 협의를 거쳐 변경 또는 해지에 동의한 경우

第七条 争议的解决

凡因本协引起的或与本协议有关的任何争议，双方应协商解决;协商不成的，任何一方有权向[   ]人民法院提起诉讼。(*可更换为仲裁条款。*)

第八条 协议生效的条件和日期

本协议经甲、乙双方签字、盖章并逐级报经批准后开始生效。

第九条 文本

本协议正本一式[   ]份，甲、乙双方各执份，报工商行政管理机关一份，公司留存一份，其余预留备案、报批等之用，均具有同等法律效力。

甲方(签名按印): [   ]
乙方(签名按印): [   ]
日期: [   ]

제7조 분쟁 해결

본 계약으로 인해 발생하거나 본 계약과 관련된 분쟁에 관하여 쌍방이 협의하여 해결하여야 하며, 협의가 이루어지지 않을 경우 각 당사자는 [   ]인민법원에 소송을 제기할 수 있다. (*중재 조항으로 교체 가능*)

제8조 발효 조건과 날짜

본 계약은 갑을 쌍방의 서명날인을 거쳐 관계 행정기관의 비준을 거친 후부터 효력이 발생한다.

제9조 원본

본 계약서는 [   ]부 체결하여 갑과 을 쌍방이 각각 1부씩 가지며, 공상행정관리기관에 1부 제출하고 회사에 1부를 보관하며, 나머지는 기록, 허가 등을 위해 남겨 둔다. 계약서의 각 부분은 모두 동등한 법적 효력을 가진다.

갑(서명 날인): [   ]
을(서명 날인): [   ]
날짜: [   ]

C9. 股权出质(质权)合同

1. 出质人姓名或名称(以下称甲方): [　　　　　　]
证件名称及号码: [　　　　　　]
2. 质权人姓名或名称(以下称乙方): [　　　　　　]
证件名称及号码: [　　　　　]
3. 出质股权所在公司名称: [　　　　　]
注册号: [　　　　　]

为确保甲、乙双方签订的[　]年[　]第[　]号合同的履行, 甲方以在[　]公司投资的股权出质给乙方, 经双方协商一致, 就合同条款作如下约定。

第一条 被担保债权数额
本合同所担保的债权数额为: 乙方依[　　　]合同给甲方[　]的[　]万元人民币, 期限自[　]年[　]月[　]日至[　]年[　]月[　]日。

第二条 出质股权数额
(1) 甲方即上述合同人自愿以其持有的[　]公司[　]%的股权出质给乙方。
(2) 本合同项下的出质股权在质押期间所产生的股权派生权益属于本合同项下的抵押财产。股权派生权益系指质押股权应得红利及其它收益。

第三条 出质股权的状态
甲方保证对出质股权依法享有所有权及处分权, 保证出质权利不存在任何争议、不存在被法院冻结、不存在公司章程对股权出质或转让有特殊规定等情况。甲方保证出质股权在签订本合同时未设定任何形式的担保, 也未转让、赠予或以其他方式处置于其他人。

CK9. 지분질권설정계약서

1. 질권설정자(이하 갑이라 함): [   ]
증빙서류 명칭 및 번호: [   ]
2. 질권자(이하 을이라 함): [   ]
증빙서류 명칭 및 번호: [   ]
3. 질권설정 대상회사명칭: [   ]
등록번호: [   ]

갑과 을 쌍방이 체결한 [   ]년 [ ]호 [ ]계약의 이행을 확보하기 위하여 갑은 회사에 투자한 지분을 을에게 질권설정하여 담보로 제공하고 쌍방의 협의를 거쳐 계약조건에 대하여 아래와 같이 약정한다

제1조 피담보채권액
본 계약에서 담보하는 채권 액수는 을이 [ ] 계약 규정에 따라 갑에게 [   ]한 [ ]만 위안이며, 기간은 [   ]년 [ ]월 [ ]일부터 [   ]년 [ ]월 [ ]일까지이다.

제2조 질권설정 지분액
(1) 갑은 자발적으로 자신이 보유한 [ ]회사의 [ ]% 지분에 대해 을에게 질권을 설정한다.
(2) 본 계약에 따른 질권설정 지분의 질권설정기간 동안 발생하는 지분파생권익은 본 계약에 따른 담보재산에 속한다. 지분파생권익은 질권대상 지분의 배당 및 기타 수익을 가리킨다.

제3조 질권설정 대상지분 상태
갑은 질권설정 대상지분에 대하여 중국 법률 규정에 의거한 소유권 및 처분권을 가지고 있음을 보증한다. 갑은 질권설정 대상지분에 관하여 다툼이 없고, 법원에 의하여 동결되지 않았으며, 정관에 의하여 지분의 질권설정이나 양도에 관하여 특별한 규정 등이 없음을 보증한다. 갑은 동시에 질권설정 대상지분에 대하여 본 계약 체결 당시 어떠한 형태의 담보도 설정되지 않았으며 양도, 증여 또는 다른 방법으로 타인에게 처분되지 않았음을 보증한다.

第四条 质物移交的时间

甲方在本合同订立后[ ]日内将出质股份办理登记手续, 并将股权证书移交给乙方保管。

第五条 签约地点

本质权合同签约的地点:

第六条 其他约定事项

(1) 本股权出质项下的[ ]借款合同如有修改、补充而影响本质权合同时, 双方应协商修改、补充本质权合同, 使其与股权出质项下[ ]借款合同规定相一致。

(2) 如因不可抗力原因致本合同须作一定删节、修改、补充时, 应不免除或减少甲方在本合同中所承担的责任, 不影响或不侵犯乙方在本合同项下的权益。

(3) 本合同生效后, 甲、乙任何一方不得擅自变更或解除合同, 除经双方协议一致并达成书面协议。

(4) 本合同自双方签字(盖章)之日起生效。股权出质事项自工商登记之日起生效。

(5) 本合同一式三份, 甲方、乙方及工商登记机关各执一份。

(6) 甲、乙双方因本质权合同引起纠纷, 由出质人和质权人自行协商解决。协商不成的, 可以由出质人或质权人向[ ]仲裁机构要求仲裁。(或[ ]人民法院提起民事诉讼。)

出质人签字(公章) [   ]
质权人签字(公章) [   ]

                [   ]年[   ]月[   ]日
                [   ]年[   ]月[   ]日

제4조 교부시기

갑은 본 계약이 체결된 후 [ ]일 이내에 질권설정 대상지분에 대한 등기절차를 밟고 지분
증서를 을에게 넘겨 보관하도록 한다.

제5조 계약체결장소

본 계약의 체결 장소를 다음과 같이 약정한다:

제6조 기타 약정사항

(1) 본 지분 질권설정상의 [ ]자금대여계약의 수정, 보충이 있어 본 질권설정계약에 영
향을 미칠 경우, 쌍방은 반드시 지분 질권설정계약 상의 [ ]자금대여계약의 규정과 일치
하도록 본 질권설정계약을 수정, 보충해야 한다.

(2) 만일 불가항력의 원인으로 본 계약에 일정한 삭제, 수정, 보충을 해야 하는 경우에는
갑이 본 계약에서 부담하는 책임을 면제하거나 감소시켜서는 아니 되며, 을의 본 계약
하에서의 권익에 영향을 미치거나 침해하지 않는다.

(3) 본 계약이 발효된 후 갑, 을 중 어느 일방은 쌍방의 합의를 거쳐 서면 협의를 달성하
지 않는 한 독단적으로 계약을 변경하거나 해제할 수 없다.

(4) 본 계약은 쌍방이 서명(날인)한 날로부터 효력이 발생한다. 지분의 질권설정 사항은 공
상등기일로부터 효력이 발생한다.

(5) 본 계약은 총 3부이며 갑, 을 및 공상등기기관은 각각 1부를 가진다.

(6) 갑, 을 쌍방은 본 계약으로 인한 분쟁을 쌍방 당사자들이 스스로 협의하여 해결한다.
합의가 이루어지지 않을 경우 [ ]중재기관에 중재를 요청할 수 있다. (또는 [ ]인민법원
에 민사소송을 제기할 수 있다.)

질권설정자 [   ] 서명(도장)
질권자 [   ] 서명(도장)

[   ]년 [   ]월 [   ]일
[   ]년 [   ]월 [   ]일

C10. 合作投资协议书

投资人一(甲方): [   ]
营业执照号(身份证号): [   ]

投资人二(乙方): [   ]
营业执照号(身份证号): [   ]

以上各方共同投资人(以下简称"共同投资人")经友好协商，根据中华人民共和国法律、法规的规定，双方本着互惠互利的原则，就甲乙双方合作投资项目事宜达成如下协议，以共同遵守。

第一条　共同投资人的投资额和投资方式
甲、乙双方同意，共同投资项目，项目注册形式为: [   ](公司)
各方出资分别: 甲方出资[   ]，占出资总额的[   ]%; 乙方出资[   ]，占出资总额的[   ]%。

第二条　利润分享和亏损分担
共同投资人按其出资额占出资总额的比例分享共同投资的利润，分担共同投资的亏损。

第三条　事务执行
1. 共同投资人委托甲方代表全体共同投资人执行共同投资的日常事务，包括但不限于:
　　(1) 在发起设立阶段，行使及履行作为发起人的权利和义务;
　　(2) 在项目成立后，行使其作为项目股东的权利、履行相应义务;
　　(3) 收集共同投资所产生的挛息，并按照本协议有关规定处置;

2. 其他投资人有权检查日常事务的执行情况，甲方有义务向其他投资人报告共同投资的经营状况和财务状况;

CK10. 합작투자계약서

투자자 1(갑): [   ]
사업자등록번호(주민등록번호): [   ]

투자자 2(을): [   ]
사업자등록번호(주민등록번호): [   ]

위 각 공동투자자(이하 '공동투자자'라 한다)들은 우호적인 협상을 거쳐, 중화인민공화국의 법률 및 법규의 규정에 근거하고, 상호이익의 원칙에 입각하여 갑을 쌍방간 합작투자 프로젝트에 대하여 아래와 같이 협의하고, 이를 공동으로 준수하기로 한다.

제1조 공동투자자의 투자액과 투자방식
갑, 을 쌍방은 공동투자에 관하여, 사업형식: [   ](회사)로 하고,
각 당사자의 출자 구분: 갑은 [   ]를 출자하여 출자총액의 [   ]%로 하며, 을은 [   ]를 출자하여 출자총액의 [   ]%로 하기로 동의한다.

제2조 이익배당과 손실분담
공동투자자는 그 출자액에 따라 출자 총액에 대한 비율에 따라 공동 투자의 이익을 나누고 공동 투자의 손실을 분담한다.

제3조 사무집행
1. 공동투자자들은 갑이 전체 공동투자자를 대표하여 공동투자의 일상사무를 집행할 것을 위임하며, 위임사항은 다음을 포함하되 이에 국한되지 않는다.
   (1) 발기 설립단계에서 발기인의 권리 의무 행사 및 이행
   (2) 사업 성립 후, 사업 주주의 권리 행사 및 그에 상응하는 의무 이행
   (3) 공동투자로 인하여 발생되는 수익의 수령 및 본 협약계약서의 관련 규정에 따른 처리
2. 다른 공동투자자는 일상사무 집행 상황을 검사할 권리가 있으며, 갑은 다른 공동투자자에게 공동투자의 경영상황 및 재무상황에 대해 보고할 의무가 있다.

3. 甲方执行共同投资事务所产生的收益归全体共同投资人，所产生的亏损或者民事责任，由共同投资人承担;

4. 甲方在执行事务时如因其过失或不遵守本协议而造成其他共同投资人损失时，应承担赔偿责任;

5. 共同投资人可以对甲方执行共同投资事务提出异议。提出异议时，应暂停该项事务的执行。如果发生争议，由全体共同投资人共同决定。

6. 共同投资事务除下列事项需全体共同投资人同意外，其他重要事务须经持出资比例半数以上共同投资人同意即为有效。

    (1) 投资人转让共同投资项目股份;

    (2) 以股份对外出质;

    (3) 更换事务执行人。

第四条 投资的转让

1. 共同投资人向共同投资人以外的人转让其在共同投资中的全部或部分出资额时，须经全部共同投资人同意;

2. 共同投资人之间转让在共同投资中的全部或部分投资额时，应当通知其他共同出资人;

3. 共同投资人依法转让其出资额的，在同等条件下，其他共同投资人有优先受让的权利。

第五条 其他权利和义务

1. 甲方及其他共同投资人不得私自转让或者处分共同投资的股份;

2. 共同投资人在注册形式登记之日起三年内，不得转让其持有的股份及出资额;

3. 约定注册形式成立后，任一共同投资人不得从共同投资中抽回出资额;

4. 约定注册形式不能成立时，对设立行为所产生的债务和费用按各共同投资人的出资比例分担。

3. 갑이 집행하는 공동투자사무로 인해 발생하는 수익은 전체 공동투자자들에게 귀속되며, 발생하는 손실 또는 민사책임은 공동투자자들이 부담한다.

4. 갑은 사무를 집행할 때 과실로 또는 본 계약서를 미준수함으로써 다른 공동투자자에게 손실이 생길 경우 손해배상책임을 져야 한다.

5. 공동투자자는 갑이 집행하는 공동투자 사무에 대하여 이의를 제기할 수 있다. 이의가 제기된 때에는 해당 사무의 집행을 중지하여야 한다. 만약 분쟁이 발생할 경우 전체 공동투자자 전원이 공동으로 결정한다.

6. 공동투자사무 중 공동투자자 전체의 동의가 필요한 아래의 사항을 제외하면, 그밖의 중요한 사무는 출자비율의 과반수 이상의 공동투자자의 동의로 유효하다.
   (1) 투자자의 공동투자사업 지분 양도
   (2) 지분의 제3자에 대한 질권 설정
   (3) 사무집행인의 교체

제4조 투자의 양도

1. 공동투자자가 공동투자자가 아닌 자에게 공동투자의 전부 또는 일부 출자액을 양도할 경우, 공동투자자 전원의 동의를 얻어야 한다.

2. 공동투자자간에 공동투자의 전부 또는 일부 투자액을 양도할 경우 다른 공동출자인에게 통지하여야 한다.

3. 공동투자자가 법에 따라 그 출자액을 양도할 경우, 다른 투자자들은 동일한 조건하에 우선 양수할 권리를 가진다.

제5조 기타 권리와 의무

1. 갑과 다른 공동투자자는 공동투자의 지분을 임의로 양도하거나 처분할 수 없다.

2. 공동투자자는 사업형식의 등기일로부터 3년 내에 보유 지분 및 출자액을 양도할 수 없다.

3. 약정된 사업형식의 성립이후에는 어느 공동투자자라도 공동투자로부터 출자액을 회수할 수 없다.

4. 약정된 사업형식이 성립하지 못하는 경우, 설립행위로 인하여 발생한 채무 및 비용은 각 공동투자자의 출자비율에 따라 분담한다.

第六条 违约责任

1. 投资人未按期缴纳或缴足出资的, 应当赔偿由此给其他投资人造成的损失; 如果逾期[　]天仍未缴足出资, 按退出投资项目处理。

2. 投资人私自以其在约定共同财产份额出质的, 其行为无效, 或者作为退出投资项目处理; 由此给其他投资人造成损失的, 承担赔偿责任。

3. 合营人严重违反本协议、或因重大过失导致合作项目无法继续经营的, 应对其他合营人承担赔偿责任。

第七条 其他

1. 本协议未尽事宜由共同投资人协商一致后, 另行签订补充协议。

2. 本协议经全体共同投资人签字盖章后即生效。本协议一式[　　]份, 共同投资人各执一份。

甲方(签字): [　　　　　]
[　　]年[　]月[　]日
签订地点: [　　　　]

乙方(签字): [　　　　　]
[　　]年[　]月[　]日
签订地点: [　　　　]

제6조 계약불이행 위약책임

1. 투자자가 기한내에 출자하지 않았거나 약정금액으로 출자를 완료하지 못한 경우에는 그로 인하여 다른 투자자에게 초래한 손실을 배상하여야 한다. 만약 기한 도래 후 [ ]일 내에 출자가 완료되지 않은 경우에는 투자사업에서 탈퇴한 것으로 처리한다.

2. 투자자가 임의로 공동재산의 지분액에 대하여 질권설정약정을 한 경우, 해당약정을 무효로 하거나 투자사업에서 탈퇴한 것으로 간주한다. 이로 인하여 다른 투자자에게 손실을 초래한 경우에는 배상책임을 진다.

3. 공동경영인이 본 협약계약을 위반하거나 중대한 과실로 인해 합작 사업을 지속할 수 없을 경우 다른 공동 소유자에게 배상 책임을 진다.

제7조 기타

1. 본 계약에서 다루지 않은 사항에 대하여는 공동투자자들이 합의한 후 별도의 보충 계약서를 체결한다.

2. 본 계약서는 모든 공동투자자가 서명하고 날인한 즉시 효력이 발생된다. 본 계약서는 동일한 내용으로 [ ]부를 작성하여 각 공동투자자가 1부씩 가진다.

갑(서명): [   ]
[   ]년 [   ]월 [   ]일
체결장소: [   ]

을(서명): [   ]
[   ]년 [   ]월 [   ]일
체결장소: [   ]

C11. 房屋租赁合同

出租方(甲方): [   ]
承租方(乙方): [   ]

依据《中华人民共和国民法典》及有关法律、法规的规定, 甲乙双方在平等、自愿的基础上, 就房屋租赁的有关事宜达成协议如下:

第一条 房屋基本情况

本合同房屋坐落于[   ]市[   ]座[   ]层[   ]号房屋(下称"该房屋")。该房屋为: [   ]室[   ]厅[   ]卫, 建筑面积[   ]平方米; 该房屋现有装修及设施、设备情况详见合同附件, 该附件作为甲方按照本合同约定和乙方在本合同租赁期满交还该房屋时的验收依据。

第二条 房屋权属状况

(一) 甲方对该房屋享有所有权的, 甲方或其代理人应向乙方出示房屋所有权证, 证书编号为[   ]。

(二) 甲方对该房屋享有转租权的, 甲方或其代理人应向乙方出示房屋所有权人允许甲方转租该房屋的书面凭证, 该凭证为: [   ]。

第三条 房屋用途

该房屋用途为[   ]。乙方保证, 在租赁期未征得甲方书面同意以及按规定经有关部门审核批准前, 不擅自改变该房屋的用途。

CK11. 부동산임대차계약서

임대인(갑): [   ]
임차인(을): [   ]

《중화인민공화국 민법전》 및 관련 법률, 법규의 규정에 근거하여 갑을 쌍방은 평등하고 자유로운 의사에 기초하여 부동산임대차에 관한 사항에 대하여 아래와 같이 협의하였다.

제1조 건물의 기본 현황

본 계약 부동산은 [ ]시 [ ]동 [ ]층 [ ]호 소재 부동산(이하 "본 건물"이라 한다)이다. 본 건물은 방 [ ]개, 응접실 [ ]개, 화장실 [ ]개로 구성되었고, 건축면적 [ ]제곱미터이다. 현재 인테리어 및 시설, 설비 상황은 계약 부속서류에 따르고, 해당 부속서류는 갑의 본 계약상에 따른 약정 및 을의 본 계약상 임대차기간 만료시 본 건물을 인도할 때 검수의 근거가 된다.

제2조 건물의 권리관계

(1) 갑이 본 건물에 대하여 소유권을 가지고 있는 경우 갑 또는 그 대리인은 을에게 부동산소유권증서를 제시하여야 하며, 증서번호는 [ ]이다.

(2) 갑이 본 건물에 대하여 전대권을 가지고 있는 경우 갑 또는 그 대리인은 을에게 부동산소유권자가 갑으로 하여금 본 건물을 전대할 수 있도록 허가하는 서면을 제시하여야 한다. 해당 증빙서류는 다음과 같다: [   ].

제3조 부동산의 용도

본 건물의 용도는 [ ]이다. 을은 임대 기간 중에 갑의 서면 동의를 얻지 못한 경우 및 규정에 따라 관련 부서의 심사 비준을 거치기 전에는 본 건물의 용도를 임의로 변경하지 않을 것을 보증한다.

第四条 交验身份

(一) 甲方应向乙方出示(□身份证/□营业执照)及等真实有效的身份证明。

(二) 乙方应向甲方出示(□身份证/□营业执照)等真实有效的身份证明。

双方验证后可复印对方文件备存。所有复印件仅供本次租赁使用

第五条 房屋改善

(一) 甲方应在本合同签订后[ ]日内对该房屋作如下改善: [   ], 改善房屋的费用由(□甲方/□乙方)承担。

(二) 甲方(□是/□否)允许乙方对该房屋进行装修、装饰或添置新物。装修、装饰或添置新物的范围是: [   ], 双方也可另行书面约定。

第六条 租赁期限

(一) 房屋租赁期自[   ]年[ ]月[ ]日至[   ]年[ ]月[ ]日, 共计[   ]年。

(二) 租赁期满, 甲方有权收回该房屋。乙方有意继续承租的, 应提前[ ]日向甲方提出(□书面/□口头)续租要求, 征得同意后甲乙双方重新签订房屋租赁合同, 同等情况下优先乙方。

如乙方继续使用租赁房屋甲方未提出异议的, 本合同继续有效, 租赁期限为不定期, 双方均有权随时解除合同, 但应提前[ ]日(□书面/□口头)通知对方。

제4조 신분 확인

(1) 갑은 을에게 (□ 신분증/ □ 영업집조) 및 진정하고 유효한 신분증명을 제시하여야 한다.

(2) 을은 갑에게 (□ 신분증/ □ 영업집조) 및 진정하고 유효한 신분증명을 제시하여야 한다. 쌍방의 확인 후에는 상대방의 문서를 복사하여 보관할 수 있다. 모든 사본은 본 건 임대차에 한하여 제공된다.

제5조 건물수선

(1) 갑은 본 계약 체결 후 [　]일 이내에 본 건물을 다음과 같이 수선하여야 한다: [　　]. 수선비용은 (□ 갑/ □ 을)이 부담하기로 한다.

(2) 갑은 을이 본 건물에 대하여 인테리어, 장식 또는 새로운 물건을 추가하는 것을 허락 (□ 한다/ □ 하지 않는다). 인테리어, 장식 또는 새로운 물건의 범위는 다음과 같고: [　　], 양 당사자는 별도의 서면합의를 할 수 있다.

제6조 임대차 기간

(1) 건물임대차기간은 [　]년 [　]월 [　]일부터 [　]월 [　]일까지로 총 [　]년으로 한다.

(2) 임대차 기간이 만료되면 갑은 본 건물을 회수할 권리가 있다. 을이 계속 임차할 의사가 있는 때에는 [　]일 전에 갑에게 (□ 서면/ □ 구두) 임대차 갱신 요구를 하고 동의를 얻은 후 갑을 쌍방은 다시 건물 임대차 계약을 체결해야 하며, 같은 조건에서는 을에게 우선권이 있다.

을이 임차 건물을 계속 사용함에도 갑이 이의를 제기하지 않은 경우, 본 계약은 계속 유효하고, 임대차기간은 기간의 정함이 없는 것으로 하며, 쌍방은 모두 언제든지 계약을 해제할 수 있지만, 반드시 [　]일 전에 (□ 서면/ □ 구두)로 상대방에게 통지해야 한다.

第七条 租金

(一) 租金标准, [   ]元(□月/□季/□半年/□年), 租金总计: [   ]元(大写[   ]元)。
该房屋租金[   ](□年/ □月)不变, 甲方包含物业、供暖费用。自[   ]起,
双方可协商对租金进行调整。有关调整事宜由双方另行约定。

(二) 租金支付时间[   ][   ]。

(三) 租金支付方式: (□甲方直接收取/□甲方代理人直接收取)

(四) 甲方或其代理人收取租金后, 应向乙方开具收款凭证。

甲方: [   ]
法定代表或委托代理人: [   ] (签章)
[   ]年[   ]月[   ]日

乙方: [   ]
法定代表或委托代理人: [   ] (签章)
[   ]年[   ]月[   ]日

제7조 임대료

(1) 임대료 기준: [　]위안　(□월/□분기/□반년/□년)당, 임대료 합계: [　]위안(갖은자* [　]위안). 본 건물의 임대료[　　](□년/□월)는 변동되지 않으며 갑은 관리비, 난방비를 포함한다. (　)부터 양 당사자는 임대료 조정을 협의할 수 있다. 조정에 관한 사항은 양 당사자가 별도로 약정한다. *갖은자: '壹·貳·參·肆·伍·陆·柒·捌·玖·拾·佰·仟' 등

(2) 임대료 지급시기[　] [　].

(3) 임대료 지급방식: (□갑이 직접 수령/□갑 대리인이 직접 수령)

(4) 갑 또는 그 대리인은 임대료를 받은 후 을에게 영수증을 발행해야 한다.

갑: [　　　　　]

법정대표 또는 대리인: [　　　　　] (서명)

[　　]년 [　]월 [　]일

을: [　　　　　]

법정대표 또는 대리인: [　　　　　] (서명)

[　　]년 [　]월 [　]일

C12. 劳动合同

甲方(单位): [　　] 单位住所[　　]法定代表人(主要负责人)[　　]

联系电话: [　　　　　]

乙方(劳动者): [　　] 性别: [　　]

民族: [　　] 户籍所在地: [　　]

文化程度: [　　]

居民身份证号码: [　　]

联系电话: [　　　　　]

一、双方在签订本合同前, 应认真阅读本合同。甲乙双方的情况应如实填写, 本合同一经签订, 即具有法律效力, 双方必须严格履行。

二、签订劳动合同, 甲方应加盖单位公章; 法定代表人(负责人)或委托代理人及乙方应签字或盖章, 其他人不得代为签字。

三、本合同中的空栏, 由双方协商确定后填写, 并不得违反法律、法规和相关规定。

四、本合同的未尽事宜, 可另行签订补充协议, 作为本合同的附件, 与本合同一并履行。

五、本合同应使用钢笔或签字笔填写, 字迹清楚, 文字简练、准确, 并不得擅自涂改。

六、本合同签订后, 甲、乙双方各执一份备查。

为建立劳动关系, 明确权利义务, 根据《中华人民共和国劳动法》《中华人民共和国劳动合同法》和有关法律、法规, 甲乙双方遵循诚实信用原则, 经平等协商一致, 自愿签订本合同, 共同遵守执行。

CK12. 근로계약

갑(회사): [   ] 회사주소: [   ]
법정대표자(주요책임자): [   ]
전화번호: [   ]
을(근로자): [   ] 성별: [   ]
민족: [   ] 호적소재지: [   ]
학력: [   ] 주민등록번호: [   ]
전화번호: [   ]

1. 쌍방은 본 계약을 체결하기 전에 본 계약을 주의 깊게 읽어야 한다. 쌍방의 상황은 진실되게 작성되어야 하며, 본 계약의 체결 후 법적효력을 가지므로 쌍방은 반드시 이행하여야 한다.
2. 근로계약 체결 시 갑은 법인인감을 날인하고, 법정대표자(책임자) 또는 대리인이 서명 또는 날인하여야 하며 다른 사람은 대신 서명할 수 없다.
3. 본 계약서의 빈칸은 쌍방이 협의하여 확정한 후 작성하여야 하며, 법률, 법규 및 관련 규정을 위반해서는 안 된다.
4. 본 계약에서 정하지 않은 사항은 별도 추가계약을 통해 본 계약의 부속서로서 본 계약과 함께 이행될 수 있다.
5. 본 계약은 펜으로 작성하여야 하며, 필체가 명확, 간결, 정확하여야 하며 임의로 변경할 수 없다.
6. 본 계약 체결 후, '갑' '을' 쌍방은 계약 1부씩 보관한다.

근로관계를 수립하고, 이에 권리의무를 명확히 하기 위해 중화인민공화국 노동법, 중화인민공화국 노동계약법 및 관련 법률 및 규정에 따라 갑과 을 쌍방은 신의성실원칙을 준수하고 대등한 관계에서 협상을 거쳐 본 계약을 자발적으로 체결하고 공동으로 준수한다.

第一条 劳动合同期限
本合同期限经双方协商一致, 本合同期限类型为期限合同采取固定期限劳动合同。

(一)试用期
试用期自[   ]年[ ]月[ ]日起至[   ]年[ ]月[ ]日止。(试用期包含在劳动合同期内, 且因为本合同合同期限为[   ]年, 试用期不得超过个[ ]月).
(二)劳动合同期
本合同期限为[   ]年, 自[   ]年[ ]月[ ]日起至[   ]年[ ]月[ ]日止。

第二条 工作内容
1. 甲方根据任务需要及乙方[   ]岗位意向, 安排乙方担任[   ]岗位(工种)工作, 甲方根据工作需要及乙方的业务、工作能力和表现, 可以调整乙方的工作[   ]岗位, 并为乙方提供必要的生产(工作)条件。
2. 乙方应按照甲方对本[   ]岗位生产(工作)任务和责任制的要求, 完成规定的数量、质量指标。

第三条 劳动保护、劳动条件和职业培训
1. 甲方根据单位有关规定及乙方实际情况安排工作时间(具体见第五条)。

2. 甲方根据乙方的工作[   ]岗位实际情况, 按国家有关规定向乙方提供必要的劳动保护用品。
3. 甲方根据需要, 组织乙方参加必要的业务知识培训。

第四条 劳动纪律
1. 甲方应当依法制定和健全内部规章制度和劳动纪律, 依法对乙方进行规范和管理。
2. 乙方应严格遵守甲方依法制定的各项规章制度, 服从甲方的管理; 爱护甲方财产, 遵守职业道德; 积极参加甲方组织的培训, 提高自身素质。

제1조 근로계약기간

본 계약 기간은 쌍방의 일치된 협의를 거쳐, 기한계약으로 한 고정기한 근로계약으로 한다.

1. 수습기간

수습기간은 [   ]년 [   ]월 [   ]일부터 [   ]년 [   ]월 [   ]일까지로 한다. (수습기간은 근로계약기간에 포함되며, 본 계약기간은 [   ]년으로 수습기간은 [   ]개월을 초과할 수 없다.)

2. 근로계약기간

본 계약의 기한은 [   ]년으로 [   ]년 [   ]월 [   ]일부터 [   ]년 [   ]월 [   ]일까지로 한다.

제2조 업무내용

1. 갑은 업무필요에 따라 을을 [   ]직위의 [   ]업무에 배정하고, 갑은 '을'의 업무능력 및 성과에 따라 을의 업무직위를 조정할 수 있으니, 을에게 필요한 근무소선을 세공한다.

2. 을은 갑의 업무 및 시스템에 따른 갑의 요구사항에 따라 규정된 수량 및 품질지표를 이행하여야 한다.

제3조 근로보호, 근로조건 및 직업훈련

1. 갑은 회사의 관련 규정 및 을의 실제 상황에 따라 근무시간을 정한다(구체적 내용은 제5조 참조)

2. 갑은 을의 업무 [   ] 직위의 실제상황, 국가규정에 따라 을에게 필요한 노동보호용품을 제공하여야 한다.

3. 갑은 필요에 따라 필요한 직무훈련교육에 을을 참가시킨다.

제4조 노동규율

1. 갑은 법률규정에 따라 내부 취업규칙을 제정 및 개선하고 법에 따라 을을 감독한다.

2. 을은 갑이 법에 따라 제정한 규칙과 제도를 준수하고 갑의 관리에 따라야 하며, 갑의 재산을 아끼고 직업윤리를 준수하며 갑이 조직한 교육에 참가하여 역량을 키워야 한다.

第五条 工作时间和休息、休假

1. 甲方安排乙方每天工作量不超过8小时，如超出8小时需加班部分根据加班时间予以补休。每周工作[ ]天，按工作需要实行单双休。[ ]月休假保证在[6]天以上。

2. 甲方按规定给予乙方享受法定休假日、带薪年休假(5天/年；工作年限每增加一，[ ]年休假增加一天；以15天为上限)、婚假(15天)、丧假、探亲假、产假、看护假等带薪假期，假期时长均遵照《劳动法》、《国务院关于职工工作时间的规定》规定。

3. 甲方严格执行劳动定额标准，不得强迫或者变相强迫乙方加班。确因生产经营需要，经与工会和乙方协商后可以延长工作时间，一般每日不超过一小时，因特殊原因需延长工作时间的，在保障乙方身体健康的条件下，延长工作时间每日不超 过[ ]小时，每月不超过[ ]小时。

4. 如果执行综合计算工时工作制的，乙方平均每天工作时间不超过八小时，平均每周工作不超过40小时。

5. 当执行不定时工作制的，在保证完成甲方工作任务情况下，乙方自行安排工作与休息时间。

第六条 劳动报酬

1. 甲方按照本市最低工资结合本单位工资制度及乙方工作[   ]岗位支付乙方工资报酬。

2. 工资构成方式为：基本工资＋项目提成工资＋年终奖。基本工资分为实习工资，试用 期工资和转正工资三种。

试用期基本工资为[   ]元/月；正式聘用的

基本工资为 [   ]元/月。个人当[   ]年所得基本工资＋提成不足[   ]元时发放保底工资，保底工资[   ]元/年。

乙方项目提成工资计算方式：单个项目提成比例为该项目签订资金总额的 3%~6%。个人所得提成根据实际工作量、工作完成质量等因素在项目组内分配。每个项目完成后，需结算该项目个人所得提成额，由公司存档并通报个人。

제5조 근무시간, 휴식, 휴가

1. 갑은 을이 하루 8시간을 초과하여 근무하지 않도록 하며, 8시간을 초과하여 근무하여야 할 경우 초과근무시간에 따른 보충휴식시간을 부여한다. 매주 근무일은 [ ]일, 필요에 따라 휴무를 실시하며, [ ]월 휴가는 [6]일 이상을 보장한다.

2. 갑은 규정에 따라 을에게 법정휴가, 유급 휴가(5일/년, 근무 연한이 1년씩 증가할 때마다 1일 휴가 추가, 15일을 상한으로 함), 결혼휴가(15일), 복상휴가, 가족방문 휴가, 출산휴가, 간병 휴가 등 유급휴가를 부여하며, 휴가 기간은 모두 '노동법', '국무원 직원 근무시간에 관한 규정'을 따른다.

3. 갑은 근무시간 기준을 엄격히 시행하고 을에게 초과 근무를 강요하거나 형식을 바꾸어 연장근무를 강요하여서는 안 된다. '갑'은 생산 및 운영의 필요에 따라 노조 및 을과 협의를 거쳐 근로시간을 연장할 수 있고, 연장은 일반적으로 1일 1시간을 초과하지 않으며, 특별한 사유로 근로시간을 연장해야 하는 경우, 을의 건강을 보장하는 조건에서 연장근로시간은 1일 [ ]시간을 초과하지 않으며, 매일 [ ]시간을 초과하지 않도록 한다.

4. 종합계산근로시간제를 시행하는 경우 을의 1일 평균 근로시간이 8시간을 초과하지 않고 1주 평균 근로시간이 40시간을 초과하지 않도록 한다.

5. 비정기 근무제를 시행하는 경우 갑의 업무를 완료하는 것을 보장하는 전제로 을이 자체적으로 업무와 휴식 시간을 마련한다.

제6조 보수

1. 갑은 본 시의 최저임금시스템 및 을이 일하는 [ ]직위에 따라 을의 보수를 지급한다.

2. 급여구성: 기본급 + 프로젝트 성과급 + 연말상여로 구성된다. 기본급은 실습급여, 수습기간급여, 정규직 전환급 세 가지로 구분된다. 수습기간의 기본급은 월 [ ]원이다. 정식으로 채용되는 경우, 기본급은 월 [ ]원이다. 개인의 연소득기본급과 공제액이 [ ]원 미만인 경우, 최저약정급여를 지급하며, 최저약정급여는 년 [ ]원이다.

을의 프로젝트 성과급 계산방법: 개별 프로젝트의 성과급 비율은 프로젝트 계약체결 총금액의 3%~6%이며, 개인 소득 성과급은 실제 작업량, 작업 완료 품질 및 기타 요인에 따라 프로젝트 그룹에서 분배된다. 각 프로젝트가 완료된 후 해당 프로젝트의 개인 소득 성과급을 정산해야 하며 회사는 이를 보관하고 개인에게 통지해야 한다.

3. 甲方每月 [ ]日支付乙方基本工资。如遇法定休假日或休息日，则提前到最近的工作日支付。当[   ]年的保底工资及提成在农历春节前一次性发放。

4. 如乙方在合同期内因故离职，需提前结束合同，乙方当年个人应得保底工资扣除20%，余下金额离职当 月一次性发放。

第七条 保险福利

1. 甲方必须依照《中华人民共和国劳动法》、《中华人民共和国劳动合同法》和国家、地方有关规定， 为乙方办理社会保险， 按时缴纳乙方的社会保险费(包括养老、失业、医疗、工伤、女工生育等保险)。

2. 乙方应提交办理社会保险所必需的真实资料。

3. 甲方可以根据本企业的具体情况，依法制定内部职工福利待遇实施细则。乙方有权依此享受甲方规定的福利待遇。

4. 在双方解除、终止劳动合同时，甲方应按国家有关规定办理社会社会保险转移手续。

5. 乙方患病或非因工负伤，其工资按照国家的规定和甲方规定执行。

6. 乙方患职业病或因工负伤的相关待遇，按国家及地方有关规定执行。

第八条 合同的变更

具有下列情形之一的，双方可以变更本合同: [   ]

1. 双方协商同意的;

2. 由于不可抗力或合同订立时依据的其他客观情况发生重大变化致使本合同无法履行的。本项所称重大变化主要指甲方调整生产项目，机构调整、撤并等。

3. 由于通货膨胀、物价指数上涨和国家有关规定的变更，甲乙双方每[   ]年就工资部分进行协商一次。双方达成一致时，变更本合同;如最终无法达成一致，乙方有权提前终止合同。

3. 갑은 을에게 매월 [   ]일마다 기본급을 지급하여야 한다. 해당일이 법정공휴일 또는 휴무일 경우, 가장 가까운 영업일로 앞당겨 지급한다. [   ]년의 최저약정급여 및 성과급은 음력 춘절 전에 한 번에 지급된다.

4. 계약 기간 내 을의 사유로 이직할 경우, 계약을 조기에 종료하여야 하며 을은 당해 연도의 최저임금에서 20%를 공제하고 나머지 금액은 이직 당월에 일시불로 지급된다.

제7조 보험 및 복지

1. 갑은 '중화인민공화국 노동법', '중화인민공화국 노동계약법' 및 국가 및 지방 관련 규정에 따라 을의 사회보험을 처리하고 을의 사회보험료(양로, 실업, 의료, 산업재해, 여성근로자 출산 등 보험 포함)를 제때 납부한다.

2. 을은 사회보험 처리에 필요한 진실된 자료를 제출하여야 한다.

3. 갑은 기업의 특정 상황에 따라 내부 직원 복리후생 시행에 대한 세부 규칙을 제정할 수 있으며, 을은 이에 따라 갑이 규정한 복리후생을 누릴 권리가 있다.

4. 쌍방이 근로계약을 해지 또는 해제, 종료할 때 갑은 관련 국가 규정에 따라 사회보험 이전 절차를 거쳐야 한다.

5. 을이 질병을 앓거나 업무 외의 부상을 입은 경우 임금은 국가 규정 및 갑의 규정에 따라 지급된다.

6. 을의 직업병 또는 업무상 부상과 관련된 처우는 관련 국가 및 지방 규정에 따라 시행한다.

제8조 계약 변경

다음 상황 중 하나에 해당하는 경우 쌍방은 본 계약을 변경할 수 있다.

1. 쌍방이 협의하여 동의한 경우

2. 불가항력 또는 계약 체결 시 근로계약의 전제가 되었던 기타 객관적 상황의 중대한 변경으로 인해 본 계약을 이행할 수 없는 경우. 이때 중대한 변경이란 갑의 생산 프로젝트 조정, 조직 조정, 통폐합 등을 말한다.

3. 인플레이션, 물가지수 상승 및 관련 국가 규정의 변경으로 인해 갑과 을은 [   ]년에 한 번 임금 부분에 대해 협상한다. 쌍방이 합의에 도달한 경우 본 계약을 변경하고, 최종 합의에 도달할 수 없는 경우 을은 계약을 조기에 종료할 권리가 있다.

第九条 合同的终止

具有下列情形之一, 本合同应即终止:

1. 本合同期限届满

2. 乙方达到法定退休条件的;

3. 第八条第3款所述情况;

4. 法律法规规定的其他终止情形

第十条 合同的解除

1. 甲乙双方协商一致可以解除本合同。

2. 乙方具有下列情形之一的, 甲方可以随时解除本合同:

(1) 在实习期或试用期内被证明不符合录用条件的;

(2) 严重违反劳动纪律或甲方依法制定的规章制度的;

(3) 严重失职, 营私舞弊, 给甲方利益造成重大损害的;

(4) 乙方同时与其他用人单位建立劳动关系, 对完成本单位的工作任务造成严重影响, 或者经用人单位提出, 拒不改正的;

(5)《劳动合同法》规定的其他情形;。

(6) 被依法追究刑事责任的。

3. 具有下列情形之一的, 甲方提前三十日以书面形式通知乙方本人, 或者额外支付劳动者[   ]个月工资后, 可以解除本合同。

(1) 乙方患病或者非因工负伤的, 医疗期满后不能从事原工作也不能从事由甲方另行安排的工作的;

(2) 乙方不能胜任工作, 经过培训或者调整工作岗位, 仍不能胜任工作的;

(3) 劳动合同订立时所依据的客观情况发生重大变化, 致使劳动合同无法履行, 经用人单位与劳动者协商, 未能就变更劳动合同内容达成协议的。

제9조 계약종료

다음 상황 중 하나에 해당하는 경우, 본 계약은 즉시 종료되어야 한다.

1. 본 계약 기간의 만료

2. 을이 법정 퇴직 조건에 도달한 경우

3. 제8조 제3항의 경우

4. 법령에 규정된 그 밖의 종료사유가 발생한 경우

제10조 계약 해제

1. 갑을 쌍방은 상호 협의하여 본 계약을 해지할 수 있다.

2. 을이 다음 각 호의 사유에 해당하는 경우 갑은 언제든지 본 계약을 해지할 수 있다.

   (1) 실습기간 중 또는 수습기간 내 채용조건에 부합하지 않는 것으로 판명된 경우

   (2) 노동규율 또는 갑이 법에 따라 제정한 규정을 중대하게 위반한 경우

   (3) 중대한 직무유기, 사리사욕을 부려 갑의 이익에 중대한 손해를 끼친 경우

   (4) 을이 본 계약과 동시에 다른 고용주와 노동계약을 체결하여, 본 직무상 업무에 심각한 영향을 끼치는 거나, 고용주의 시정조치에도 불응하는 경우

   (5) 「근로계약법」에 따른 그 밖의 사정

   (6) 법에 따라 형사책임을 추궁당한 경우

3. 갑이 다음 각 호의 사유에 해당하는 경우 갑은 을 본인에게 30일 전에 서면형식으로 통지하거나 근로자에게 [　]월 급여를 추가로 지급한 후 본 계약을 조기에 해지할 수 있다.

   (1) 을이 질병을 앓거나 업무외 부상을 입은 경우, 치료기간 만료 후 원래 업무에 종사할 수 없거나 갑이 별도로 마련한 업무에 종사할 수 없는 경우

   (2) 을이 업무를 감당할 수 없고, 훈련 또는 직위를 조정한 후에도 여전히 업무를 감당할 수 없는 경우

   (3) 근로계약 체결 시 근거로 삼은 객관적인 상황에 중대한 변화가 발생하여 근로계약을 이행할 수 없게 되었고, 사용자와 근로자가 협의하였음에도 근로계약의 내용을 변경하는 것에 합의하지 못한 경우

4. 乙方具有下列情形之一的，甲方不得依据前款的规定解除本合同；

    (1) 患职业病或因工负伤并被劳动鉴定委员会确认丧失或部分丧失劳动能力的；

    (2) 患病或非因工负伤，在规定医疗期内的；

    (3) 女员工在孕期、产期、哺乳期内的；

    (4) 在本单位连续工作满[   ]年以上，且距法定退休年龄不足[   ]年的；

    (5) 法律、规定的其他情形。

5. 如因乙方个人原因需要解除本合同的，乙方应提前三十日(试用期提前三日)以书面形式通知甲方，如甲方认可，可以解除本合同。如甲方不认可，乙方仍要解除本合同的，则乙方须承担相应的违约金，违约金为[ ]月工资额。如乙方未交接离职或旷工超过15天，视为违约，违约金为[ ]月工资额的二倍。但乙方担任重要职务或执行关键任务并经双方约定乙方不得解除本合同的除外。

6. 具有下列情形之一的，乙方可以随时解除本合同：

    (1) 未按照劳动合同约定提供劳动保护或者劳动条件的；

    (2) 甲方以暴力、威胁或者非法限制人身自由的手段强迫劳动的；

    (3) 在试用期内乙方解除劳动合同的应当提前三日书面通知甲方；

    (4)《劳动合同法》规定的其他情形。

第十一条　本合同终止或解除

甲方应当在解除或者终止本合同时出具解除或者终止劳动合同的证明，并在十五日内为乙方办理档案和社会保险关系转移手续，不得无故拖延或拒绝。因乙方原因导致不能办理档案和社会保险关系转移手续的，甲方不承担责任。

第十二条　合同的续订

本合同期限届满后，经双方协商本合同可以续订。

4. 을이 다음 각 호 중 하나에 해당하는 경우 갑은 전항의 규정에 따라 본 계약을 해지할수 없다.

(1) 직업병에 걸리거나 업무상 재해로 인하여 노동감정위원회에 의하여 노동능력의 상실 또는 일부의 상실이 확인된 경우

(2) 질병 또는 업무 외의 부상을 입었고 규정된 치료기간 내에 있는 경우

(3) 여직원이 임신, 출산 또는 수유 중에 있는 경우

(4) 본 직장에서 연속 근무만 [   ]년 이상이며, 법정 정년퇴직 연령까지 [   ]년 미만인 경우

(5) 법률 및 규정의 기타 상황

5. 을의 개인적인 사유로 본 계약을 해지할 필요가 있는 경우, 을은 30일 전(수습기에는 3일)에 서면으로 갑에게 통지해야 하며, 갑이 동의하는 경우, 본 계약을 해지할 수 있다. 갑이 동의하지 않고 을이 여전히 본 계약의 해지를 원하는 경우 을은 상응하는 위약금을 부담해야 하며 위약금은 [   ]월 급여액으로 한다. 을이 인수인계를 하지 않거나 15일 이상 무단결근하는 경우 위약금은 [   ]월 급여액의 2배로 한다. 다만, 을이 중요한 직무를 담당하거나 중요한 임무를 수행하고 을이 본 계약을 해지하지 않기로 합의한 경우는 제외한다.

6. 다음 각 호에 해당하는 경우, '을'은 언제든지 본 계약을 해지할 수 있다.

(1) 근로계약에 따라 근로보호 또는 근로조건을 제공하지 않는 경우

(2) 갑이 폭력, 위협 또는 불법적인 신체의 자유를 제한하는 수단으로 강제노동을 시킨 경우

(3) 수습 기간 내에 을이 근로 계약을 해지할 경우 반드시 3일 전에 서면으로 갑에게 통지하여야 한다.

(4) 그 밖의 근로계약법 소정의 사정.

제11조 계약 종료 또는 해지

갑은 본 계약을 해지 또는 해제 또는 종료 시 근로계약의 해지 또는 해제 또는 종료 증명서를 발급하고 15일 이내에 을에 대한 서류 및 사회보험 이전 절차를 거쳐야 하며 이유 없이 지연되거나 거부되어서는 안 된다. 을의 사유로 기록물과 사회보험 이전 절차를 밟을 수 없는 경우 갑은 책임을 지지 않는다.

제12조 계약의 갱신

본 계약 기간이 만료되면, 쌍방은 협의하여 본 계약을 갱신할 수 있다.

第十三条 商业秘密

1. 掌握商业秘密的乙方离职后, 须在[　]年内不到生产同类产品、经营同类业务或具有竞争关系的其他用人单位任职, 也不自己生产与甲方有竞争关系的同类产品或经营同类业务。不得使用在甲方工作时的保密资料或成果。如果乙方未按此约定执行, 甲方将追究其法律和经济赔偿责任。

2. 乙方在合同期内及离职后, 不能向任何人泄露甲方的商业、技术秘密及甲方所拥有的一切资料。如有违反, 乙方应按劳动部《违反〈劳动法〉有关劳动合同规定的赔偿办法》赔偿甲方损失。

3. 乙方不得拿在甲方的工作作为自己的毕业设计或答辩, 如根据甲方工作需要, 乙方没有时间完成毕业设计的, 可与甲方协商, 由甲方确定乙方的毕业设计及答辩范围。

第十四条 经济补偿和违约责任

1. 合同期内, 有《劳动合同法》第四十六条规定的情形之一, 甲方应当向乙方支付经济补偿。补偿办法按《劳动合同法》及国家和地方有关规定执行。

2. 甲方克扣或者无故拖欠乙方工资的, 以及拒不支付乙方延长工作时间工资报酬的, 除全额支付乙方工资报酬外, 还应加发相当于工资报酬25%的金额。

3. 合同期内, 乙方提前解除本合同的, 除本合同第十条第6款规定的情形外, 甲方有权要求乙方赔偿甲方为乙方所实际支出的培训费用和招聘费用。赔偿办法按国家和地方有关规定执行。

第十五条 劳动争议的处理

双方因履行本合同发生争议, 甲、乙双方可以协商解决, 协商不成, 可以向本企业劳动争议调解委员会申请调解, 或者自劳动争议发生之日起[六十天]内向有管辖权的[　]劳动争议仲裁委员会书面申请仲裁。当事人一方也可以直接向劳动争议仲裁委员会申请仲裁, 对仲裁裁决不服的, 可以向人民法院起诉。

제13조 영업비밀

1. 영업비밀을 지득한 을은 퇴사 후 반드시 [ ]년 내에 동종 제품을 생산하거나, 동종 사업을 영위하거나, 경쟁관계에 있는 다른 고용주에 근무하지 않고, 갑과 경쟁관계에 있는 동종 제품을 스스로 생산하거나, 동종 사업을 영위하지 않으며, 갑의 기밀 자료 또는 결과를 사용해서는 안 된다. 을이 이 계약을 이행하지 않을 경우 갑은 법적 및 경제적 배상 책임을 청구할 수 있다.

2. 을은 계약기간 내 및 퇴사 후 갑의 영업, 기술비밀 및 갑이 보유하고 있는 모든 자료를 누구에게도 누설해서는 안 된다. 을은 이를 위반한 경우 노동부의 '노동법 위반에 대한 보상 조치'에 따라 갑의 손해를 배상해야 한다.

3. 을은 갑의 업무를 자신의 졸업프로젝트 또는 졸업논문답변으로 하여서는 아니 되며, 갑의 업무의 필요에 따라 을이 졸업프로젝트를 완성할 시간이 없는 경우에는 갑과 협의하여 갑이 을의 졸업프로젝트 및 답변범위를 정할 수 있다.

제14조 경제적 배상과 위약책임

1. 계약 기간 동안 '노동계약법' 제46조에 규정된 상황 중 하나에 해당하는 경우 갑은 을에게 경제적 배상을 하여야 한다. 이때 배상은 '노동계약법' 및 관련 국가 및 지방 규정에 따라 이루어진다.

2. 갑이 을의 임금을 깎거나 이유 없이 체불하거나 을의 연장근로시간 임금보수의 지급을 거부하는 경우, 을의 임금보수의 전액 지급 외에 임금보수의 25%에 해당하는 금액을 추가로 지급한다.

3. 계약기간 내에 을이 본 계약을 조기에 해지하는 경우, 갑은 을에게 본 계약 제10조 제6항에 규정된 경우를 제외하고 을을 위해 실제로 지출한 강습비용과 채용비의 배상을 요구할 수 있다. 이때 배상은 관련 국가 및 지방 규정에 따라 한다.

제15조 노동쟁의의 처리

쌍방이 본 계약의 이행으로 인해 분쟁이 발생한 경우 갑, 을 쌍방은 협상하여 해결할 수 있으며, 협상이 실패할 경우 본 기업의 노동쟁의 조정위원회에 조정을 신청하거나 노동쟁의 발생일로부터 [60]일 이내에 관할권이 있는 [ ] 노동쟁의 중재위원회에 서면으로 중재를 신청할 수 있다. 당사자 일방도 노동쟁의중재위원회에 직접 중재를 신청할 수 있으며 중재판결에 불복할 경우 인민법원에 제소할 수 있다.

第十六条 其他

1. 甲方的规章制度作为本合同附件。

2. 本合同未尽事宜，按有关规定执行。

3. 本合同一式两份，甲乙双方各执一份。

甲方: [   ] (盖章)

法定代表人: [   ]

或委托代理人: [   ]

乙方: [   ] (签章)

签订日期: [   ]年[   ]月[   ]日

제16조 기타

1. 갑의 규칙 및 규정은 본 계약의 첨부문서로 한다.

2. 본 계약에서 약정하지 않은 사항은 관련 규정에 따른다,

3. 본 계약은 2부이며 갑과 을 쌍방이 각각 1부씩 보유한다.

갑: [   ] (날인)

법정대표자: [   ]

위탁대리인: [   ]

을: [   ] (날인)

서명일자: [   ]년 [   ]월 [   ]일

집필진 이력

김영선(金英善)
리앤목 특허법인 변호사, 변리사
서울지방변호사회 국제위원회 위원(중국 소위원회)
서울지방변호사회 조기조정위원
서울시설관리공단 인사위원회 외부위원

김태은(金兌垠)
법무법인(유한)한별 파트너 변호사
서울지방변호사회 국제위원회 위원(중국 소위원회)
대한변호사협회 국제위원회 위원(중국·아시아 소위원회)

류승호(柳承昊)
법무법인 시우 파트너 변호사
전) 大成-Dentons 로펌 중국 광저우 오피스 변호사
전) 법무법인(유한) 대륙아주 중국 상해대표처 변호사
서울지방변호사회 국제위원회 위원(중국소위원회)
대한변호사협회 국제위원회 위원(중국·아시아 소위원회)
한중법학회 대외협력이사

송미나(宋彌娜)
라인플러스 주식회사 법무팀 변호사, 변리사
서울지방변호사회 국제위원회 위원(중국 소위원회)
대한변호사협회 등록 지적재산권법 전문 변호사
서울대학교 법과대학 대학원 지식재산전공 석사과정

엄정현(严正铉)
신한자산신탁(주) 변호사
서울지방변호사회 국제위원회 위원(중국 소위원회)
대한변호사협회 국제위원회 위원(중국·아시아 소위원회)
한중법학회 이사
부동산개발전문인력

이민우(李懋優)
법무법인 제민 대표변호사
서울지방변호사회 국제위원회 위원(중국 소위원회)
서울지방변호사회 중대재해처벌법 대응 TF 자문위원
조달청 감사자문위원회 위원
변리사, 세무사

상용(常用)계약서로 익히는 한중법률용어집: 상계약(商契約) 편

초판발행   2022년 12월 30일

지은이   서울지방변호사회
펴낸이   안종만 · 안상준

편 집   한두희
기획/마케팅   조성호
표지디자인   이수빈
제 작   고철민 · 조영환

펴낸곳   (주) **박영사**
              서울특별시 금천구 가산디지털2로 53, 210호(가산동, 한라시그마밸리)
              등록 1959. 3. 11. 제300-1959-1호(倫)
전 화   02)733-6771
f a x   02)736-4818
e-mail   pys@pybook.co.kr
homepage   www.pybook.co.kr
ISBN   979-11-303-4365-5   93360

정 가   22,000원